KB185078

일주일에 끝내는

시원스쿨 토익
파트 5&6

길지연 · 시원스쿨어학연구소 지음

시원스쿨 LAB

일주일에 끝내는
시원스쿨 토익
파트 5&6

초판 1쇄 발행 2024년 12월 20일

지은이 길지연 · 시원스쿨어학연구소
펴낸곳 (주)에스제이더블유인터내셔널
펴낸이 양홍걸 이시원

홈페이지 www.siwonschool.com
주소 서울시 영등포구 영신로 166 시원스쿨
교재 구입 문의 02)2014-8151
고객센터 02)6409-0878

ISBN 979-11-6150-921-1 13740
Number 1-110103-18189900-06

이 책은 저작권법에 따라 보호받는 저작물이므로 무단복제와 무단전재를 금합니다. 이 책 내용의 전부 또는 일부를 이용하려면 반드시 저작권자와 ㈜에스제이더블유인터내셔널의 서면 동의를 받아야 합니다.

『특허 제0557442호 가접별책 ®주식회사 비상교육』

PART 5 10분 컷 솔루션!
길토익이 제공해 드립니다.

취업 준비생으로 시작해 토익 장수생을 거쳐 토익 대표 강사, 그리고 대표 원장이 되기까지 오랜 세월 동안 "어떻게 하면 더 쉽고 빠르게 원하는 점수를 얻을 수 있을까?"라는 고민을 치열하게 해왔습니다. 특히 학원 현장에서 토익으로 어려움을 겪는 학생들을 직접 만나면서, 쉽고 빠르며 효율적으로 토익을 공부할 수 있도록 교재와 자료를 개발하고 수업을 준비하는 데 최선을 다하고 있습니다.

토익 시험은 비즈니스 상황을 기반으로 영어의 전반적인 내용을 포괄하는 시험입니다. Part 5, 6에 나오는 문법만 해도 출제 범위가 너무나 넓기 때문에 어디서부터 시작해야 할지 막막해 하는 학생들이 많습니다. 저는 오랫동안 매달 시험을 치고 기출문제를 분석해오면서 토익에 늘 출제되는 핵심 포인트가 있고, 이것들만 제대로 익힌다면 단기간에 점수를 급상승시켜 목표 점수를 달성할 수 있음을 알기에, 토익을 준비하시는 분들께 이러한 핵심 포인트를 가장 쉽게 알려드리고자 합니다.

특히 Part 5와 6는 학생들이 처음엔 간과했다가 뒤늦게 그 중요성을 깨닫고 다시 처음부터 문법과 해석 연습을 시작하는 경우가 많은 파트입니다. 토익 고득점을 하기 위해서는 Part 5, 6를 정확하고 빠르게 풀어 내어 Part 7 문제풀이 시간을 확보해야 합니다. 그러기 위해서 문법 문제만큼은 해석 없이 보자마자 정답을 고를 수 있을 정도의 훈련이 필요한데, 이 교재는 그것을 가능하게 해 줍니다.

<일주일에 끝내는 시원스쿨 토익 파트 5&6>는 토익에서 출제되는 꼭 필요한 부분만을 담아 학생들이 쉽고 명확하게 이해할 수 있도록 구성했습니다. 이 교재는 시험장에서 바로 적용 가능한 전략을 알려주고, 단기간에 점수를 높일 수 있는 지름길을 제시합니다.

저는 오랜 강의 경험을 통해 학생들이 문법의 어떤 부분에서 어려움을 겪는지, 어떤 방식으로 가르쳐야 쉽게 이해하고 자기 것으로 만들 수 있는지를 잘 알고 있습니다. 이를 바탕으로 이번 교재를 완성하게 되었고, 교재와 강의를 통해 많은 학생들에게 실질적인 도움을 줄 수 있기를 기대합니다.

마지막으로, 이번 교재 집필에 함께 힘써주신 시원스쿨어학연구소 직원분들과, 물심양면으로 지원해주신 사업부장님, 대표님께 진심으로 감사의 말씀을 전합니다.

길지연 드림

목차

왜 「일주일에 끝내는 시원스쿨 토익 파트 5 & 6」인가?

1 이 책 한 권이면 Part 5 10분 컷 가능

- 일주일 완성 커리큘럼으로 시험에 나오는 토익 문법만 빠르게 정리
- Part 5 문제풀이 속도와 정확도를 높여 Part 7 풀이 시간 확보 가능

2 N회독 없이 실시간으로 이해와 암기 끝

- 길토익의 밀착 가이드를 따라가다 보면 이해와 암기, 문제 풀이까지 완벽하게 끝!
- 문법 용어를 최소화한 이해하기 쉬운 설명

3 직접 채워 완성하는 참여형 교재로 학습 효과 극대화

- 일방적 제시 예문이 아닌 출제포인트를 떠올려 정답을 골라 직접 표시하는 예문
- 주요 공식을 빈칸 채우기로 확인하는 리뷰노트

4 개념 이해에서 출제포인트 습득, 실전감까지 완벽 커버

- [STEP 1] 출제 포인트 설명 + 빈칸 채우기로 바로 암기 → [STEP 2] 기출 변형 실전문제의 학습을 통해 토익 기본기와 실전력을 동시에 완성

5 고득점 완성을 위한 특별 부록

- 오랜 현강 데이터 기반, 토익 학습자들이 가장 낚이기 쉬운 문제와 무료 해설강의 제공
- 최신 기출변형 Part 5, 6 모의고사 2회분 제공

6 현강 같은 인강, 저절로 집중되는 기출 포인트 강의 (유료)

- 점수 수직 상승 현강으로 유명한 길토익 인강을 통해 Part 5 문법 문제 3초컷 노하우 전수
- 현강에서처럼 중요 포인트를 확실히 짚어 주며, 주요 공식을 그 자리에서 암기하도록 코칭

이 책의 구성과 특징

최빈출 기출 포인트

시험에 꼭 나오는 출제 포인트를 알기 쉽게, 군더더기 없이 설명하고 기억에 오래 남을 수 있게 정리하였습니다.

POINT 1 인칭대명사는 격이 가장 중요

● 명사 앞은 소유격이 정답 최빈출
Ms. Gomez was promoted to director because of [her / hers] outstanding **management skills**.
As a newcomer, Mr. Son meets regularly with [he / his] assigned **mentor**.

● 소유격을 강조하는 one's own
Hanul Sportswear **is developing** [it / its own] **line** of outdoor clothing and gear.

필수 암기 리스트

● 비슷한 형태의 가산명사와 불가산명사

가산명사 (사물/사람, 단수)	불가산명사 (행위)
a permit 허가증	permission 허가
a product 제품	production 생산
a fund 자금	funding 자금 제공
a plan 계획	planning 기획
a researcher 연구원	research 연구, 조사
a participant 참가자	participation 참가, 참여
an expert 전문가	expertise 전문 지식[기술]
an associate 직원, 동업자	association 연관, 관련, 제휴

Helix Biofood Inc. has announced that it will introduce new [prod / production] next month.

반드시 외워야 할 필수 내용을 보기 쉽게 정리하였습니다. 시험 직전 이 부분만 빠르게 훑어보고 시험장에 가도 몇 문제는 더 맞힐 수 있습니다.

기출변형 문제형 예문

그냥 눈으로 보고 지나가는 일방적 제시 예문이 아닌, 출제 포인트를 떠올려 헷갈리는 오답과 비교해 정답을 골라내야 하는 문제형 예문입니다. 전부 기출변형으로 이루어져 있어, 제시된 출제 포인트를 완벽하게 내 것으로 만들 수 있습니다.

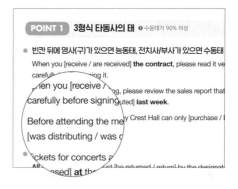

POINT 1 3형식 타동사의 태 ● 수동태가 90% 이상

● 빈칸 뒤에 명사(구)가 있으면 능동태, 전치사/부사가 있으면 수동태
When you [receive / are received] **the contract**, please read it ve carefully ...
...en you [receive / ...ng, please review the sales report that carefully before signing ...uted] **last week**.
Before attending the me ...y Crest Hall can only [purchase /
[was distributing / was ...
...ickets for concerts ...
...ased] at th ...ist [be returned / return] by the designat...

길토익 TIP

기본 학습에서 더 나아가, 기출 정보, 고난도 학습 포인트, 실전에서 바로 적용할 수 있는 길토익만의 문제풀이 전략 등을 안내합니다.

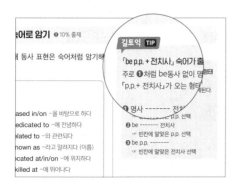

REVIEW NOTE

꼭 암기하고 있어야 할 문법 공식을 빈칸 채우기로 확인하는 코너입니다. 내 손으로 직접 써 보면서 확실하게 암기할 수 있습니다.

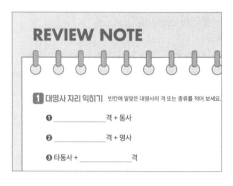

기출 PRACTICE

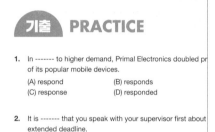

해당 Unit의 학습이 끝나면 기출 변형된 문제들을 풀면서 학습이 잘 되었는지 점검합니다. 채점 후 복습 시에는 필기 공간에 중요 포인트를 적어 두어 추후 중요한 것만 빠르게 리뷰하고자 할 때 효과적으로 이용할 수 있습니다.

가장 많이 낚이는 문제

오랜 현장 강의 데이터에서 뽑은, 수강생들이 가장 많이 낚이는 문제들을 선정하여 제공합니다. 일일이 해석하지 않고도 정답으로 직행하는 법을 알려주는 길토익 무료 해설강의도 들을 수 있습니다.

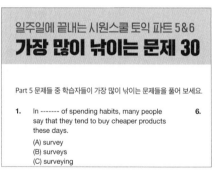

Part 5, 6 실전 모의고사 2회분

토익 시험의 최신 출제 트렌드를 반영한 최신 기출변형 실전 모의고사 2회분을 제공하여 토익 RC 고득점 준비를 완벽하게 할 수 있습니다.

TOEIC 접수부터 성적 확인까지

토익은 어떤 시험이에요?

TOEIC은 ETS(Educational Testing Service)가 출제하는 국제 커뮤니케이션 영어 능력 평가 시험(Test Of English for International Communication)입니다. 즉, 토익은 영어로 업무적인 소통을 할 수 있는 능력을 평가하는 시험으로서, 다음과 같은 주제를 다룹니다.

기업 일반	계약, 협상, 홍보, 영업, 비즈니스 계획, 회의, 행사, 장소 예약, 사무용 기기
제조 및 개발	공장 관리, 조립 라인, 품질 관리, 연구, 제품 개발
금융과 예산	은행, 투자, 세금, 회계, 청구
인사	입사 지원, 채용, 승진, 급여, 퇴직
부동산	건축, 설계서, 부동산 매매 및 임대, 전기/가스/수도 설비
여가	교통 수단, 티켓팅, 여행 일정, 역/공항, 자동차/호텔 예약 및 연기와 취소, 영화, 공연, 전시

토익은 총 몇 문제인가요?

구성	파트	내용	문항 수 및 문항 번호		시간	배점
Listening Test	Part 1	사진 묘사	6	1-6	45분	495점
	Part 2	질의 응답	25	7-31		
	Part 3	짧은 대화	39 (13지문)	32-70		
	Part 4	짧은 담화	30 (10지문)	71-100		
Reading Test	Part 5	단문 빈칸 채우기 (문법, 어휘)	30	101-130	75분	495점
	Part 6	장문 빈칸 채우기 (문법, 문맥에 맞는 어휘/문장)	16 (4지문)	131-146		
	Part 7 독해	단일 지문	29 (10지문)	147-175		
		이중 지문	10 (2지문)	176-185		
		삼중 지문	15 (3지문)	186-200		
합계			200 문제		120분	990점

토익 시험을 보려고 해요. 어떻게 접수하나요?

- 한국 TOEIC 위원회 인터넷 사이트(www.toeic.co.kr)에서 접수 일정을 확인하고 접수합니다.

- 접수 시 최근 6개월 이내에 촬영한 jpg 형식의 사진이 필요하므로 미리 준비합니다.

- 토익 응시료는 (2024년 12월 기준) 정기 접수 시 52,500원입니다.

시험 당일엔 뭘 챙겨야 하나요?

- 아침 식사를 적당히 챙겨 먹는 것이 좋습니다. 빈속은 집중력을 떨어뜨리고, 과식은 졸음을 유발할 수 있습니다.

- 시험 준비물을 챙깁니다.
  - 신분증 (주민등록증, 운전면허증, 기간 만료 전 여권, 공무원증만 인정. 학생증 안됨. 단, 중고등학생은 국내 학생증 인정)
  - 연필과 깨끗하게 잘 지워지는 지우개 (볼펜이나 사인펜은 안됨. 연필은 뭉툭하게 깎아서 여러 자루 준비)
  - 아날로그 시계 (전자시계는 안됨)
  - 수험표 (필수 준비물은 아님. 수험 번호는 시험장에서 감독관이 답안지에 부착해주는 라벨을 보고 적으면 됨)

- 고사장을 반드시 확인합니다.

시험은 몇 시에 끝나나요?

오전 시험	오후 시험	내용
9:30 - 9:45	2:30 - 2:45	답안지 작성 오리엔테이션
9:45 - 9:50	2:45 - 2:50	수험자 휴식 시간
9:50 - 10:10	2:50 - 3:10	신분증 확인, 문제지 배부
10:10 - 10:55	3:10 - 3:55	리스닝 시험
10:55 - 12:10	3:55 - 5:10	리딩 시험

- 최소 30분 전에 입실을 마치고(오전 시험은 오전 9:20까지, 오후 시험은 오후 2:20까지) 지시에 따라 답안지에 기본 정보를 기입합니다.

- 안내 방송이 끝나고 시험 시작 전 5분의 휴식 시간이 주어지는데, 이때 화장실에 꼭 다녀옵니다.

시험 보고 나면 성적은 바로 나오나요?

- 시험일로부터 9일 후 낮 12시에 한국 TOEIC 위원회 사이트(www.toeic.co.kr)에서 성적이 발표됩니다.

초단기 완성 학습플랜

- 아래의 학습플랜을 참조하여 매일 학습합니다.
- 해당일의 학습을 하지 못했더라도 이전으로 돌아가지 말고 오늘에 해당하는 학습을 하세요. 그래야 끝까지 완주할 수 있습니다.
- 교재를 끝까지 한 번 보고 나면 2회독에 도전합니다. 두 번째 볼 때는 훨씬 빠르게 끝낼 수 있습니다. 토익은 천천히 1회 보는 것보다 빠르게 2회, 3회 보는 것이 훨씬 효과가 좋습니다.

1주 완성 학습 플랜

DAY	학습 내용		공부한 날짜	학습 완료 체크
Day 1	UNIT 01 동사의 종류 / 품사 자리 UNIT 02 명사 UNIT 03 대명사		월 일	☑
Day 2	UNIT 04 동사의 시제 UNIT 05 동사의 태 UNIT 06 동사의 수 일치		월 일	☐
Day 3	UNIT 07 형용사 UNIT 08 부사 UNIT 09 비교급		월 일	☐
Day 4	UNIT 10 부사절 접속사 UNIT 11 명사절 접속사 UNIT 12 등위접속사 / 상관접속사		월 일	☐
Day 5	UNIT 13 전치사 UNIT 14 to부정사 UNIT 15 동명사		월 일	☐
Day 6	UNIT 16 분사 UNIT 17 관계사 UNIT 18 가정법 / 도치		월 일	☐
Day 7	가장 많이 낚이는 문제 30 Part 5, 6 실전 모의고사 1 Part 5, 6 실전 모의고사 2		월 일	☐

2주 완성 학습 플랜

DAY	학습 내용	공부한 날짜	학습 완료 체크
Day 1	UNIT 01 동사의 종류 / 품사 자리 UNIT 02 명사 UNIT 03 대명사	월 일	☑
Day 2	Unit 01 ~ Unit 03 복습	월 일	☐
Day 3	UNIT 04 동사의 시제 UNIT 05 동사의 태 UNIT 06 동사의 수 일치	월 일	☐
Day 4	Unit 04 ~ Unit 06 복습	월 일	☐
Day 5	UNIT 07 형용사 UNIT 08 부사 UNIT 09 비교급	월 일	☐
Day 6	Unit 07 ~ Unit 09 복습	월 일	☐
Day 7	UNIT 10 부사절 접속사 UNIT 11 명사절 접속사 UNIT 12 등위접속사 / 상관접속사	월 일	☐
Day 8	Unit 10 ~ Unit 12 복습	월 일	☐
Day 9	UNIT 13 전치사 UNIT 14 to부정사 UNIT 15 동명사	월 일	☐
Day 10	Unit 13 ~ Unit 15 복습	월 일	☐
Day 11	UNIT 16 분사 UNIT 17 관계사 UNIT 18 가정법 / 도치	월 일	☐
Day 12	Unit 16 ~ Unit 18 복습	월 일	☐
Day 13	가장 많이 낚이는 문제 30 Part 5, 6 실전 모의고사 1 Part 5, 6 실전 모의고사 2	월 일	☐
Day 14	총 복습	월 일	☐

UNIT 01
동사의 종류 / 품사 자리

출제 경향

- 토익 Part 5 문법의 약 25% (매월 6~10개 출제)
- 품사별 출제 비중: 부사 8% = 명사 8% > 형용사 7% > 동사 2%
- 문장을 해석하지 않고 빈칸 앞뒤 단어의 품사 및 구조만 파악하여 3초 내 정답 해결

POINT 1 동사의 종류

1형식: 주어 + 자동사 (+ 전치사구)

Our stores **open** at 10 a.m. and **close** at 6 p.m.
　　　　　　자동사　　　　　　　　　　자동사

❶ 동사 뒤에 목적어가 없음

> **길토익 TIP**
>
> 빈출 1형식 동사
> start, begin, close, end, rise, fall,
> increase, decrease, arrive, vary,
> differ, last, proceed, expire

2형식: 주어 + 자동사 + 보어(명사 또는 형용사)

Mr. Takashi's speech **was impressive**.
　　　　　　　　　　자동사 주격보어(형용사)
Mr. Finley **became the head** of the finance department last month.
　　　　　자동사　주격보어(명사)

> **길토익 TIP**
>
> 빈출 2형식 동사
> be동사, become, remain, seem

3형식: 주어 + 타동사 + 목적어

Ms. Logan will **arrange a meeting** with our clients.
　　　　　　타동사　목적어(명사)
A sample **is included** in the package.
　　　타동사의 수동태(뒤에 목적어 없음)

❶ 타동사가 수동태 형태이면 뒤에 목적어 X

4형식: 주어 + 타동사 + 간접목적어 + 직접목적어

The CEO **granted all employees a day of leave**.
　　　　타동사　간접목적어(명사)　직접목적어(명사)
Frequent customers **are offered free delivery**.
　　　　　　　　4형식 수동태　　목적어 하나

❶ 4형식 타동사의 수동태 뒤에는 목적어가 하나만 오는 것에 주의

> **길토익 TIP**
>
> 빈출 4형식 동사
> give, grant, offer, award, send

5형식: 주어 + 타동사 + 목적어 + 보어(명사 또는 형용사)

Please **keep the employee lounge clean**.
　　　　타동사　　목적어　　　　목적보어(형용사)

> **길토익 TIP**
>
> 빈출 5형식 동사
> make, keep, find, consider

POINT 2 토익 빈출 품사 위치

품사	위치	예문
명사	❶ 관사/소유격/형용사 + 명사	**The** construction of the shopping center will begin in May.
	❷ 타동사 + 명사	A car accident **caused** delays on Leman Street this morning.
	❸ 전치사 + 명사	The community library is closed **for** renovations.
	❹ 명사 + 명사	Implementing flexible work schedules can increase **worker** productivity.
	❺ 명사 + (조동사) + 동사	Attendees **will receive** free meals.
동사	❶ 조동사/Please + 동사원형	More information **will** be provided on our Web site.
	❷ 동사 + 명사절 접속사 that	The CEO announced **that** he would resign soon.
	❸ 부사 + 동사	AMC Inc. **recently** acquired its rival company. ❶ 부사 자리가 빈칸으로 출제 가능
	❹ 동사 + 부사	Sales have risen **steadily** during the first quarter.
형용사	❶ 형용사 + 명사	Do not use company vehicles for personal **purposes**.
	❷ 부사 + 형용사	The gas prices are becoming **increasingly** high. ❶ 부사 자리가 빈칸으로 출제 가능
	❸ 2형식 동사 + 형용사	Our customer service lines **are** available 24 hours a day.
	❹ 5형식 동사 + 목적어 + 형용사	It is your responsibility to **keep your belongings** safe.
부사	❶ be + 부사 + 과거분사	One of my orders **was** slightly **damaged** in transit.
	❷ be + 부사 + 현재분사	Mr. Jones **is** closely **reviewing** the sales report.
	❸ have + 부사 + 과거분사	The Bluehills Company **has** almost **doubled** its production this year.
	❹ 형용사 + 부사 + 분사 + 명사	You can find **many** competitively **priced items** on our Web site.
	❺ 부사 + 수사/형용사	It will take approximately **4** business days to deliver your order.

대표적인 품사 형태

품사	형태	빈출 단어
명사	-ence/-ance	experience 경험 acceptance 수락 assistance 지원 maintenance 유지 보수
	-ment	appointment 약속, 예약 commitment 헌신 management 관리 requirement 요건
	-sion/tion	addition 추가 collection 모음, 수거 communication 소통 cooperation 협력
	-ity	availability 이용 가능성 security 보안 productivity 생산성 capacity 용량, 능력
	-er/or	subscriber 구독자 retailer 소매점 producer 제작자 supplier 공급 업체 sponsor 후원사
	-ee	retiree 퇴직자 attendee 참석자 employee 직원 committee 위원회
	-ness	business 사업 weakness 약점 awareness 의식, 관심
형용사	-al	original 원본의 personal 개인의 additional 추가의 critical 중대한 essential 필수의
	-ous	famous 유명한 generous 너그러운 numerous 많은 ambitious 야심 찬
	-ive	competitive 경쟁력 있는 creative 창의적인 effective 효과적인 comprehensive 포괄적인
	-able/-ible	available 이용 가능한 affordable 가격이 적당한 suitable 적합한 responsible 책임 있는
	-ful	helpful 유익한 hopeful 희망적인 successful 성공적인 careful 신중한
	-ing	leading 선도하는 lasting 오래 가는 promising 유망한 upcoming 다가오는
	-ed	attached 첨부된 completed 완성된 detailed 상세한 qualified 자격 있는, 적격인
	-ar	regular 규칙적인 popular 인기 있는 familiar 익숙한 particular 특정한 similar 유사한
부사	형용사 + -ly	finally 마침내 greatly 매우 carefully 주의하여 clearly 분명히 completely 완전히 confidently 자신 있게 effectively 효과적으로 regularly 정기적으로

주의해야 할 품사 형태

품사	형태	빈출 단어
명사	-al	approval 동의 rental 임대 proposal 제안(서) removal 제거 referral 추천, 소개
	-ive	initiative 계획, 솔선, 진취(성) alternative 대안 objective 목적 representative 직원, 대표자
	-ing	engineering 공학 drawing 그림, 도면 housing 주택 cleaning 청소 rating 등급 training 교육, 훈련 advertising 광고 opening 공석, 개장 accounting 회계 ❶ -ing는 형용사, 동명사, 분사로도 출제
형용사	명사 + -ly	friendly 다정한 costly 비싼 timely 시기적절한 leisurely 느긋한 likely ~할 것 같은
동사	명사와 동일한 형태	experience 경험, 경험하다 request 요청, 요청하다 store 매장, 저장하다 help 도움, 돕다 produce 농산물, 생산하다 access 접근, 접근하다

REVIEW NOTE

📖정답 p.2

1 문장 형식 익히기 빈칸에 알맞은 문장 성분을 적어 보세요.

❶ 1형식: 주어 + _____ + (전치사구)

❷ 2형식: 주어 + _____ + _____

　• 빈출 2형식 동사: _____ _____ _____ _____

❸ 3형식: 주어 + _____ + _____

❹ 4형식: 주어 + _____ + _____목적어 + _____목적어

❺ 5형식: 주어 + _____ + _____ + _____

　• 빈출 5형식 동사: _____ _____ _____ _____

> **2형식**
> Mr. Lee **is** kind.
> Mr. Lee **is** an accountant.
>
> **3형식**
> I **need** your advice.
>
> **4형식**
> We **offer** newcomers a 5% discount.
>
> **5형식**
> Please **keep** you report brief.

2 보어 자리 구분하기 빈칸에 알맞은 품사를 적어 보세요.

❶ 주격보어 = _____ 또는 _____ (둘 중에 90% _____가 정답)

❷ 목적보어 = _____ 또는 _____

3 품사 형태 익히기 주어진 형태에 맞는 품사를 적어 보세요.

-sion/-tion		-ness		-ity	
-ble		-ous		-ment	
-ful		-ly		-al	
-ence/-ance		-ive		-er/or	

 **PRACTICE**

NOTE

1. In ------- to higher demand, Primal Electronics doubled production of its popular mobile devices.

    (A) respond   (B) responds
    (C) response   (D) responded

2. It is ------- that you speak with your supervisor first about an extended deadline.

    (A) important   (B) importance
    (C) more importantly (D) most importantly

3. Mr. Lou, from the General Office, suggested installing ------- signs at the entrance of the parking area.

    (A) describe   (B) described
    (C) descriptive   (D) descriptively

4. ------- will be asked to complete a survey about their overall satisfaction at the end of the seminar.

    (A) Attend   (B) Attending
    (C) Attended   (D) Attendees

5. Ms. Galloway received a promotion for ------- reducing the number of defective products on the assembly lines.

    (A) success   (B) succeeds
    (C) successfully   (D) succeeded

6. The launch of Star Software's new social media service will ------- indefinitely due to a system malfunction.

    (A) delaying   (B) delay
    (C) to delay   (D) be delayed

7. We have an extensive workforce of ------- Web designers who can meet any client's demands satisfactorily.

    (A) innovate   (B) innovators
    (C) innovative   (D) to innovate

8. The First Bank apologized for the ------- problems with its automatic notification system.

    (A) occasion   (B) occasioned
    (C) occasional   (D) occasionally

9. Artisan Footwear Inc. offers a wide ------- of affordable, high-quality shoes for all ages.

(A) select
(B) selective
(C) selectively
(D) selection

10. Housing market analysts ------- a slight increase in home sales for the next two quarters.

(A) anticipate
(B) anticipation
(C) anticipating
(D) anticipatory

11. In order to protect your skin, please apply sunscreen to your face and rub it in until it is ------- absorbed.

(A) full
(B) fully
(C) fuller
(D) fullest

12. Mr. Hermionne worked ------- with Mr. Jackson during the merger negotiations with Karline Industries.

(A) close
(B) closer
(C) closest
(D) closely

13. To keep their merchandise -------, an increasing number of companies are using recycled packaging.

(A) affords
(B) afforded
(C) affordable
(D) affording

14. The teambuilding workshops will begin on May 15 and last ------- 3 days.

(A) approximate
(B) approximated
(C) approximation
(D) approximately

15. The CEO of LE Chemicals says that the company aims to become one of the leading battery ------- in the next five years.

(A) supplied
(B) supplies
(C) suppliers
(D) supplying

NOTE

UNIT

02 명사

출제 경향

- 토익 Part 5 문법의 약 8% (매월 2~3개 출제)
- 명사 자리 찾기 출제 비중: 목적어 자리(70%) > 주어 자리(20%) > 특이 형태 명사(10%)
- 문장을 해석하지 않고 빈칸 앞뒤 단어의 품사 및 구조만 보고 정답을 결정하는 1초 문제들

POINT 1 명사 자리 찾기

● **주어 자리**

[Attendance / Attend] at the conference **was** 20 percent lower than expected.

● **목적어 자리** 최빈출

If you **have** any [suggest / suggestions], please send them to Mr. Handerson.

· 동사의 목적어

We will be closed **for** [renovate / renovation] until the end of the month.

· 전치사의 목적어

● **특이한 형태의 명사**

The new campaign will not begin until we receive [approval / approve] from the marketing manager.

> **길토익 TIP**
>
> 형용사로 착각하기 쉬운 명사
> approval(동의), arrival(도착), removal(제거), alternative(대안), representative(직원)

● **명사 자리를 알려주는 결정적 단서**

관사(a, an, the), 소유격 대명사(my, your, his, its), 형용사 다음은 명사 자리이다.

The [intend / intention] of the workshop is to enhance employee awareness of workplace safety.

> **길토익 TIP**
>
> 명사 자리를 알려주는
> 가장 일반적인 형용사는 수량형용사
> any, several, few, many, much, most, some, all, each, every, no, another, other, various, certain

Please report **any** [expensive / expenses] within five days of returning from business travel to ensure reimbursement.

● 셀 수 있는 가산명사의 수 구분

부정관사 a, an 지시형용사 this, that 수량형용사 each, every	+ 가산단수명사
부정관사 미사용 지시형용사 these, those 수량형용사 all, several, various, both, a few, many, a lot of, a number of	+ 가산복수명사

We have received **several** [complaint / complaints] that the zippers on our new backpacks break easily.

● 가산명사와 불가산명사의 구분

(1) 가산명사: 단수일 때 부정관사(a, an)와 함께 사용

(2) 불가산명사: 부정관사와 함께 사용할 수 없음

Ms. Jansen has the reputation of sharing useful [adviser / advice] through her daily columns.

Visitors can obtain **a** parking [permit / permission] at the reception desk.

● 비슷한 형태의 가산명사와 불가산명사

가산명사 (사물/사람, 단수)	불가산명사 (행위)
a permit 허가증	permission 허가
a product 제품	production 생산
a fund 자금	funding 자금 제공
a plan 계획	planning 기획
a researcher 연구원	research 연구, 조사
a participant 참가자	participation 참가, 참여
an expert 전문가	expertise 전문 지식[기술]
an associate 직원, 동업자	association 연관, 관련, 제휴

Helix Biofood Inc. has announced that it will introduce new [products / production] next month.

[Participants / Participation] of the meeting must read the attached agenda before arriving.

길토익 **TIP**

정관사 the나 소유격 대명사가 명사 자리를 알려줄 수는 있지만, 단수/복수명사가 동시에 선택지에 제시될 때 둘을 구분하는 기준이 되지는 않는다.

길토익 **TIP**

ing로 끝나는 명사는 대체로 불가산명사이며 단수로 취급한다.
예외 an opening 공석

· 사물/사람(가산) vs. 행위(불가산) 명사 문제는 동사와 의미가 어울리는 명사를 선택하도록 한다.

● 명사/형용사로 모두 쓰이지만 주로 명사로 출제

> alternative 대안, 대안의 representative 직원/대표자, 대표하는
> perspective 관점, 원근법의 objective 목적, 객관적인
> attendant 승무원, 수행하는 potential 잠재성, 잠재적인
> professional 전문가, 전문적인 periodical 정기 간행물, 정기적인
> initiative 계획/솔선/진취(성), 솔선하는/처음의

Over 1,000 computer [profession / professionals] from around the world will attend the online conference.

Mr. O'Connor wants his staff to take more [initiator / initiative] in driving projects forward.

길토익 TIP

빈칸이 명사 자리임을 확인한 경우, 바로 눈에 보이는 명사를 고르기보다 동사와의 수 일치 여부나 의미 관계를 빠르게 한번 더 따져 보아야 한다.

● 무늬만 형용사인 명사

다음 단어들은 형용사처럼 보이지만, 사실은 100% 명사이다.

> approval 승인 arrival 도착
> removal 제거 rental 임대
> withdrawal 인출, 철회 proposal 제안(서)
> appraisal 평가 disposal 처분
> referral 추천, 소개

Those who plan a vacation during the peak season must get [approval / approving] from their supervisor.

길토익 TIP

-al 명사들은 정답 출제율이 매우 높다. 모양이 형용사 같다고 해서 명사 자리 문제에서 무조건 소거하면 안 된다. 특히, get approval은 한 단어처럼 외우도록 하자.

● 명사가 있지만 또 명사가 필요한 자리, 복합명사

> office supplies 사무용품 retail price 소매가
> expiration date 만기일 job opening 일자리 공석
> application form 신청서 registration fee 등록비
> safety regulation 안전 규정 return policy 환불 정책
> attendance rate 참석률 security reason 안전상 이유
> employee productivity 직원 생산성 job applicant 구직자

The Velocity Motors factory recently added new guidelines to its [safe / safety] **regulations**.

All **job** [applicants / applications] are required to submit three letters of recommendation along with a résumé.

길토익 TIP

복합명사 문제는 하나의 명사 앞에 빈칸이 있을 수도, 뒤에 빈칸이 있을 수도 있다. 빈출 복합명사를 외워두는 것으로 빠르게 정답을 찾을 수 있다.

REVIEW NOTE

정답 p.5

1 **명사 자리 익히기** 빈칸에 알맞은 명사 위치를 적어 보세요.

❶ 명사는 _____ 자리에 온다.

❷ 명사는 동사의 _____ 자리에 온다.

❸ 명사는 전치사의 _____ 자리에 온다.

2 **명사 자리 핵심 단서** 뒤에 올 수 있는 명사 종류에 모두 표시하세요.

❶ 관사 a, an + [가산단수명사 / 가산복수명사 / 불가산명사]

❷ 정관사 the + [가산단수명사 / 가산복수명사 / 불가산명사]

❸ 소유격 + [가산단수명사 / 가산복수명사 / 불가산명사]

❹ 형용사 + [가산단수명사 / 가산복수명사 / 불가산명사]

3 **가산/불가산명사 구분하기** 둘 중 옳은 것을 선택하세요.

❶ a, an이 앞에 있다면 [가산명사 / 불가산명사] 이다.

❷ -ing로 끝나는 명사는 대부분 [가산명사 / 불가산명사] 이다.
 · 예외: an _____ 빈자리, 공석

4 **가산/불가산명사** 둘 중 옳은 것을 선택하세요.

❶ a [researcher / research]

❷ a [plan / planning]

❸ a [product / production]

❹ a [permit / permission]

1. A ------- of homegrown fruits and vegetables, as well as handmade crafts, are available for purchase at the Springdale community market.

   (A) varies
   (B) vary
   (C) variety
   (D) various

   NOTE

2. Mr. Ono asked that ------- of all the documents be passed out during the presentation.

   (A) copied
   (B) copies
   (C) copying
   (D) copy

3. The mayor of Wellington City announced that the city will house several production facilities of a major aircraft -------.

   (A) manufacturer
   (B) manufactures
   (C) manufacturing
   (D) manufacture

4. Mr. Rouja proposed a recycling ------- aimed at protecting the environment and conserving the company's resources.

   (A) initiative
   (B) initiated
   (C) initiate
   (D) initiating

5. Drevno Flooring's products are designed for ------- in both residential and commercial settings.

   (A) user
   (B) used
   (C) useful
   (D) use

6. The Mariana Fitness Center has various job ------- for certified trainers specializing in muscle building and weight loss programs.

   (A) opens
   (B) openings
   (C) openness
   (D) opener

7. We offer recent ------- a wide range of employment opportunities through the businesses participating in our job fair.

   (A) graduating
   (B) graduated
   (C) graduates
   (D) graduation

8. Parnpradub Graphic Design requires employees to possess advanced technical -------, including proficiency in various graphic software programs.

   (A) expert
   (B) experts
   (C) expertly
   (D) expertise

9. The CEO of Ace Electronics announced that a bonus will be awarded to the sales team that demonstrated the highest ------- over the past year.

(A) product
(B) productive
(C) produce
(D) productivity

10. ------- from the International Society of Engineers met online last week to discuss the proposed updates to several engineering standards.

(A) Representatives
(B) Representation
(C) Represented
(D) Represents

11. Access to the customer database requires the completion of an important form and written ------- from your supervisor.

(A) approve
(B) approved
(C) approves
(D) approval

12. As stated in the employee handbook, equipment should not be used for personal -------.

(A) purposes
(B) purpose
(C) purposely
(D) purposeful

13. After two years of -------, the improved version of Hajalab's Dermalos facial cleanser is now on the market.

(A) developed
(B) development
(C) develops
(D) developer

14. The company is planning to open five new ------- over the next six months to expand its retail presence.

(A) stores
(B) storing
(C) store
(D) storage

15. The upcoming sale will provide a generous price ------- on selected items, offering great value to customers.

(A) reduce
(B) reduces
(C) reduced
(D) reduction

출제 경향

- 토익 Part 5 매회 2~3문제 출제
- 인칭대명사에서는 소유격 출제 비중이 압도적
- 고난도에서는 부정대명사의 수 일치 또는 사람/사물 구분 문제로 출제

POINT 1 인칭대명사는 격이 가장 중요

● **명사 앞은 소유격이 정답** 최빈출

Ms. Gomez was promoted to director because of [her / hers] outstanding **management skills**.

As a newcomer, Mr. Son meets regularly with [he / his] assigned **mentor**.

● **소유격을 강조하는 one's own**

Hanul Sportswear **is developing** [it / its own] **line** of outdoor clothing and gear.

> **길토익 TIP**
>
> 소유격을 강조할 때 own을 함께 쓰는데, own이 있어도 소유격과 기능은 똑같다.
> its = its own

● **동사/전치사 목적어 자리에는 목적격**

The new software will **enable** [your / you] to process orders more quickly.

● **주어 자리에 주격이 정답**

Please be advised that [you / your] **must make** a reservation at least five days in advance during peak season.

● **소유대명사(~의 것) = 소유격 + 명사**

I heard that [you / yours] **was damaged** while in transit.

Black tea will be the most memorable gift for Mr. Park because it is a favorite refreshment of [his / him].

> **길토익 TIP**
>
> 전치사 of 뒤에서 소유대명사와 목적격을 구분하기
> · of는 '~의, ~ 중에서'라는 의미로 소유 또는 일부분을 나타낸다.
> his(그의 것)
> = his refreshment
> him(그를)
> ≠ refreshment (오답)

POINT 2 재귀대명사의 용법 종결

● **대명사 용법**

문장의 주어 자신을 가리키며, 동사나 전치사 바로 뒤의 목적어 자리가 빈칸으로 제시된다.

(1) 동사의 목적어 자리

(2) 전치사의 목적어 자리: by oneself(혼자, 스스로)와 among themselves (서로, 자기들끼리)가 주로 출제되는데, by의 목적어 자리가 빈칸으로 출제되는 문제가 90% 이상이다.

All presenters must first **introduce** [their own / themselves] before starting their presentation.

Our customer service representatives are able to resolve all customer complaints **by** [them / themselves].

길토익 TIP

재귀대명사는 문장의 주어 자신을 가리키는 대명사이므로 문장이 시작되는 주어 자리에 사용되지 않는다.

● **부사 용법**

이미 구조가 완전한 문장의 끝부분에 빈칸이 제시되어 부사와 같은 역할을 할 단어를 찾는 유형으로 출제되거나, 주어와 동사 사이에 빈칸이 위치해 주어를 강조하는 역할을 할 단어를 고르는 유형으로 출제된다.

All lecturers have been asked to operate audiovisual equipment [them / themselves].

길토익 TIP

재귀대명사가 부사처럼 쓰이는 경우, '직접, 스스로' 등을 의미한다.

POINT 3 특수 용법 대명사의 수 일치

● **대명사 anyone(~하는 누구든)과 those(~하는 사람들)**

> anyone + who/-ing/p.p./전치사구 + 단수동사
> those + who/-ing/p.p./전치사구 + 복수동사

We welcome [anyone / those] who **is** on our membership list to the grand opening of our new location.

[Those / That] interested in attending the seminar **are** advised to register by this Friday.

길토익 TIP

· 부정대명사 anyone은 단수
· 지시대명사 those는 복수

● **중복을 피하기 위한 대명사의 수 일치**

We guarantee that our **prices** are lower than [that / those] of our competitors.

● 「부정대명사 + of the」 구문의 수 일치

All/Some/Few/Many/Most + of the	+ 복수명사	+ 복수동사
One/Each + of the	+ 복수명사	+ 단수동사

Flight attendants must ensure that [every / all] **of the passengers are** properly seated before takeoff.

● 수 일치의 예외

형용사 every는 단수명사와 쓰이지만, minutes, hours, weeks, months, quarters, years 등 기간 명사와 함께 반복 주기(매 ~, ~마다)를 나타낼 때 「every + 복수명사」가 가능하다.

Our Web site users are recommended to renew their passwords [every / most] **three months**.

● 다수의 대상 중 불특정 일부를 가리키는 부정대명사

대조 대상이 하나	대조 대상이 다수
one / the other 하나 / 나머지 하나	one / the others 하나 / 나머지 전체
one / another 하나 / (같은 종류로) 또 다른 하나	some / others 일부 / 나머지 중 일부

Of the two candidates, **one** will be interviewed on Tuesday by Mr. Schultz, and I will meet [the other / themselves] on Friday.

NexaGen Corporation employees can transfer from **one** department to [another / it].

길토익 TIP

대부분의 부정대명사는 형용사로도 사용되지만, 형용사 every는 대명사로 사용되지 않으므로 of 전치사구의 수식을 받을 수 없다.

길토익 TIP

every만 보고 무조건 단수명사를 고르면 안 된다. 반복 주기를 나타내는 「every + 숫자 + 시간/기간 복수명사」의 구조인지 확인하는 것이 좋다.

길토익 TIP

셋 이상일 때, 하나를 제외하고 나머지 전체를 가리키는 the others 대신 「the other + 복수명사」를 사용하기도 한다.

길토익 TIP

'서로'를 뜻하는 each other와 one another는 동사나 전치사의 목적어로 쓰인다.

REVIEW NOTE

정답 p.9

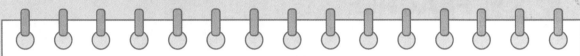

1 대명사 자리 익히기 빈칸에 알맞은 대명사의 격 또는 종류를 적어 보세요.

❶ _____격 + 동사

❷ _____격 + 명사

❸ 타동사 + _____격

❹ 전치사 + _____격

❺ 타동사 + _____대명사 (주어 = 목적어)

❻ 전치사 + _____대명사 (주어 = 목적어)

❼ 완전한 문장 + _____대명사 (강조)

2 부정대명사 anyone과 지시대명사 those 빈칸을 채워 보세요.

❶ anyone + _____ / _____ / _____ / _____ + _____동사

❷ those + _____ / _____ / _____ / _____ + _____동사

3 부정대명사 빈칸을 채워 보세요.

대조 대상이 하나		대조 대상이 다수	
● ■		● ■★♤♣◇♥	
_____ 하나	_____ 나머지 하나	_____ 하나	_____ 나머지 전체
● ● ★♤♣◇♥		●■ ★♤ ♣◇♥	
_____ 하나	_____ (같은 종류로) 또 다른 하나	_____ 일부	_____ 나머지 중 일부

 **PRACTICE**

1. At Stanwick and Associates, ------- of our clients is given a personalized financial management plan.

   (A) each
   (B) all
   (C) some
   (D) every

NOTE

2. Of the two business loan options that we requested, one was rejected due to incomplete documentation, and ------- is awaiting a decision.

   (A) other
   (B) each other
   (C) the other
   (D) another

3. Last night, due to a malfunction on our Web site, ------- of our customers were not able to receive the free gift sets we promised.

   (A) much
   (B) many
   (C) another
   (D) anyone

4. All new employees should familiarize ------- with the company's rules and regulations.

   (A) they
   (B) their
   (C) them
   (D) themselves

5. Since Ms. Page and Mr. Thompson have finally won the merger deal with Caylock Systems, ------- deserve to request a raise.

   (A) they
   (B) themselves
   (C) their
   (D) theirs

6. Ms. Fawcett, the Operations Manager, would rather create the monthly work assignments for the team -------.

   (A) hers
   (B) her
   (C) herself
   (D) her own

7. To better monitor company resources, ------- who needs office supplies should visit the supply room in person and write their name in the log.

   (A) anyone
   (B) those
   (C) such
   (D) each

8. As the chief editor, Mr. Rawles had to work overnight editing all the articles by ------- to meet the deadline.

   (A) he
   (B) him
   (C) himself
   (D) his own

9. A new music café is opening downtown, close to the booming business district where the existing ------- currently dominates.

   (A) that
   (B) another
   (C) one
   (D) other

10. In a recent customer review event, some people actively promoted our products, while ------- simply did not show much interest.

    (A) any
    (B) others
    (C) ones
    (D) they

11. Dalton Home Interiors has a large selection of furniture designed for ------- who reside in small condominiums.

    (A) those
    (B) these
    (C) them
    (D) they

12. Our latest software allows users to easily transfer data from one device to -------.

    (A) another
    (B) each other
    (C) other
    (D) those

13. We used to operate two customer service centers in the city: one located on Park Avenue and ------- in western Chicago.

    (A) other
    (B) one another
    (C) the others
    (D) the other

14. Instead of selecting ------- preference, Ms. Shang approved the design favored by the majority.

    (A) hers
    (B) her own
    (C) she
    (D) herself

15. All attendees at the presentation are recommended not to speak with ------- while the presenters are giving speeches.

    (A) each
    (B) one another
    (C) them
    (D) those

동사의 시제

출제 경향

- 토익 Part 5 매회 1문제씩 출제
- 미래시제 1순위 > 과거시제 2순위 > 현재시제 3순위

POINT 1 시제는 "시간 표현"이 결정적 단서

● **현재시제 정답 단서로 제시되는 시간 표현(= 빈도부사)**

often 흔히, 종종	usually 일반적으로, 보통
every month 매달	currently 현재
always 항상	generally 일반적으로
regularly 규칙적으로	daily 매일
on Mondays 월요일마다	

> **길토익 TIP**
>
> Part 5에서 동사 시제를 선택할 때, 현재 진행시제를 현재시제와 동일하게 생각해도 된다.

Currently, Momentum Mediaworks [accepted / is accepting] applicants for its summer internship program.

Due to the similarity of their names, Ramsey's Restaurant **is** [usual / often] mistaken for Linsey's Café across the street.

The managers of the Lipton Group [have met / meet] **on Mondays** to coordinate strategies for the upcoming week.

● **과거시제 정답 단서로 제시되는 시간 표현**

ago ~ 전에	previously 이전에, 과거에
once 한때	yesterday 어제
already 이미	recently 최근에
last + 요일/week/month/year 지난 ~요일/주/달/해	

❶ already와 recently는 현재완료시제의 정답 단서로도 쓰인다.

Last year, the technology sector in Asia [witnessed / has witnessed] unprecedented growth.

Mr. Meyers is replacing Ms. Simons, who [retired / is retiring] as Operations Officer a month **ago**.

● 미래시제 정답 단서로 제시되는 시간 표현

길토익 TIP

시제를 단서로 삼아 알맞은 시간 부사를 선택하는 문제도 나온다. 특히, will soon은 하나의 표현처럼 암기하는 것이 좋다.

soon 곧(= shortly)	tomorrow 내일
in the near future 조만간	as of + 시점 ~부로, ~부터
later 나중에	shortly 곧, 즉시
	❶ 부사를 묻는 유형으로 출제
this/next + 요일/week/month/year 이번/다음 ~요일/주/달/해	

NextTech Solutions [has held / will hold] its shareholders meeting at the company headquarters **next month**.

Sun Electronics has been working tirelessly on the final touches for its new line of tablet PCs and **will** [soon / recently] release them to the public.

Tomorrow's presentation [would be provided / will be provided] for all staff interested in early retirement.

● 현재완료시제 정답 단서로 제시되는 시간 표현

so far 지금까지	lately 최근에(= recently)
for 5 years 5년 동안	
for/over the last/past 5 years 지난 5년 동안	
ever 여지껏	since + 과거 ~한 이후로

So far, the project [has received / was receiving] bids from three construction firms, each proposing a competitive price.

Our refund process **has changed** [since / once] **last month**'s policy update from headquarters.

The population of the city [has grown / will grow] by 15 percent **over the last decade**.

● 미래/과거완료시제 정답 단서로 제시되는 시간 표현

길토익 TIP

by the time이 나오면 그 절의 동사 시제가 과거인지 현재인지 반드시 확인한다.

· 「by the time + 과거시제(~했을 때쯤)」 → 주절의 동사는 had p.p.
· 「by the time + 현재시제(~할 때쯤)」 → 주절의 동사는 will have p.p.

By the time the IT technicians **discovered** the malfunction in the Web server, a significant amount of data [are leaked / had been leaked].

Mr. Walsh [has served / will have served] in the company for thirty years **by the time** he **retires** next month.

● **시간/조건 부사절의 동사 시제**

시간/조건 부사절은 미래의 일을 나타낼 때 현재시제 또는 현재완료시제를 사용하며, 이때 주절은 미래시제를 사용하거나 명령문 구조이다.

시간 접속사	as soon as ~하자마자 when ~할 때 after ~한 후에 until ~할 때까지	once ~하자마자, 일단 ~하면 while ~하는 동안 before ~하기 전에
조건 접속사	if 만일 ~한다면	unless 만일 ~하지 않는다면

Once the new ordering system [is installed / will be installed], operations will become more streamlined, reducing processing time.

We will send you a receipt via e-mail **as soon as** your payment [has been received / will have been received].

● **헷갈리는 시제 일치**

The new CEO [stresses / had stressed] the need for improved workplace safety long **before** the government inspectors visited the facilities.

● **시제 일치의 예외**

주절의 동사가 앞으로 할 일을 주장(insist), 요청(ask, request), 충고 (advise, recommend), 요구(demand, require), 제안(propose, suggest), 명령(order)할 때, that절에 주어와 상관없이 무조건 동사원형을 사용한다.

Mr. Min **suggested** that all staff [attended / attend] the weekly meeting.

Mr. Anderson **has recommended** that we [postpone / postponed] the grand opening of the community center until next month.

길토익 TIP

접속사 before
주절이 먼저 일어난 일을 나타내므로 before절이 과거시제이면 주절은 과거 시제 또는 과거완료시제

REVIEW NOTE

 정답 p.12

1 시제 구분하기 빈칸에 적합한 시제를 적어 보세요.

❶ recently _____ / _____

❷ last week _____

❸ usually _____

❹ currently _____ / 현재진행시제

❺ Before 주어 + 과거시제, 주어 + _____ / _____

❻ shortly _____

❼ for the last 5 years _____

❽ By the time 주어+ 과거시제, 주어 + _____

❾ By the time 주어 + 현재시제, 주어 + _____

❿ 시간/조건 접속사 + _____, 명령문 또는 미래시제

 **PRACTICE**

1. Currently, EcoWear Inc. ------- a competent individual to replace the sales director, who will be retiring next month.

   (A) is seeking (B) seek
   (C) seeking (D) has sought

2. While Ms. Atman is on vacation in June, Mr. Shamir ------- over the contract negotiations with our Dubai vendor.

   (A) takes (B) have taken
   (C) had taken (D) will be taking

3. For the last fifteen years, Matlock Inc. ------- among the nation's top five toy manufacturers.

   (A) to be ranked (B) has been ranked
   (C) was ranking (D) is ranked

4. By the time Blaze Technology announces the launch of its new game, software engineers ------- most of the remaining bugs.

   (A) will have fixed (B) had been fixing
   (C) are fixing (D) will fix

5. If you ------- to change your personal information, please enter your password in the appropriate field.

   (A) wish (B) wishes
   (C) wished (D) will wish

6. Once Ms. Cloy ------- your proposal, we will conduct a thorough investigation, considering potential profits and risks.

   (A) approves (B) approved
   (C) have approved (D) will approve

7. The CEO of Rajiv Energy Inc. requested that its shareholders ------- the merger plan with the company's biggest rival.

   (A) support (B) supported
   (C) supporting (D) are supporting

8. Ever since Mr. Derrick joined the marketing team, Ms. Coleman has ------- the team for its excellent performance.

   (A) to be praised (B) praise
   (C) been praising (D) been praised

9. The Neuro Engineering Laboratory ------- all of the electrical wiring for its prototype robot by the time the product is showcased at the annual IT conference.

(A) will finish
(B) have finished
(C) having finished
(D) will have finished

10. To validate the survey results, Dr. Liu recommended that a follow-up study ------- with a second focus group.

(A) be conducted
(B) is conducted
(C) will be conducted
(D) has been conducted

11. Since the introduction of AI technology, the customer service department ------- a dramatic decrease in the number of complaints over the past year.

(A) witnesses
(B) was witnessed
(C) witnessed
(D) has witnessed

12. Ms. Osada will complete preliminary negotiations by telephone before she ------- for the sales meeting.

(A) leaving
(B) leaves
(C) has left
(D) will leave

13. Sylvia Cho completed her training at Frio County Animal Hospital last week and will ------- begin working as a veterinary technician at the hospital.

(A) ever
(B) already
(C) almost
(D) soon

14. Sales at Nick's Ice Cream Shop have increased sharply ------- the introduction of various frozen yogurts.

(A) above
(B) except
(C) while
(D) since

15. By the time Ms. Johnson joined our firm as a senior consultant, she ------- in the industry for 10 years.

(A) serves
(B) will serve
(C) has served
(D) had served

UNIT

05

동사의 태

- 토익 Part 5 매회 1~2문제씩 출제
- 타동사 뒤에 목적어가 없다면 수동태가 정답
- 자동사는 능/수동태 관련 유형으로 출제되지 않으므로 타동사에만 집중

POINT 1 **3형식 타동사의 태** ❶ 수동태가 90% 이상

● **빈칸 뒤에 명사(구)가 있으면 능동태, 전치사/부사가 있으면 수동태**

When you [receive / are received] **the contract**, please read it very carefully before signing it.

Before attending the meeting, please review the sales report that [was distributing / was distributed] **last week**.

Tickets for concerts at Harmony Crest Hall can only [purchase / be purchased] **at** the box office.

> · 동사 뒤의 명사(구)가 모두 목적어는 아니다. 시간 명사(구)는 전치사 없이 부사와 같은 역할을 한다.

● **주어만으로 능/수동태 구분**

All the library books must [be returned / return] by the designated date.

The Middleton Community Center [has hired / was hired] several certified instructors to lead recreational classes.

> **길토익 TIP**
>
> 사물 주어는 수동태 90% 이상
> 사람/단체 주어는 능동태 90% 이상

● **함정에 빠지기 쉬운 수동태**

The brochures for new employees [have placed / have been placed] at the entrance to the orientation room.

Mr. McVain [has employed / has been employed] at Worley Industries for more than 15 years.

Please [have advised / be advised] that early registration is encouraged due to limited space.

> · 명령문 동사가 모두 능동태인 것은 아니다. 충고를 나타내는 Please be advised/sure/aware that 암기

POINT 2　4형식 동사의 수동태　❶ 5% 출제

4형식 동사는 2개의 목적어(받는 사람인 간접목적어, 주어지는 사물인 직접목적어)를 가지므로 두 가지 수동태 구조가 사용될 수 있다.

능동태	사람 주어 수동태 be p.p. + 직접목적어	사물 주어 수동태 be p.p. + to 간접목적어
offer A B A에게 B를 제공하다	A is offered B	B is offered to A
grant A B A에게 B를 승인하다	A is granted B	B is granted to A
send A B A에게 B를 보내다	A is sent B	B is sent to A
charge A B A에게 B를 부과하다	A is charged B	B is charged to A
give A B A에게 B를 주다	A is given B	B is given to A
award A B A에게 B를 수여하다	A is awarded B	B is awarded to A

● **사람(=간접목적어)이 주어인 수동태**

Only guests with a visitor pass [are given / give] access to the laboratory.

Anyone who registers by Friday will be granted [to admit / admission] to the seminar.

● **사물(=직접목적어)이 주어인 수동태**

직접목적어가 주어일 경우, 수동태 동사 뒤에 「전치사 + 간접목적어」가 쓰여 3형식 동사의 수동태와 같은 구조가 된다.

A notification [has sent / will be sent] to you once the item is back in stock.

> **길토익 TIP**
> 4형식 동사는 토익에서 주로 능동태로 출제된다.

> **길토익 TIP**
> 선택지에 4형식 동사가 주어질 때 목적어가 하나 뿐이면 수동태, 사람 주어일 때 4형식 동사의 수동태 다음은 직접목적어 자리

> **길토익 TIP**
> 선택지에 타동사가 주어질 때 빈칸 뒤에 목적어 없이 전치사가 있다면 수동태

POINT 3　5형식 동사의 수동태

5형식 동사의 수동태 뒤에는 목적보어가 쓰여야 하며, 명사나 형용사, 분사, 또는 to부정사가 목적보어로 사용된다.

● **형용사 또는 명사를 목적보어로 사용하는 5형식 동사**

> · be considered/kept/left + 형용사 목적보어
> · be considered/named/elected + 명사 목적보어

Please make sure that all personal belongings **are kept** [secure / security] in a locker.

Mr. Leeds has [considered / been considered] **a leading expert** in marine biology.

> **길토익 TIP**
> 5형식 동사들은 동사를 고르는 유형보다는 형용사나 분사 등 알맞은 목적보어를 고르는 유형으로 더 자주 출제된다.

● 목적보어로 to부정사를 사용하는 5형식 동사

능동태	수동태
advise A to do	A be advised to do ~하도록 권고되다
encourage A to do	A be encouraged to do ~하도록 권장되다
allow A to do	A be allowed to do ~하도록 허용되다
permit A to do	A be permitted to do ~하도록 허락되다
expect A to do	A be expected to do ~할 것으로 예상되다
ask A to do	A be asked to do ~하도록 요청 받다
design A to do	A be designed to do ~하도록 만들어지다
require A to do	A be required to do ~하도록 요구되다
intend A to do	A be intended to do ~하도록 의도되다
invite A to do	A be invited to do ~하도록 요청 받다
	❶ 아래는 수동태로만 사용
	A be pleased to do ~해서 기쁘다
	A be excited to do ~해서 흥분하다

길토익 TIP

to부정사를 목적보어로 가지는 5형식 동사들도 3형식 동사와 마찬가지로 뒤에 목적어의 유무로 수동태를 파악한다.

Customers [will encourage / are encouraged] **to change** their passwords periodically to ensure security.

Once the new factory has been renovated, productivity **is expected** [to increase / increase] by 20 percent.

POINT 4 「(be) p.p. + 전치사」 숙어로 암기 ❶ 10% 출제

특정 전치사와 함께 사용하는 아래의 수동태 동사 표현은 숙어처럼 암기해 두는 것이 좋다.

(be) concerned about ~에 대해 걱정하다	
(be) associated with ~와 연관되다	
(be) equipped with ~이 갖춰져 있다	(be) based in/on ~을 바탕으로 하다
(be) accustomed to ~에 익숙하다	(be) dedicated to ~에 전념하다
(be) provided with ~을 제공 받다	(be) related to ~와 관련되다
(be) known for ~로 유명하다 (이유)	(be) known as ~라고 알려지다 (이름)
(be) interested in ~에 관심이 있다	(be) located at/in/on ~에 위치하다
(be) satisfied with ~에 만족하다	(be) skilled at ~에 뛰어나다
(be) regarded for ~로 존경 받다	(be) regarded as ~로 여겨지다
(be) selected as ~로 선정되다	(be) compared with ~와 비교되다

길토익 TIP

「be p.p. + 전치사」 숙어가 출제되는 형태 주로 ❶처럼 be동사 없이 명사 뒤에 「p.p.+ 전치사」가 오는 형태로 출제된다.

❶ 명사 ------- 전치사
  ☞ 빈칸에 알맞은 p.p. 선택
❷ be ------ 전치사
  ☞ 빈칸에 알맞은 p.p. 선택
❸ be p.p. -------
  ☞ 빈칸에 알맞은 전치사 선택

A recent survey shows that most of our customers [is satisfying / are satisfied] **with** the quality of our new service.

Those who **are** [skilled / interested] **in** renewing their membership at a lower price should contact Mr. Min.

REVIEW NOTE

정답 p.16

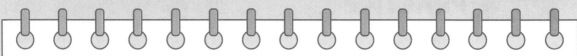

1 목적어 구분 목적어가 될 수 있다면 O, 될 수 없다면 X로 표시하세요.

❶ a lot of information   [   ]

❷ in the room   [   ]

❸ Mr. Kim   [   ]

❹ to Mr. Kim   [   ]

❺ that 주어 + 동사   [   ]

❻ every Monday   [   ]

❼ the new manager   [   ]

❽ over the last five years   [   ]

2 동사 형식에 따른 능/수동태 빈칸을 채워 보세요.

❶ 1형식/2형식 동사: 무조건 _____태만 가능!

❷ 3형식 동사: _____태 + 목적어

                  _____태 + 전치사 + 명사

❸ 4형식 동사: 사람주어 + _____태 + 직접목적어

                  사물주어 + _____태 + to 간접목적어

❹ 5형식 동사 be kept/considered + _____ 목적보어

❺ 5형식 동사 be considered/named/elected + _____ 목적보어

❻ 5형식 동사 be encouraged/advised/asked/permitted + _____ 목적보어

3 수동태 숙어 우리말 의미에 맞게 빈칸을 채워 보세요.

❶ (be) c_____ about ~에 대해 걱정하다

❷ (be) e_____ with ~이 갖춰져 있다

❸ (be) b_____ in/on ~을 바탕으로 하다

❹ (be) a_____ to ~에 익숙하다

❺ (be) k_____ as ~라고 알려지다 (이름)

❻ (be) i_____ in ~에 관심이 있다

❼ (be) l_____ at/in/on ~에 위치하다

❽ (be) s_____ with ~에 만족하다

 **PRACTICE**

1. Due to new restrictions for international travelers, certain types of plant cannot ------- into most countries without a permit.

   (A) bring
   (B) be brought
   (C) brought
   (D) bringing

2. Library patrons who fail to return an item by the due date ------- a late fee.

   (A) charge
   (B) will be charged
   (C) have charged
   (D) are charging

3. Starting next Monday, Organic Oasis ------- its business hours to better accommodate customers during peak times.

   (A) had extended
   (B) was extending
   (C) will be extended
   (D) will be extending

4. Mr. Ryan has ------- Employee of the Month for his exceptional contributions to the merger deal with Hampton Electronics.

   (A) named
   (B) been named
   (C) names
   (D) to name

5. Employees will be provided ------- a temporary parking permit during the renovation of the basement parking spaces.

   (A) with
   (B) for
   (C) to
   (D) of

6. All of our laptop computers are ------- with a state-of-the-art anti-theft locking system.

   (A) equipped
   (B) equipping
   (C) equipment
   (D) equip

7. Anyone who wishes to contribute to the companywide charity drive is ------- to donate either money or items at their convenience.

   (A) considered
   (B) discussed
   (C) expanded
   (D) invited

8. Comco Inc. became the largest supplier of computer parts when it acquired Sunrise Enterprises last year, ten years after it ------- in Chicago.

   (A) was founded
   (B) founds
   (C) have founded
   (D) founded

NOTE

9. A correction to Ms. Alpert's recent article on homeschooling ------- in next month's issue of our magazine.

(A) includes   (B) has included
(C) will be included   (D) to include

10. The recently-released novel by sci-fi author Charles Pennant ------- as his finest achievement in writing.

(A) regards   (B) to regard
(C) regarding   (D) is regarded

11. The speech Dr. DeCoy delivered at the opening of Heathway Children's Hospital ------- one of the best of his entire career.

(A) is considered   (B) is considering
(C) consider   (D) will have been considered

12. The Happy Housing Foundation is dedicated ------- low-income families with affordable houses and maintenance services.

(A) provided   (B) to providing
(C) providing   (D) will provide

13. Prime Auto Insurance ------- a premium welcome kit to new customers next week in an effort to promote its new plans.

(A) send   (B) has been sent
(C) sending   (D) will be sending

14. All sales representatives ------- to verify their clients' information before sending out new catalogues and samples.

(A) encourage   (B) are encouraged
(C) encouraging   (D) will encourage

15. The Film Directors Association is pleased to announce that Mr. Roy Hughes ------- the new president for the next two years.

(A) elects   (B) has elected
(C) has been elected   (D) was elected

UNIT 06 동사의 수 일치

출제 경향

- 동사와 관련된 유형 중 출제 빈도가 가장 낮음
- 단수명사(명사 끝에 s 없음) + 단수동사(동사 끝에 s 있음)
  복수명사(명사 끝에 s 있음) + 복수동사(동사 끝에 s 없음)
- 고난도 유형에서 주어와 동사 사이에 수식어구를 길게 끼워 넣는 함정에 주의할 것!

POINT 1   단/복수 동사 형태 구분하기

동사 유형	단수 주어일 때	복수 주어일 때
be동사 현재/과거시제	is / was	are / were
일반동사 현재완료시제	has p.p.	have p.p.
일반동사 현재시제	동사 끝에 s 있음	동사 끝에 s 없음

길토익 TIP

대명사의 단/복수
· one, none, any ☞ 단수
· few, several, all ☞ 복수
· all/none/any/half of + 불가산명사
  ☞ 단수
· all/none/any/half of + 가산복수명사
  ☞ 복수

This month's outstanding **sales performance** [indicate / indicates] that the company can exceed its revenue targets for the year.

[No one / Few] **is** volunteering for night shifts, so additional incentives will be needed to encourage participation.

POINT 2   고난도 동사 수 일치 ①: 긴 명사구 주어

The exceptional performance of our sales representatives [allow / has allowed] us to regain our market position.

The customer support employees at LLM Software [work / works] night shifts to provide 24/7 availability.

POINT 3   고난도 동사 수 일치 ②: 주어 동사 사이에 구/절 삽입

A new study on the relationship between eating habits and cancer [conclude / concludes] that light diets can speed up recovery.

The style and subject of the writing that you submitted for the contest hardly [conforms / conform] to the guidelines we provided.

REVIEW NOTE

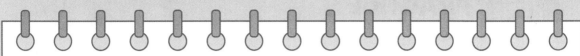

정답 p.19

1 단/복수 동사 형태 구분 각 동사 유형의 단/복수 형태를 적어 보세요.

동사 유형	단수 주어일 때	복수 주어일 때
be동사 현재/과거시제	_____ / _____	_____ / _____
일반동사 현재완료시제	_____ p.p.	_____ p.p.
일반동사 현재시제	동사 끝에 s 있음	동사 끝에 s 없음

2 대명사와 동사의 수 일치 각 대명사와 연결되는 단/복수 동사를 적어 보세요.

주어		동사
one each	of the 가산명사	_____동사
all none	of the 가산복수명사	_____동사
any half	of the 불가산명사	_____동사
few	of the 가산복수명사	_____동사
several	of the 가산복수명사	_____동사

3 주어가 긴 문장 단/복수 동사를 결정하는 주어(명사)에 밑줄을 그어 보세요.

❶ A brochure which describes the event **is** offered at the front desk.

❷ The team's ability to meet sales goals **depends** on a strong understanding of customer needs.

❸ The visual aid equipment in the meeting room **is** outdated and needs to be upgraded for better presentation.

❹ Demand for the special edition of our headphones manufactured in Malaysia **is** so high that it is currently out of stock.

 **PRACTICE**

1. NexTide smartwatches come with a battery that ------- for approximately 72 hours.

   (A) lasting   (B) to last
   (C) last   (D) lasts

2. Please be advised that the Main Street will be closed as the parade of film festival participants ------- place in the city.

   (A) take   (B) is taking
   (C) was taken   (D) have been taking

3. The coffee makers we have compared ------- in terms of weight, capacity, and power.

   (A) varies   (B) vary
   (C) variable   (D) varying

4. The Stellen Museum's extensive holdings ------- a large collection of ancient artifacts and paintings from various cultures.

   (A) including   (B) has included
   (C) includes   (D) include

5. The work procedures at NeonTech Labs always ------- to government safety standards.

   (A) conform   (B) conforms
   (C) conforming   (D) is conformed

6. The number of customers requesting refunds ------- significantly since we introduced a strict quality control policy last May.

   (A) decline   (B) has declined
   (C) declines   (D) have declined

7. Hauto Auto Plant is subject to an inspection because very ------- of its employees are entitled to a one-hour break for each four-hour shift.

   (A) each   (B) few
   (C) much   (D) any

8. The unemployment figures released this week ------- that the nation's economy is recovering faster than expected.

   (A) confirm   (B) to confirm
   (C) confirmation   (D) confirms

NOTE

44

9. One of the people organizing the community sports tournaments ------- an increase in the number of participants this year due to improved facilities.

(A) anticipate
(B) anticipates
(C) anticipating
(D) to anticipate

10. A survey shows that nearly half of the employees at Chrono Labs ------- to work by public transportation.

(A) commutes
(B) commute
(C) is commuting
(D) has commuted

11. ------- of our technicians complete four weeks of intensive training before they get certified in home appliance repair.

(A) All
(B) Each
(C) Everyone
(D) Which

12. The delivery of fruits and vegetables from the local farms ------- by days due to road closures caused by a severe storm.

(A) is delayed
(B) was delaying
(C) has been delayed
(D) have been delayed

13. An increased budget, due to a rise in profits last year, ------- us to implement an aggressive marketing strategy.

(A) enable
(B) has enabled
(C) have been enabling
(D) is enabled

14. Professors at Vanderhill University ------- the effects of prolonged exposure to blue light from digital screens on brain function.

(A) researches
(B) researching
(C) have researched
(D) will be researched

15. All menu items provided by Simmon's Organic Restaurant ------- to promote the health and well-being of our neighborhood.

(A) design
(B) are designed
(C) having designed
(D) is designed

NOTE

UNIT
07 형용사

출제 경향

- 토익 Part 5 매회 2~3문제씩 출제
- 형용사 자리 찾기 또는 형용사 어휘 유형으로 출제되며, 수량형용사의 수 일치가 중요
- 특정 전치사 또는 to부정사와 연결되는 빈출 표현 암기 필수

POINT 1 명사 수식 형용사의 빈출 위치

명사를 수식할 때 기본적으로는 「형용사 + 명사」의 순서이지만, 「명사 + 형용사」의 순서인 경우도 있다.

- **관사/소유격 + 형용사 + 가산단수명사**

  The Bellingham Natural History Museum is well known for **its** [extensive / extensively] **collection** of prehistoric art.

- **(관사/소유격) + 형용사 + 가산복수명사/불가산명사**

  We are committed to identifying [qualified / qualification] **job seekers** for small businesses.

  TS Motors has recently received [critic / critical] **feedback** on one of their latest electric cars.

- **(관사/소유격) + 형용사 + 형용사/명사 + 명사** 고난도

  Our [professional / professionally] **legal consultants** are available to assist with all your needs.

- **(관사/소유격) + 명사 + 형용사**

  Please be advised that **employees** [interest / interested] are asked to submit a proposal by the end of this month.

- **(관사/소유격) + 부사 + 형용사 + 명사**

  We are deeply impressed by your article, especially by **its highly** [organizer / organized] **analysis**.

> **길토익 TIP**
>
> 관사 앞의 빈칸은 부사 자리:
> 부사 + [관사 + 명사]
>
> The sudden increase in Web site traffic is **possibly a response** to the recent marketing campaign.

> **길토익 TIP**
>
> 「형용사/명사 + 명사」 앞에 빈칸이 있을 때 형용사 자리를 무조건 부사 자리로 착각하기 쉬우므로 주의! 부사와 형용사의 연결이 어색할 수 있으므로 항상 체크할 것!
>
> · -ing/-ed 형태의 형용사는 명사 뒤에 올 수 있음

2형식 동사 + 형용사(주격보어)

be, become, remain, seem, look, sound, appear, stay, feel, come, keep 등의 2형식 동사들은 뒤에 형용사 보어가 쓰인다.

Mr. Chung **is** [responsible / response] for training newly-hired employees to help them adapt to their work environment.

Although the brand is over 150 years old, it **remains** [successful / successfully] due to its commitment to quality.

PhoneTech's latest mobile phones **come** [equips / equipped] with AI cameras and extended battery life.

· come의 2형식 출제 고난도

5형식 동사 + 목적어 + 형용사(목적격보어)

make, keep, find, deem, consider, leave 등의 5형식 동사는 목적어 뒤에 형용사 보어가 쓰인다.

The CEO of Karim Manufacturing **considers it** [necessary / necessarily] to expand the company's production facility.

Expanding the business into international markets **was deemed** [impossible / impossibly] at first, but we made it happen.

· 5형식 동사 + 목적어(가주어 it) + 목적격보어(형용사) + to부정사(진주어)

· 「deem + 목적어 + 목적격보어(형용사)」가 수동태로 바뀌면 「be deemed + 목적격보어(형용사)」와 같이 deemed 바로 뒤에 형용사가 쓰인다.

POINT 3 수량형용사와 명사의 수 일치

수량형용사	+ 명사
another, each, every, either, neither	가산단수명사
many, numerous, various, a variety of, several, (a) few, a number of	가산복수명사 (불가산명사 X)
much, (a) little, a great amount/deal of	불가산명사 (가산명사 X)
all, some, other, most ❶ 주로 가산명사와 출제	가산복수명사, 불가산명사
any ❶ 주로 가산명사와 출제	가산단수/복수명사, 불가산명사

길토익 TIP

another, each, either, neither, many, much, (a) little, (a) few, all, some, most, several, any 등은 대명사로도 사용되며, 똑같은 수량의 속성을 가진다.

[Each / All] **package** in your meat order **includes** a dry ice pack to keep the contents fresh.

If you spend more than 50 dollars, you can get a 50% discount on [few / any] **food item** of your choice.

● 「be동사 + 형용사 + 전치사」 표현

be skilled at ~에 능숙하다	be critical of ~에 대해 비판적이다
be accountable for ~에 대한 책임이 있다	be considerate of ~을 배려하다
be acceptable for ~에게 적합하다	be indicative of ~을 나타내다
be eligible for ~에 대한 자격이 있다	be protective of ~을 보호하다
be famous for ~로 유명하다	be skeptical of ~에 회의적이다
be responsible for ~을 책임지다	be supportive of ~을 지지하다
be suitable for ~에 적합하다	be compatible with ~와 호환되다
be exempt from ~에서 면제되다	be equipped with ~을 갖추고 있다
be appreciative of ~에 감사하다	be familiar with ~에 익숙하다
be aware of ~을 알고 있다	be satisfied with ~에 만족하다

> **길토익 TIP**
> 「be동사 + 형용사 + 전치사」 표현은 ❶ 품사 자리 문제 ❷ 어휘 문제로 고르게 출제되며, ❸ 전치사 문제까지 해결할 수 있으므로 암기 필수!

At the end of the year, Mr. Maurice will become [eligible / capable] **for** a promotion to a managerial position.

· be동사 자리에 become이 올 수도 있다.

● 「be동사 + 형용사 + to」 표현

be동사 + 형용사 + to 명사	be동사 + 형용사 + to부정사
be available to ~가 이용 가능하다	be available to do ~할 시간이 있다
be accountable to ~에 대한 책임이 있다	be advisable to do ~하는 것이 좋다
be acceptable to ~가 받아들일 수 있다	be delighted to do ~해서 기쁘다
be applicable to ~에 적용 가능하다	be eligible to do ~할 자격이 있다
be comparable to ~에 견줄 수 있다	be excited to do ~해서 즐겁다
be contrary to ~와 상반되다	be expected to do ~할 것으로 예상되다
be devoted/committed to ~에 전념하다	
be disruptive to ~에 지장을 주다	be hesitant to do ~하기를 주저하다
be equivalent to ~와 동등하다	be likely to do ~할 가능성이 있다
be entitled to ~에 대한 자격이 있다	be pleased to do ~해서 기쁘다
be open to ~에게 개방되다	be proud to do ~해서 자랑스럽다
be related[relevant] to ~와 관련되다	be reluctant to do ~하기를 꺼리다
	be required to do ~해야 하다

> **길토익 TIP**
> 「be동사 + 형용사 + to 명사/to부정사」 표현은 대체로 형용사 어휘 유형으로 출제되며, 뒤에 연결되는 것이 「to + 명사」인지 「to부정사」인지 반드시 먼저 확인해야 한다. 이 표현 구조는 품사 찾기 유형으로도 종종 출제된다.

The customer survey conducted this week shows results that **are** quite [contrary / reluctant] **to** those of the previous one.

POINT 5 초고난도 형용사 유형 고난도

선택지에 형태가 유사한 형용사가 둘 이상 제시될 경우 해석이 필요하다.

This gift voucher is valid for single use and is not [transferred / transferable].

Mr. Hughes is highly regarded by his colleagues because he is always [considerate / considerable] of their needs.

· 일반적인 규정을 의미하므로 고유한 성질을 나타내는 형용사가 정답

· considerate: 배려하는
considerable: (규모, 정도가) 상당한

REVIEW NOTE

정답 p.23

1 형용사의 위치 빈칸에 적합한 품사를 적어 보세요.

❶ 관사/소유격 + _____ + 가산단수명사

❷ (관사/소유격) + _____ + 가산복수명사/불가산명사

❸ (관사/소유격) + _____ + _____ /명사 + 명사

❹ (관사/소유격) + _____ + 형용사 + 명사

❺ 2형식 동사 + _____ (주격보어)

❻ 5형식 동사 + 목적어 + _____ (목적격보어)

2 수량형용사와 명사의 수 일치 빈칸에 적합한 명사의 종류를 적어 보세요.

❶ another / each / every / either / neither + _____명사

❷ many / numerous / various / a variety of / several / (a) few / a number of + _____명사

❸ much / (a) little / a great amount/deal of + _____명사

❹ all / some / other / most + _____명사 / 불가산명사

❺ any + _____명사 / 가산복수명사 / _____명사

3 빈출 형용사 표현 빈칸에 알맞은 전치사 또는 to부정사(to do)를 넣어 보세요.

❶ be compatible _____ ~와 호환되다

❷ be hesitant _____ ~하기를 주저하다

❸ be pleased _____ ~해서 기쁘다

❹ be eligible _____ ~할 자격이 있다

❺ be reluctant _____ ~하기를 꺼리다

❻ be exempt _____ ~에서 면제되다

❼ be aware _____ ~을 알고 있다

❽ be relevant _____ ~와 관련되다

❾ be considerate _____ ~을 배려하다

❿ be supportive _____ ~을 지지하다

1. All employees highly praise Mr. Norman for maintaining an ------- workspace, which enhances productivity by reducing stress.

   (A) organize   (B) organized
   (C) organization   (D) organizing

2. This discount voucher can be redeemed at any of our branch locations in the city, but please be advised that it is not -------.

   (A) transfer   (B) transfers
   (C) transferable   (D) transferred

3. After a brief closure for renovation, Lena's Coffee & Bread will launch ------- reopening promotions next week.

   (A) special   (B) specially
   (C) specialize   (D) specialization

4. The construction of the new shopping mall is ------- on both approval from the city council and the city's ability to raise sufficient funds.

   (A) depend   (B) depends
   (C) dependable   (D) dependent

5. All utility vehicles manufactured by Motorway Inc. come ------- with a fuel-cutoff system that is automatically activated in the event of a car accident.

   (A) equips   (B) equipped
   (C) equipping   (D) equipment

6. Sales of our new printer have improved significantly this month due to our aggressive promotions, including ------- 12-month warranty on top of the standard one.

   (A) each   (B) other
   (C) another   (D) several

7. According to the mayor's office, traffic congestion is ------- to continue on the Longhorn Street until the roadwork ends next month.

   (A) likeness   (B) likes
   (C) likely   (D) liked

8. Customers who place orders on our Web site by 9 P.M. are ------- for a 50% discount on overnight delivery.

    (A) eligible   (B) eligibly
    (C) eligibility   (D) eligibilities

9. The personal information you provide on this questionnaire is strictly ------- and will be used only for tax purposes.

    (A) confident   (B) confidential
    (C) confidentially   (D) confiding

10. A successful candidate can either receive ------- financial support for housing or live in company-provided accommodations.

    (A) extend   (B) extent
    (C) extensive   (D) extending

11. All employees should be ------- of their colleagues by taking personal calls outside the office.

    (A) considerable   (B) considering
    (C) considerate   (D) consideration

12. In order to keep prices ------- while increasing sales, O'Riley's Bakery will introduce a "buy one, get one free" sale during the year-end holiday season.

    (A) reasonable   (B) reasonably
    (C) reasoning   (D) reason

13. All marketing personnel are required to attend the upcoming workshop, as some of its sessions will be directly ------- to their roles.

    (A) relevant   (B) relevance
    (C) relevantly   (D) relevancies

14. ------- customers have complained about the delayed maintenance service, as their service period will be automatically extended to cover the delay.

    (A) Few   (B) Another
    (C) Much   (D) Other

15. The result of our bid for the construction project was ------- to what many of our directors had boasted.

    (A) affordable   (B) decisive
    (C) reluctant   (D) contrary

출제 경향

- 토익 Part 5 매회 4~5문제씩 출제
- 부사 자리 찾기 유형 또는 부사 어휘 유형으로 출제

POINT 1 대표적인 부사 자리

부사는 형용사, 동사, 그리고 구/절을 수식할 수 있다. 아래의 예시는 자주 출제되는 부사 자리를 나타낼 뿐 부사가 이 위치에만 사용된다는 뜻은 아니다.

● 부사 + 형용사

The recent growth in demand makes us [cautious / cautiously] **optimistic** about future product sales.

● 부사 + 타동사 + 목적어 / 타동사 + 목적어 + 부사

Once you sign up for our newsletter, you will [automatic / automatically] **receive updates** on the latest products and promotions.

Mr. Reynolds **pursues a career** [active / actively] in game development by working as a graphic designer.

● 자동사 + 부사

Repairway mechanics **arrive** [prompt / promptly] any time customers call for car repair service.

● 2형식 동사 + 부사 + 형용사보어 / 부사 + 2형식 동사 + 명사보어

This record **is** not [wide / widely] **available** because it was produced in limited quantities.

Martin Byden [finally / final] **became one of the best-selling science fiction writers** when he released his third novel, *Space Ghost*.

● be동사 + 부사 + p.p. / have + 부사 + p.p.

Pine Trail and Rocky Trail **have been** [temporarily / temporary] **closed** to hikers for repairs due to flood damage.

길토익 TIP

부사는 문장 구조와 상관없이 문장의 끝에 쓰이기도 한다.

An updated user manual will be e-mailed to all of our customers **shortly**.

특이한 부사 자리

● **명사구 앞: 초점부사 only, just, even, possibly, largely, especially, merely, nearly**

We are currently renovating [only / including] **the main office**, but we will continue to upgrade the rest of the facilities.

● **동명사나 분사 앞: 동명사/분사는 부사의 수식을 받음**

Mr. Son and his team received a big bonus for [successful / successfully] **closing** a merger deal with ANC Logistics.

● **부사 앞: 부사를 강조하는 부사 very, quite, too, fairly, remarkably**

The initial meeting with the new client went [fair / fairly] **smoothly**.

As the new product launch approached, Mr. Cabriel began to work [quite / enough] **late** almost every day.

● **전치사구 앞: largely, mostly, preferably, especially, shortly, exactly**

We regret to inform you that we are no longer able to offer free delivery services [largely / large] **due to the rising costs**.

The welcome reception will begin at 6 P.M., and refreshments will be served [short / shortly] **after the opening remarks**.

● **절/문장 앞: 절 또는 문장 전체를 수식하는 부사**

[Fortunately / Fortunate], the new model became a great success despite initial negative reviews from some unsatisfied customers.

● **to부정사의 to와 동사원형 사이**

The management of Douteck decided **to** [considerable / considerably] **reduce** operational expenses to improve profits.

길토익 TIP

관사를 포함한 명사구 앞에 빈칸이 있을 경우, 전치사 자리와 헷갈릴 수 있으므로 주의한다.

· due largely to도 가능

· shortly after
= immediately after

빈출 부사 유형

● **주로 숫자 표현을 수식**

approximately (= about, **roughly**) 대략	nearly (= almost) 거의
less than ~보다 적게	more than ~보다 많이
exactly 정확하게	at least (= no less than) 적어도

By offering special promotions frequently, we successfully increased customer retention by [approximate / approximately] **forty percent**.

● 증가/감소/비교/개선/변화를 나타내는 동사/형용사 수식

steadily 꾸준히	gradually 점차
slightly 약간	considerably (= substantially) 상당히
significantly 상당히	dramatically (= drastically) 급격하게
noticeably (= markedly) 뚜렷하게, 눈에 띄게	

GreenWater Inc. announced its plan to increase the use of glass bottles in an effort to [significant / significantly] **reduce** plastic waste.

All survey respondents preferred a color that was [slightly / slight] **darker** than the one chosen by our professional designers.

● 분사/형용사를 강조하는 빈출 부사

surprisingly 놀라울 정도로	remarkably (= markedly) 뚜렷하게
extremely (= highly, very) 대단히, 매우	increasingly 점점 더

Attending the leadership workshop is [highly / roughly] **recommended** for anyone looking to enhance their management skills.

길토익 TIP

· 증감을 나타내는 동사
increase, rise, reduce, enlarge, expand
· 개선을 나타내는 동사
improve, progress, enhance

길토익 TIP

증감동사 / 비교급과 자주 출제되는 부사
slightly, considerably, significantly, noticeably, markedly

길토익 TIP

· **highly** effective
· in a **surprisingly** short time
· has been **markedly** successful
· **extremely** difficult
· an **increasingly** popular destination

POINT 4 접속부사

대체	instead 그 대신에
결과	therefore 그러므로 thus 그러므로 thereby 그리하여 accordingly 그에 따라 as a result 결과적으로 consequently 결과적으로
추가	also 또한
양보	however 하지만 nevertheless 그럼에도 불구하고
조건	otherwise 그렇지 않다면 ❶ 최근 출제 안됨

In the event of rain, the sporting event scheduled for May 10 at Riverside Park will be held at the community sports complex [instead / indeed].

The board will discuss whether we will hire additional workers, [so that / thus] enabling us to meet the demand in the peak season.

The project has a tight deadline and [therefore / however] requires immediate attention from all team members.

길토익 TIP

접속부사는 Part 6에서 문맥 문제로 출제되거나, Part 7에서 결정적 단서를 제공하는 등 독해에 필수적이다. 하지만 Part 5에서의 출제 빈도는 낮다.

REVIEW NOTE

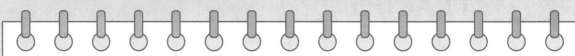

정답 p.27

1 부사의 위치 빈칸에 알맞은 품사를 적어 보세요.

❶ _____ + 형용사

❷ _____ + 타동사 + 목적어 / 타동사 + 목적어 + _____

❸ 자동사 + _____

❹ 2형식 동사 + _____ + 형용사보어 / _____ + 2형식 동사 + 명사보어

❺ be동사/have + _____ + p.p.

❻ _____ + 관사 + 명사

❼ _____ + 동명사/분사

❽ to + _____ + 동사원형

❾ _____ + 전치사구

❿ _____, + 절/문장

2 숫자 표현과 잘 쓰이는 부사 해당되는 부사를 직접 적어 보세요.

❶ app_____ = ab_____ / ro_____ 대략

❷ n_____ = al_____ 거의

❸ mo_____ _____ ~보다 많이

❹ le_____ _____ ~보다 적게

❺ at _____ 적어도

3 증가/감소 동사와 어울리는 부사 해당되는 부사를 직접 적어 보세요.

❶ con_____ (= sub_____ / sig_____) 상당히

❷ no_____ (= ma_____) 눈에 띄게

❸ st_____ 꾸준히

❹ gra_____ 점차

❺ re_____ / markedly / ex_____ / highly / very + 분사/형용사

 **PRACTICE**

1. Beauty market analysts expect the sales of Servina Cosmetics to
------- increase over the next few years.

   (A) steady
   (B) steadily
   (C) steadiest
   (D) steadied

2. The High Precision thermometer is ------- accurate in measuring
minute temperature variations, making it ideal for sensitive
scientific experiments.

   (A) surprising
   (B) surprisingly
   (C) surprised
   (D) surprises

3. The architects at Pergini Builders estimate that the renovation
project for the Sulivan Office Complex will take ------- eighteen
months to complete.

   (A) approximately
   (B) slowly
   (C) eagerly
   (D) spaciously

4. Almost ------- after receiving the necessary samples, our research
team began analyzing the data and preparing a comprehensive
report.

   (A) precisely
   (B) immediately
   (C) continually
   (D) lately

5. The mobile phone cameras have become exceptionally powerful,
------- allowing some film directors to utilize them for creating
blockbuster films.

   (A) and
   (B) so that
   (C) thus
   (D) which

6. Although the job interview took ------- fifteen minutes, Mr. Holmes
was confident that he made a strong and positive impression.

   (A) during
   (B) until
   (C) really
   (D) only

7. As all the minor bugs that were identified during the testing phase
have ------- been resolved, the launch of our new game is set to
proceed on schedule.

   (A) since
   (B) soon
   (C) after
   (D) often

NOTE

8. The functionality of the outdoor shoes made by Timons Leisure Co. can remain consistent for years, ------- due to our patented outsole technology.

   (A) extremely   (B) largely
   (C) tightly   (D) closely

9. The head chef at Bianchi's Restaurant is ------- commended for continually introducing new dishes that are both creative and delicious.

   (A) nicely   (B) closely
   (C) highly   (D) effectively

10. We have learned that wireless Internet access is currently unavailable at the convention center, so we need to prepare our presentation -------.

    (A) accordingly   (B) nearly
    (C) primarily   (D) gradually

11. If you register your software on our Web site, an authorization code will be e-mailed to you -------.

    (A) urgently   (B) slightly
    (C) shortly   (D) recently

12. The costs of operating a business in Seattle are ------- higher than in neighboring cities, causing many companies to relocate.

    (A) completely   (B) previously
    (C) eagerly   (D) considerably

13. Mr. Toledo requested a transfer to the Busan branch to be closer to his home, but the company ------- offered him a higher position in Seoul.

    (A) also   (B) instead
    (C) moreover   (D) otherwise

14. ------- demonstrating impressive performance, Ms. Lou is now being considered for a promotion to an executive position.

    (A) Consistently   (B) Consistency
    (C) Consist   (D) Consistent

15. Fox Video Networks lost more than a third of its viewership this year, and -------, it is now offering new subscribers a 6-month free trial.

    (A) however   (B) as a result
    (C) as well as   (D) on the contrary

비교급

출제 경향

- 토익 Part 5에서 2회당 1문제씩 출제
- 비교급 형용사/부사 사이에서 선택할 때는 품사 자리 문제와 동일한 방법으로 해결
- 동일 단어의 원급/비교급/최상급 사이에서 선택할 때는 관련된 단서를 확인
- 종종 형용사/부사의 비교급/최상급과 어울리는 접속사를 선택하도록 출제

POINT 1 원급 vs. 비교급 vs. 최상급

● 기본 형태

-er/more/less는 비교급, -est/most/least는 최상급

품사	구분	원급	비교급	최상급
형용사	단음절	easy	easier	easiest
	2음절 이상	careful	more/less careful	most/least careful
부사	단음절	hard	harder	hardest
	2음절 이상	seriously	more/less seriously	most/least seriously

길토익 TIP

비교급/최상급의 형태는 끝 모음과 음절 수에 따라 달라지고, better/best, worse/worst처럼 변칙적인 형태도 있어서 복잡하지만 형태가 올바른지 묻지는 않으므로 걱정할 필요가 없다.

● 비교급으로 제시되는 품사 자리 문제

비교급은 형용사와 부사를 대상으로 하며, 형태와 의미 변화만 있을 뿐, 형용사와 부사의 속성은 그대로이다. 그러므로 비교급 형태와 상관없이 빈칸의 역할을 파악해 알맞은 품사를 선택하면 된다.

Illusion Appliances' compact air fryers have **become** more [popular / popularity] than the larger models.

Ms. Calahan is responsible for **distributing our resources** [more efficiently / more efficient] to the workers at the factory.

Rayon Sports has launched new running shoes that **are** [lighter / lightly] **than** any other sports shoes on the market.

● 원급/비교급/최상급의 단서

기본적인 단서는 원급 접속사 as, 비교급 접속사 than, 그리고 최상급 전치사 in/of이므로 문장 내에서 이 단서를 찾아 어울리는 형태를 고른다.

길토익 TIP

형용사의 최상급은 항상 앞에 the가 붙지만, 부사의 최상급은 비교 대상이 명시되지 않을 때 the를 생략한다. 하지만, the의 유무를 구분하도록 출제하지는 않으므로 신경 쓸 필요는 없다.

원급	as + 원급 + as	~만큼 …한/…하게
	the same + as	~와 똑같은
	just as 원급 as	딱 ~만큼 …한/…하게
	twice as 원급 as	~보다 2배만큼 더 …한/…하게
비교급	비교급 + than	~보다 더 …한/…하게
	Of the two 복수명사, the 비교급	둘 중에서 ~가 더 …한/…하게
최상급	the 최상급 + of all the 복수명사	~ 중에서 가장 …한/…하게
	Of all the 복수명사, 최상급 Of the + 숫자 + 복수명사, 최상급	~ 중에서 가장 …한/…하게
	the 최상급 + in (the) 범위명사	~에서 가장 …한/…하게
	the 최상급 + have (ever) p.p.	이제껏 ~ 중에서 가장 …한/…하게

Thanks to the great success of its new MX-10 model, Mega Electronics has been generating [higher / high] profits **than** ever before.

Few managers are able to handle multiple client complaints **as** [efficiently / more efficiently] **as** Ms. Marcott can.

Of the six subway lines in the city, the Green Line is the [more easily / easiest] to take if you are heading to the stadium.

· 「Of the + 숫자 + 복수명사」, 「Of all the 복수명사」는 최상급과 어울리는 비교 대상 표현

Ms. Archer was probably **the** [most ambitious / more ambitious] **of all the applicants** we interviewed for the regional sales manager position.

According to an article in *Business Week*, Rayfield Express is **the** [depending / most dependable] shipping company **in** Southeast Asia.

· 전치사 in은 최상급과 어울리는 비교 대상 표현

All the panel members have agreed that Ms. Cora Page seems to **handle complex marketing tasks** [most effectively / effective].

· 부사의 최상급은 the를 생략

● 원급 vs. 비교급과 어울리는 접속사 선택하기

None of the competitors in the market have **the same** innovative features [as / than] our new accounting software.

· the same은 원급

A consumer report suggests that expensive laundry detergents are not necessarily **more effective** [as / than] cheaper alternatives.

· more는 비교급

원급 강조	very, extremely, highly, so, too 매우, 대단히, 너무
비교급 강조	much, even, still, far, a lot 훨씬 ❶ a lot, still, far는 출제 빈도가 낮음
최상급 강조	even, by far, the very 정말이지, 단연코 ❶ even은 초점부사로 the 앞에 위치

길토익 TIP

very + 원급
much + 비교급
the very + 최상급

Please be advised that visual data such as graphs and charts can make your presentation [much / any] **easier** to understand.

Ms. Harriette's expertise in global marketing is [even / more] **greater** than anyone in the office expected.

Sam's Green Farm has begun to implement **the** [more / very] **latest** organic farming techniques.

POINT 3 필수 암기! 비교급/최상급 관용 표현

The 비교급, the 비교급	더 ~할수록, 더 …하다
no later than + 시간/날짜	늦어도 ~까지는
no more than + 수량	기껏해야(= 겨우) ~ 정도
the + 서수(first/second) + 최상급	~번 째로 가장 …한
could not be 비교급	더 이상 ~할 수가 없다(= 매우 ~하다)
비교급 than ever	그 어느 때보다 더 ~한/~하게
more than + 숫자	~보다 많이, ~을 초과하여
no longer	더 이상 ~않다

Mr. Huxley agrees that **the better** [informed / information] our customers are, **the easier** it is for us to attract them.

· 이 문장에서 better는 부사

Due to scheduled system maintenance, all employees should submit their timesheets **no** [late / later] **than** 4:00 P.M.

· 「no later than + 시간/날짜」
늦어도 ~까지는

At SciTech, customer satisfaction is **the second** [most / more] **important** factor in business growth, following product quality.

· 「the + 서수 + 최상급」
~번째로 가장 …한

This year, NextWave Electronics sold **more** [as / than] **twice as many** mobile phones as they did last year.

· 「more than + twice + as many ~」
2배 넘게 많은 ~

Please be aware that starting July 1, the parking spaces in Building C will **no** [long / longer] be available to visitors.

· 「no longer」
더 이상 ~ 않다

REVIEW NOTE

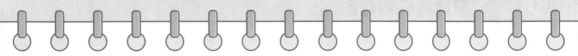

정답 p.31

1 기본 원리 빈칸에 알맞은 품사를 써 보세요.

원급, 비교급, 최상급은 _____ 와 _____ 로 만들어진다.

2 원급/비교급/최상급의 형태 셋 중 각 빈칸에 알맞은 것을 적어 보세요.

❶ as + _____ + as   ~만큼 …한/…하게

❷ _____ + than   ~보다 더 …한/…하게

❸ _____ of (all) the 복수명사   ~중에서 가장 …한/…하게

❹ _____ + in the country(범위)   국내에서 가장 …한/…하게

❺ just as _____ as   딱 ~만큼 …한/…하게

❻ twice as _____ as   ~보다 2배만큼 …한/…하게

3 원급/비교급/최상급 강조 각각에 해당하는 강조 표현을 적어 보세요.

❶ 원급 강조	
❷ 비교급 강조	
❸ 최상급 강조	

4 비교급/최상급 관용 표현 빈칸을 채워 보세요.

❶ The 비교급, the _____   더 ~할수록, 더 …하다

❷ no _____ than + 시간/날짜   늦어도 ~까지는

❸ Of the two 복수명사, the _____   둘 중에서 더 …한

❹ the + 서수(first/second) + _____   ~번 째로 가장 …한

 **PRACTICE**

1. Mr. Gibson is committed to making our services ------- to customers who live in remote regions.

   (A) accesses
   (B) accessibility
   (C) more accessible
   (D) more accessibly

2. The new security system is able to monitor our network even more ------- than the old one.

   (A) regularly
   (B) regulate
   (C) regularity
   (D) regulation

3. Mr. Moore has warned that management is taking the recent rise in absenteeism ------- than ever before.

   (A) serious
   (B) seriously
   (C) more seriously
   (D) most seriously

4. Due to the relatively cold weather, sales of our winter clothing are ------- higher than usual for this season.

   (A) so
   (B) many
   (C) any
   (D) much

5. The recently-installed EasyShare software reduces order processing times and errors ------- more than the previous one.

   (A) heavily
   (B) eagerly
   (C) considerably
   (D) instantly

6. Ms. Collins realized that buying a new subscription would cost ------- than renewing her existing membership, given the promotional benefits.

   (A) a lot
   (B) less
   (C) very
   (D) rather

7. According to a consumer group, of all the washing machines they tested, the AquaSpin 3000 uses water -------.

   (A) most efficiently
   (B) more efficient
   (C) efficiencies
   (D) efficiency

8. Evelyn always reaches her monthly targets more ------- than any other sales representative at our branch.

   (A) quickest
   (B) quickly
   (C) quicker
   (D) quicken

NOTE

9. *The Calm Waters* has achieved the second ------- viewership among marine disaster films, even six months after its premiere.

   (A) most highly   (B) highest
   (C) more highly   (D) high

10. TMC customer service representatives always make every effort to bring our customers the ------- best experience.

    (A) much   (B) so
    (C) very   (D) exactly

11. The consultant recommends that more ------- staffing be implemented to optimize workflow and improve overall productivity.

    (A) strategy   (B) strategically
    (C) strategies   (D) strategic

12. Market analysts predict that major semiconductor companies will suffer more losses this year ------- they did last year.

    (A) that   (B) than
    (C) since   (D) when

13. The new photo editing software, which features impressive AI assistant functions, will be priced ------ its predecessors.

    (A) more affordably   (B) as affordably as
    (C) most affordable   (D) affordably

14. Our new product will be half-priced in stores during the promotional period, but you can purchase it at an even ------- price on our online store.

    (A) low   (B) lower
    (C) lowest   (D) lowly

15. Scientists warn that the more advanced artificial intelligence becomes, the ------- human abilities will be needed in the workforce.

    (A) few   (B) fewer
    (C) very few   (D) fewest

부사절 접속사

출제 경향

- 토익 Part 5에서 3~4문항 출제
- 최다 빈출 유형은 빈칸에 알맞은 접속사 품사를 고르는 유형
- 전치사/접속사/부사로 선택지를 구성해 품사의 혼동을 노리는 유형
- 접속사끼리 의미 차이를 구분하는 초고난도 유형에서 시간 소모를 줄이는 것이 중요

POINT 1 부사절 접속사의 출제 유형

● 접속사 품사 찾기 유형

선택지에 접속사가 하나 있고, 나머지는 전치사와 부사 등으로 구성되므로 각 선택지에 제시된 단어들의 품사를 빠르게 구분할 수 있어야 하며, 빈칸이 두 개의 절을 연결하는 접속사 자리인지 확인하면 된다.

Please inform the personnel manager [as soon as / on account of] you have finalized your travel arrangements.

[Despite / Although] *The Great Dream* has higher critic scores, the Grand Prize has been awarded to *My Will* because of its massive viewership.

길토익 TIP

접속사와 비슷한 의미의 전치사/부사를 선택지에 포함해 혼동을 유발하는 문제가 자주 나온다.

접속사	although (~이기는 하지만)	while (~하는 동안)
전치사	despite (~에도 불구하고)	during (~ 동안)

● 알맞은 의미의 접속사 찾기 유형 고난도

선택지에 둘 이상의 접속사가 제시되고, 시간/조건/이유/양보 등 의미가 알맞은 접속사를 찾아야 한다. 문장 구조를 분석해 접속사 자리임을 확인한 다음, 해석을 통해 의미까지 파악해야 하므로 시간 소모를 최소화하는 것이 중요하다.

The meeting had to be rescheduled a day earlier [because / while] the client could not find an available airline ticket for the original date.

Bedford Road will be closed on Tuesday [until / while] repaving work is taking place.

[When / While] the contract negotiations with the Hampton Group are almost complete, we still have a few details to resolve.

부사절 접속사의 의미 유형별 구분

● **시간**

as ~할 때	when ~할 때	while ~하는 동안
after ~한 후에	before ~하기 전에	until ~할 때까지
since ~한 이후로	once 일단 ~하는 대로	as soon as ~하자마자

길토익 TIP

as, after, before, until, since는 전치사/접속사로 모두 쓰이므로 빈칸 뒤에 절이 있다면, 일단 정답 후보에 넣고 검증을 해야 한다.

The museum's east wing will be closed [during / while] its lobby is being renovated.

● **조건**

if 만일 ~한다면	provided (that) 만일 ~한다면
unless ~하지 않는다면	in case (that) ~인 경우에 (대비해)

A new bonus plan will be implemented next quarter [provided that / just as] our profit meets the projected target.

● **이유**

because ~하기 때문에	as ~이기 때문에	since ~이므로
now that (이제) ~이므로	given that ~임을 고려하면	

길토익 TIP

형태 주의
because, given that은 접속사
because of, given은 전치사

[In case / Now that] all submissions have been reviewed, the judges will soon announce the winner.

● **양보**

although 비록 ~이긴 하지만	even though 비록 ~일지라도
though 비록 ~이긴 하지만	even if 설사 ~한다 하더라도
while / whereas ~이긴 하지만(양보), ~인 반면에(대조)	

[Although / Despite] our network system is functional, we are planning a full upgrade to enhance performance and security.

● **두 단어 이상으로 이루어진 부사절 접속사**

목적	so that ~하도록 in order that ~하기 위해서
이유	given that ~임을 고려하면 ❶ given ~을 고려하면(전치사)
시간	by the time ~할 때쯤(이면) (주절의 동사가 과거완료 또는 미래완료)
조건	as long as ~하는 한 whether A or B A이든 B이든 상관없이

길토익 TIP

두 단어 이상으로 이루어진 접속사는 전치사/부사와 구분하도록 출제되기도 하지만, 대부분 접속사끼리 의미를 대조하는 고난도로 출제된다.

Applications must be submitted to HR by July 10 [so that / given that] the selection process can begin on schedule.

POINT 3 분사구문 관용구: 부사절 접속사 + ing/p.p./전치사구/형용사

부사절 접속사	뒤 형태	예시
when ~할 때 while ~하는 동안 before ~ 전에 after ~ 후에 since ~한 이후로	ing	**when** speaking with clients 고객과 이야기할 때 **while** working in the lab 실험실에서 일하는 동안 **since** joining the team 그 팀에 합류한 이후로
once 일단 ~하는 대로 as ~처럼, ~대로 than ~보다 though 비록 ~이지만 unless ~가 아니라면 if 만일 ~한다면	p.p.	**once** completed 일단 완료되는 대로 **as** stated in ~에 언급된 것처럼 **than** anticipated 예상되었던 것보다 **unless** otherwise indicated/noted 달리 말이 없다면 **if** left unattended 만일 방치되어 있다면
while ~ 동안에	전치사구	**while** on duty 근무하는 동안에 **while** aboard the airplane 비행기에 탑승한 동안
if 만일 ~한다면 whenever 언제든 ~할 때	형용사	**if** possible 가능하다면 **if** necessary 필요하다면 **whenever** possible 언제든 가능할 때

> **길토익 TIP**
>
> 부사절에서 접속사와 주어가 생략되고 동사가 분사로 바뀐 구조를 분사구문이라고 한다. 이때 부사절 접속사를 생략하지 않고 분사와 함께 사용할 수 있으므로 주어가 없다고 해서 무조건 접속사를 소거해선 안 된다.
>
> 토익에서 「접속사 + 분사」 구조의 분사구문에 쓰이는 부사절 접속사는 when, while, once, as, if, unless, since, as 이다.

[Once / Equally] submitted for consideration in the contest, entries will not be returned to participants.

All security personnel are encouraged to wear protective gear [while / since] on duty.

POINT 4 wh접속사 + ever = no matter + wh접속사

whenever	+ 완전한 절	언제든 ~할 때, ~할 때마다
wherever		어디서 ~하더라도, ~하는 곳마다
however		(형용사/부사와 함께) 아무리 ~하더라도

> **길토익 TIP**
>
> 최근 들어 부사절 접속사 whenever, wherever, however가 고난도 문제로 출제되고 있다. 특히, however는 「형용사/부사 + 주어 + 동사」의 구조로 된 절을 이끄는 역할을 하기도 하지만, '그러나, 하지만'을 뜻하는 부사로도 쓰이므로 주의해야 한다.

[Whenever / Now that] you contact our service line, one of our technicians will respond quickly to help with your request.

REVIEW NOTE

📖 정답 p.34

1 전치사와 접속사 구분 전치사 또는 접속사를 선택하고 의미도 적어 보세요.

upon [전 / 접]		provided [전 / 접]	
despite [전 / 접]		as soon as [전 / 접]	
given [전 / 접]		because of [전 / 접]	
without [전 / 접]		unless [전 / 접]	
during [전 / 접]		while [전 / 접]	
so that [전 / 접]		once [전 / 접]	

2 분사구문 관용구 뒤에 이어지는 요소와 어울리는 접속사를 적어 보세요.

❶ w_____ / w_____ b_____ / a_____	+ ing
❷ o_____ / a_____ t_____ / t_____	+ p.p.
❸ w_____	+ 전치사구
❹ i_____	+ 형용사

기출 PRACTICE

1. ------- they require greater care in handling and packaging, fragile items can cost more to transport.

   (A) Because   (B) In fact
   (C) Just   (D) Even

2. ------- many employees at Mega Stream expressed interest in the management training program, only a few have enrolled.

   (A) As if   (B) Although
   (C) But   (D) Nevertheless

3. ------- additional dishes have been added to its main menu, Mauer's French Restaurant will hire more chefs to accommodate the increased demand.

   (A) If so   (B) Rather than
   (C) Owing to   (D) Given that

4. ------- overdue books are returned by June 30, the Wilson Community Library will waive all late fees.

   (A) Not only   (B) As long as
   (C) Along with   (D) As well as

5. ------- confirmed through our reservation system, you will receive an e-mail containing the details of your trip.

   (A) Still   (B) Instead
   (C) Once   (D) After

6. TLC Manufacturing plans to hire additional temporary workers ------- the demand for its new mobile device is higher than expected.

   (A) in case   (B) whereas
   (C) rather than   (D) similarly

7. Defective merchandise, ------- used or not, can be returned to the seller for a full refund.

   (A) whether   (B) neither
   (C) unless   (D) despite

8. ------- Wales Energy offers same-day installation of heating units, the convenience of this service will be well worth the extra payment.

   (A) Except for   (B) Provided that
   (C) Despite   (D) If so

NOTE

9. Please have your customer account number and personal information ready ------- calling for customer service.

(A) when
(B) during
(C) although
(D) because

10. Be advised that all receipts should be submitted within 7 days of returning from a trip ------- you can be reimbursed for your expenses.

(A) so that
(B) considering
(C) given that
(D) in case of

11. ------- indicated in this quarter's industry analysis report, Hanson Automobiles Inc. is emerging as a leading auto company in China.

(A) While
(B) Similarly
(C) As
(D) Until

12. Construction workers must adhere to all safety regulations and wear protective equipment ------- on duty.

(A) instead
(B) already
(C) while
(D) since

13. ------- hiring the new chief editor, Jim Rogers, the publishing firm Wisdom Book has been shifting its focus to artificial intelligence technology.

(A) Despite
(B) Until
(C) As much as
(D) Since

14. The company offers a comprehensive warranty on all its products, ------- its competitors only provide limited coverage for select items.

(A) unlike
(B) whereas
(C) as far as
(D) in order that

15. ------- poorly the old printer may be functioning, it still manages to produce clear copies when necessary.

(A) Rather
(B) In case
(C) However
(D) Usually

명사절 접속사

출제 경향

- 토익 Part 5에서 1~2문제씩 출제
- 빈칸 뒤에 위치하는 절의 구조(완전/불완전) 및 문장의 의미에 어울리는 접속사 선택
- that과 whether가 자주 출제되는 편

POINT 1 명사절 접속사 기본 사항

● 대표적인 명사절 접속사

- that (~라는 것)
- whether, if (~인지 아닌지)
- 간접 의문문에 쓰이는 의문사(who, whose, whom, what, which, when, where, why, how)

● 명사절 접속사 자리

명사절 접속사가 이끄는 절은 명사 자리, 즉 주어, 보어, 동사의 목적어 또는 전치사의 목적어 자리에 올 수 있다.

주어	What **pleases our customers most** is the product quality. 우리 고객들을 가장 만족시키는 것은 제품 품질입니다.
동사의 목적어	Mr. Shin will determine who **will be his replacement**. 신 씨가 누가 자신의 후임이 될 것인지 결정할 것이다.
보어	The fact is that **we need additional time to complete the task**. 사실은 우리가 업무를 완료하는 데 시간이 더 필요하다는 점이다.
전치사의 목적어	Mr. Jones is still uncertain about whether **he will accept the offer**. 존스 씨는 그 제안을 받아들일 지에 대해 여전히 확실하지 않다.

Trek Sports Co. will **determine** [whether / that] it will continue with its current marketing strategy after reviewing the latest market research.

A panel of judges will **decide** [who / whose] is best qualified for the post.

길토익 TIP

명사절 접속사 자리에는 although, because, since, while 등의 부사절 접속사를 쓸 수 없다.

- whether + 불확실한 내용
  that + 확정된 내용

- whose는 뒤에 명사가 필요

「주어 + 자동사」, 또는 「주어 + 타동사 + 목적어」와 같이 필수 구성 요소가 갖춰진 절을 완전한 절이라고 한다.

명사절 접속사	명사절 접속사 뒤에 위치하는 절의 구조	
who whom	+ 동사 + 목/보 + 주어 + 동사	주어 빠진 불완전한 절 목적어 빠진 불완전한 절
what whose which whatever whichever	+ 명사 + 주어 + 동사	명사 뒤에 불완전한 절
that	+ 주어 + 동사 + 목/보	완전한 절
what which	+ 동사 + 목/보 + 주어 + 동사	주어 빠진 불완전한 절 목적어 빠진 불완전한 절
whatever whichever whoever	+ 동사 + 목/보 + 주어 + 동사	주어 빠진 불완전한 절 목적어 빠진 불완전한 절
when where why how	+ 주어 + 동사 + 목/보	완전한 절
whether if	+ 주어 + 동사 + 목/보	완전한 절 + (or ~) ❶ whether은 최빈출 명사절 접속사

A government survey indicates [that / what] employees prefer flexible working hours over additional pay.

Our technicians are asked to determine [what / that] makes the NovaTone so popular among music enthusiasts.

Blue Horizon Café's outdoor seating is [what / where] it truly stands out from the competitors.

길토익 TIP

who/whose는 관계대명사로 출제될 확률이 90% 이상이다.

길토익 TIP

명사절 접속사 that vs. what
that + 완전한 절
what + 불완전한 절

길토익 TIP

명사절 접속사 what vs. which
what + 선택 범위 x
which + 선택 범위 o
which는 주로 관계대명사로 출제되고, what은 주로 명사절 접속사로 출제된다.

POINT 3   명사절 접속사 + to부정사

Wh 명사절 접속사에서 주어를 생략하고 동사를 to부정사로 바꿔 쓸 수 있다.

> Mr. Kim will demonstrate **how he operates the software.**
> → Mr. Kim will demonstrate how to operate the software.

Employees of Markinson Design Studio can decide [that / whether] **to work** in the office or from home.

All staff must participate in tomorrow's brainstorming session and demonstrate [what / how] **to promote** the upcoming sales drive.

길토익 TIP

명사절 접속사 + to부정사
명사절 접속사 중 that과 why, if는 to부정사와 함께 사용할 수 없다.

POINT 4 명사절 접속사 that

● 동사 + 명사절 접속사 that

전달	indicate, suggest, show, reveal (결과) 보여주다, 나타내다 announce, state 발표하다
주장	claim, argue 주장하다 point out 지적하다
확신	ensure 보장하다 certify 증명하다 confirm 확인하다
요청	request, ask 요청하다 recommend, advise 권고하다 suggest, propose 제안하다
예상	expect, predict, anticipate 예상하다
결론	conclude, determine 결론을 내리다 find out, note, notice 알게 되다

The assembly manual for the furniture **indicates** [so / that] the back panel should be secured before attaching the side panels.

● 형용사 + 명사절 접속사 that

| 확실 | aware 알고 있는 hopeful 희망하는 confident, positive, certain 확신하는 doubtful 의심스러운 apparent 확실한 clear 분명한 |
| 중요 | important, essential, critical, vital, imperative 중요한 surprising 놀라운 |

The production manager is **confident** [of / that] his team will meet the deadline of the product launch.

● 명사 + 명사절 접속사 that(= 동격)

fact 사실	claim 주장	speculation 추측	evidence 증거
notification 통지	assurance 보장	confirmation 확인	complaint 불만

The e-mail serves as [compensation / confirmation] **that** we have successfully received your payment.

POINT 5 「wh + ever」 형태의 명사절 접속사

whoever		~하는 사람은 누구든 (= anyone who ~)
whatever	+ 주어가 빠진 불완전한 절 + 목적어가 빠진 불완전한 절	~하는 것은 무엇이든 (= anything that ~)
whichever		~하는 어떤 것이든 (= any one of which ~)

Ms. Evans assured us that she will provide [whatever / whoever] is necessary for the success of the project.

[Whoever / Whichever] **attends the book fair** will be eligible for a special networking session with several renowned writers.

REVIEW NOTE

정답 p.38

1 명사절 접속사   명사절 접속사 뒤에 이어지는 절의 구조(완전/불완전)를 빈칸에 써 보세요.

명사절 접속사	명사절 접속사 뒤에 이어지는 절의 구조
❶ who, whom	+ _____ 절
❷ whose, which	명사 + _____ 절
❸ that	+ _____ 절
❹ what, which	+ _____ 절
❺ when, where, why, how	+ _____ 절
❻ whether, if	+ _____ 절 * whether는 or 또는 or not과 잘 쓰인다.

2 명사절 접속사 + to부정사   뒤에 to부정사가 올 수 있는 명사절 접속사를 써 보세요.

_____

_____   +   to부정사

_____

_____

3 「wh + ever」 명사절 접속사   명사절 접속사 뒤에 이어지는 절의 구조(완전/불완전)를 빈칸에 써 보세요

whoever	+ _____ 절	~하는 사람은 누구든 = anyone who ~
whatever	+ _____ 절	~하는 것은 무엇이든 = anything that ~
whichever	+ _____ 절	~하는 어떤 것이든 = any one of which ~

 **PRACTICE**

1. Please inform all the guests ------- taking photos is not allowed during the tour of the ancient caves.

   (A) that
   (B) those
   (C) unless
   (D) then

2. Currently, Westhaven Glassworks is determining ------- to renew the maintenance contract with Pineford Security.

   (A) whether
   (B) either
   (C) that
   (D) so

3. The administrator of Holya Office Park has assured us that he will do ------- is needed to reduce the inconvenience caused by the ongoing construction.

   (A) whoever
   (B) any
   (C) whatever
   (D) something

4. As a subscriber to the *News Update*, I have been confident ------- I am well aware of the latest political and economic trends.

   (A) that
   (B) so
   (C) which
   (D) about

5. Please refer to the course catalog that specifies ------- classes are required for each degree.

   (A) this
   (B) whom
   (C) which
   (D) both

6. ------- acquires the Grotten Film Studio will probably have made one of the most lucrative investments in the entertainment industry.

   (A) Who
   (B) Whom
   (C) What
   (D) Whoever

7. Employees are recommended to let their supervisors know early enough ------- they have to reschedule the deadline.

   (A) also
   (B) either
   (C) what
   (D) whether

8. The management of Reily Electronics is not sure ------- they will release its new tablet PC line due to a shortage of key components.

   (A) when
   (B) even
   (C) either
   (D) what

NOTE

9. The Community Training Center guarantees that ------- needs assistance with job seeking will be welcomed in our public job training classes.

(A) whoever   (B) who
(C) whom   (D) what

10. A recent survey conducted by our marketing division confirmed ------- the popularity of our new product has been growing rapidly among young adults.

(A) about   (B) that
(C) while   (D) those

11. We are very impressed by your proposal outlining ------- we can do to reactivate the slow housing market and improve the local economy.

(A) and   (B) that
(C) what   (D) which

12. The operations committee will meet on Friday to decide ------- will be recognized as Employee of the Year.

(A) where   (B) who
(C) that   (D) him

13. According to the interview, Ms. Johannsen is ------- that she would receive the prestigious Lifetime Performance Award in her field.

(A) practical   (B) random
(C) available   (D) doubtful

14. Our delivery trucks carry a GPS tracker that can show exactly ------- your package is, ensuring accurate delivery updates for customers.

(A) who   (B) why
(C) which   (D) where

15. During the upcoming workshop, our professional team will explain ------- to prepare and deliver effective sales presentations.

(A) what   (B) how
(C) who   (D) that

NOTE

출제 경향

- 토익 Part 5에서 1문제씩 출제
- 등위접속사는 빈칸 앞뒤 부분의 키워드 및 의미 연결 관계를 파악해 해결!
- 상관접속사는 짝을 이루는 단어를 파악하면 끝!

POINT 1 등위접속사는 키워드 및 의미 연결 관계 파악

순접	and 그리고 ☞ 유사한 내용 연결 so 그래서 ☞ 원인에 따른 결과 연결
역접	but, yet 하지만, 그러나 ☞ 상반된 내용 연결
선택	or 또는, 그렇지 않으면 ☞ 선택 대상을 나타내는 내용을 연결
추가	as well as ~뿐만 아니라 ···도 ☞ 유사한 내용 연결
배제	rather than ~이 아니라 ☞ 상반된 내용 연결

길토익 TIP

등위접속사의 특징
- 단어, 구, 절 등 문장 내에서 동일한 요소를 대등한 관계로 연결
- 항상 문장 중간에 위치. 문장 맨 앞에 쓰이는 「Rather than + 동명사」의 Rather than은 전치사
- 반복 요소 생략 가능: 예외로 so는 완전한 절만 연결

The uniforms that were delivered were the wrong sizes, [so / but] we had to return them.

If you are seeking a venue for a corporate event [or / yet] an informal gathering, the Ivy Hotel has a room to meet your needs.

POINT 2 상관접속사는 1초 문제: 해석 금지!

모두 해당	both A and B A와 B 둘 모두 ❶ 출제 빈도 가장 높음 not only A but (also) B A뿐만 아니라 B도 ❶ also 생략 가능 = B as well as A A and B alike A와 B 둘 다 마찬가지로 ❶ 출제 빈도 낮음
하나만 선택	either A or B A 또는 B 둘 중 하나 not A but B = B, (but) not A A가 아니라 B ❶ Part 6 출제
모두 거부	neither A nor B A와 B 둘 다 아닌

AdventureTrail travel guides come in [almost / both] print **and** digital formats.

New customers of Skyview Bank must contact customer service [either / besides] by phone **or** e-mail to verify their identity.

REVIEW NOTE

정답 p.41

1 등위접속사 대표적인 등위접속사들을 적어 보세요.

❶ a_____

❷ b_____ (= y_____)

❸ o_____

❹ s_____

❺ a_____ _____ _____

❻ r_____ _____

2 상관접속사 알맞은 상관접속사를 구성하는 단어를 적어 보세요.

❶ both A _____ B   A와 B 둘 모두

❷ not only A _____ _____ B   A뿐만 아니라 B도

❸ A and B _____   A와 B 둘 다 마찬가지로

❹ _____ A or B   A 또는 B 둘 중 하나

❺ not A _____ B   A가 아니라 B

❻ neither A _____ B   A와 B 둘 다 아닌

 **PRACTICE**

1. By successfully closing the Newman Investments deal, Mr. Hughes demonstrated that he is an experienced negotiator ------- strategist.

   (A) but (B) and

   (C) that (D) yet

2. These days, more and more companies lease equipment ------- buy it due to the potential cost of maintenance.

   (A) on account of (B) but

   (C) and (D) rather than

3. The addition of high-powered yet ------- machinery has improved overall productivity at most of our production facilities.

   (A) cautious (B) undecided

   (C) incomplete (D) inexpensive

4. When the presentation is over, attendees will be asked to fill out a survey form ------- take our samples home to try at their convenience.

   (A) so that (B) for instance

   (C) as well as (D) so

5. Every year, employees of ABM Advertising are given the option to choose their own workspace ------- remain at an assigned one.

   (A) so (B) but

   (C) or (D) and

6. Samson's new mobile phone does not feature the latest chip, ------- it is still fast enough to compete with other devices on the market.

   (A) so (B) but

   (C) or (D) then

7. Mr. Nolan enjoys taking photos of beautiful scenery while hiking, ------- he always prioritizes the size and weight of a camera over its performance.

   (A) while (B) but

   (C) so (D) why

NOTE

NOTE

8. Kelly's Dining Club should introduce a home delivery system now, ------- it could lose market share to smaller delivery-based stores.

(A) and   (B) or

(C) yet   (D) so

9. Westfield Telecom handles customer complaints by ------- phone and e-mail.

(A) both   (B) either

(C) that   (D) whether

10. If sales continue to grow at the current rate, Eden Cosmetics may ------- surpass its revenue targets but may gain significant market share this year.

(A) not only   (B) in case

(C) so   (D) as well

11. Feedback from a testing group indicates that neither the plot ------- the graphics of our new strategy game will appeal to our long-time fans.

(A) and   (B) with

(C) nor   (D) than

12. Customers like our treadmill's various options for speed, ------- they still feel there is a need for reduced noise during operation.

(A) as   (B) or

(C) but   (D) so

13. The new work policy benefits staff and managers -------, ensuring a more balanced work environment for everyone.

(A) instead   (B) already

(C) once   (D) alike

14. Among several candidates, ------- Mr. Yoo or Ms. Sung appears to be the most suitable for promotion to the managerial position.

(A) whoever   (B) that

(C) either   (D) where

15. After careful consideration, Mr. Brown has accepted the executive position at Prestige Legal Group ------- at Willow & Chambers Law Firm.

(A) rather than   (B) moreover

(C) instead   (D) so that

UNIT
13
전치사

- 토익 Part 5에서 3~4문제씩 출제
- 전치사는 어휘 문제와 마찬가지로 의미 파악이 관건
- 선택지에 전치사/접속사/부사가 섞여 있을 때 빈칸에 알맞은 품사 파악하기
- 동사/명사/형용사 등과 관련된 특정 전치사 관련 숙어 출제

POINT 1 전치사 기본 출제 포인트

● 명사(구) 또는 동명사구 앞은 전치사 자리

Mr. Chen has been responsible for managing finances [while / during] **his 20-year career** at Mancini Footwear Co.

● 다른 품사로 착각하기 쉬운 전치사

[For / As] **CEO** of Gourmet Food Chain, Ms. Ramon will announce its merger with Norman Holdings next week.

The mayor plans to meet with local reporters [following / under] **the town hall meeting**.

길토익 TIP

「주어 + 동사」가 있는 절을 이끄는 접속사는 명사(구)나 동명사 앞에 올 수 없다. 전치사와 접속사가 함께 있다면 빈칸 다음 부분이 명사(구)/동명사구/절인지 확인!

길토익 TIP

· as 전치사: ~로서, ~처럼
　　접속사: ~할 때, ~이므로
· following 전치사: ~ 후에
　　형용사: 다음의

POINT 2 전치사 주요 의미별 구분

시간/순서	at + 시각 ~에 on + 날짜/요일 ~에 in + 시간 ~ 후에 before, prior to, ahead of ~ 전에 after, following ~ 후에 since ~이래로 by ~까지(완료) until ~까지(지속) upon ~하자마자 within ~ 이내에 over ~ 동안
장소	at + 지점 ~에 on + 거리/표면 ~에 in + 공간/지역/도시 ~에 across ~을 가로질러, ~ 건너편에 opposite ~ 맞은편에 inside ~ 내부에 across, throughout ~ 전역에 걸쳐 along ~을 따라 beneath ~ 아래에
추가/제외	beside(s), in addition to, aside from ~ 외에도 including ~을 포함해 (along) with ~와 함께 except (for), minus ~을 제외하고 instead of, other than, rather than ~ 대신, ~가 아니라
가정	given, in case of, in the event of ~을 고려해, ~의 경우에
이유/원인	because of, due to, owing to, on account of ~ 때문에 thanks to ~덕분에 as a result of ~에 따른 결과로
양보	despite, in spite of, notwithstanding, regardless of ~에도 불구하고

주제	about, on, regarding, concerning, over ~에 관해
출처	according to ~에 따르면 from, out of ~(에서)부터 among ~ 중에
대표/자격	on behalf of ~을 대표하여 as ~로서 ❶ 직책 앞에 관사 없음

POINT 3 최빈출 시간/장소/위치 전치사

	시간	장소/위치
at ~에	[시점] at 10:00 p.m. 10시에 at the time of the order 주문 시에 at the end of ~의 마지막에 at the age of ~의 나이에 at one's convenience 편할 때	[장소] at the airport 공항에서 at the rear of ~의 뒤에 [소속] at + 회사명 ~에 근무하는
on ~에	[특정일] on May 1 5월 1일에 on Friday 금요일에 on the opening day 개장일에	[표면] on the desk 책상에 [길] on Main Street 메인 스트리트에 [적용] discount on used items 중고품에 대한 할인
in ~에	[기간] in May 5월에 in 2025 2025년에 [경과] in ten days 10일 후에	[장소] in the city 도시에 located in ~에 위치한 enclosed in ~에 동봉된 [분야] invest in ~에 투자하다 decline in ~의 감소 role in ~에 있어서의 역할 specialize in ~을 전문으로 하다 changes in ~의 변화 [참여] in the writing contest 글쓰기 대회에서
between ~ 사이에	[시간] between 2 p.m. and 5 p.m. 오후 2시에서 5시 사이에	[위치] located between A and B A와 B 사이에 [비교] between two versions 두 버전 간에 [관계] a call between A and B A와 B 사이의 통화
throughout ~ 동안 내내 ~ 전역에서	[기간] throughout the month 한 달 내내 throughout the period 기간 내내 [행위] throughout the manufacturing process 제조 과정 내내	[지역] throughout Europe 유럽 전역에서 [분야] throughout the travel industry 여행 산업 전반에 걸쳐
within ~ 이내(에)	[한계] within 3 days of purchase 구매 후 3일 이내에 within the next 5 years 향후 5년 이내에 within 5 business days 영업일 5일 이내에 within 24 hours of receipt 수령 후 24시간 이내	[범위] within our service area 우리 서비스 지역 내에 within the city limits 도시 경계 내에 within walking distance 걸어갈 수 있는 거리 내에
around ~ 부근에	[근사] end around 6 p.m. 오후 6시쯤 끝나다	[주변] around the shopping mall 쇼핑몰 주변에
toward ~ 쪽으로	[접근] toward the end of ~의 종료 무렵에	[방향] toward the building 건물 쪽으로 [목표] work toward ~을 지향하다

We offer free estimates for renovation projects, and our representatives will contact you [within / around]
24 hours of your request.

[Throughout / Along] the office relocation **period**, all staff are required to arrive 30 minutes early to ensure a smooth and efficient transition.

Blue Mountain Chemicals has announced plans to **invest** [on / in] next-generation renewable energy, including wearable solar technology.

POINT 4 기타 빈출 전치사

● 빈출 전치사 관련 숙어 1

over	[초과] over 30 dollars a month 한 달에 30달러 넘게 go well over ~을 훨씬 초과하다 　　　 cost of over $200 200달러를 초과하는 비용 [시간] over the past decade 지난 10년간 over the winter months 겨울 동안 over the next year 다음 해에 [주제] debate over the hiring policies 채용 정책에 대해 토론하다
under	[기준] completed in under 3 months 3개월 내에 완공되는 [지휘] under the leadership/direction of ~의 지도/감독 하에 [진행] under construction 공사 중인
of	[소유] the weight of the package 소포의 무게 the approval of the manager 부장의 승인 　　　 importance of quality 품질의 중요성 [구성] consist of job training sessions 직업 교육 시간으로 구성되다 　　　 of the several candidates 몇몇 후보들 중에서 [동격] 20 years of service 20년의 재직 a party of four 네 명의 일행
behind	[위치] behind the office building 사무용 건물 뒤에 [순서] only behind KC Airlines in sales 매출에서 KC 항공사에만 뒤지는
to	[방향] be submitted to ~에게 제출되다 offer A to B A를 B에게 제공하다 be sent to ~에게 전송되다 　　　 be directed to ~에게 보내지다 refer to ~을 참조하다 invite A to B A를 B로 초대하다 　　　 be secured to the wall 벽에 단단히 고정되다 adjacent to the desk 책상 근처에 　　　 travel to ~로 여행하다 move to ~로 이동하다 be committed to ~에 전념하다 [소속] belong to ~에 속하다 be subject to ~의 대상이다, ~을 당하기 쉽다 [비교] compare A to B A를 B와 비교하다 contrary to ~와 반대로 [범위] for 20 to 30 people 20~30인용 be limited to $50 50달러로 한정되다
along	[장소] along the river 강을 따라서 [동반] along with ~와 함께
through	[기간] Monday through Friday 월요일부터 금요일까지 [범위] sort through ~을 샅샅이 찾아보다 [수단] through the Web site 웹 사이트를 통해 through our app 우리 앱을 통해 [통과] through the front gate 정문을 통해

These days, one of the best **ways to advertise** your business is [about / through] generating positive reviews on social media.

A heated debate has been going on for hours [over / during] **the proposed revision** of the recruitment policies.

● **빈출 전치사 관련 숙어 2**

for	**[기간]** be valid for 7 days 7일간 유효하다 for the past 3 quarters 지난 3분기 동안 for 3 consecutive years 3년 연속
	[약속] be rescheduled for tomorrow 내일로 일정이 재조정되다
	[목적] be booked for the product launch 제품 출시 행사를 위해 예약되다 prepare for ~을 준비하다 applicants for ~을 위한 신청자들 for a business trip 출장을 위해 changes for the update 업데이트를 위한 변동 사항들 agenda for the meeting 회의를 위한 의제 guidelines for training 교육을 위한 지침
	[대상] search for ~을 찾다 responsible for ~에 대한 책임이 있는 a meeting for ~을 대상으로 하는 회의 be eligible for ~에 대한 자격이 있다 demand for ~에 대한 수요 available for the Friday meeting 금요일 회의에 참석 가능한
	[용도] a venue for an event 행사 개최 장소 plans for the shopping mall 쇼핑몰 설계도면 fees for transferring money 송금 수수료
	[이유] applaud him for his efforts 그의 노력에 박수를 보내다 be grateful for ~에 대해 감사하다 be nominated as sales director for ~로 인해 영업이사 후보로 지명되다
	[대체] substitute for ~을 대체하다, ~에 대한 대체(물)
against	**[접촉]** place A against B A를 B에 기대어 놓다
	[비교] compare A against B A를 B와 비교하다
	[방지] protect against defects 결함을 방지하다
upon	**[시점]** upon completion of ~을 완료하자마자
	[의존] rely upon ~에 의존하다
from	**[범위]** range from A to B 범위가 A에서 B에 이르다
	[출처] resign from his position 그의 직책에서 사임하다 revenue from sales of ~의 매출에서 나오는 수익 representatives from other branches 다른 지사에서 오는 직원들 be required from all employees 모든 직원들로부터 요구되다
	[재료] be created from discarded waste 폐기물로 만들어지다
	[보호] be protected from ~로부터 보호받다
	[비교] be up 10 percent from last year 작년보다 10퍼센트 상승하다
by	**[시점]** by 5 p.m. 오후 5시까지 [완료]
	[방법] by hiring temporary employees 임시 직원들을 채용함으로써
	[차이] increased by 5 percent 5퍼센트만큼 증가했다

An informational **meeting** [for / to] **all marketing staff** will be held today at 1:00 P.M. in the main conference room.

Employees who plan to **resign** [of / from] **their position** are recommended to submit the request 30 days before their intended departure date.

Since the introduction of the new package tracking system, the rate of items missing in transit has **dropped** [with / by] **an impressive 35 percent**.

 **PRACTICE**

1. The Westwood Folk Museum is conveniently located in Westwood Heritage Village, ------- the Willowbrook train station.

   (A) opposite
   (B) except
   (C) throughout
   (D) across

2. ------- the limited budget, Mr. Hailey insisted that we proceed with the nationwide advertising campaign through the major media outlets as planned.

   (A) Despite
   (B) Before
   (C) During
   (D) About

3. Savory Table is opening a branch in the downtown district ------- the success of its main location.

   (A) therefore
   (B) following
   (C) because
   (D) toward

4. The need for comprehensive inspection is currently being considered ------- the defect rates reaching the highest level ever.

   (A) as far as
   (B) regarding
   (C) because
   (D) due to

5. If you wish to exchange a defective item, please enter the serial number ------- the back of your device in the bottom right corner.

   (A) on
   (B) near
   (C) and
   (D) of

6. The copyright lawsuit against our new game software would be best handled by a law firm specializing ------- entertainment and technology.

   (A) for
   (B) both
   (C) in
   (D) as

7. Most employees left early due to inclement weather, ------- a few who stayed late to finalize an important project.

   (A) already
   (B) except for
   (C) in case of
   (D) equally

8. ------- the policies at Emiley's Catering Service, we do not accept overnight changes of menu selections.

   (A) Except for
   (B) According to
   (C) Although
   (D) Instead of

NOTE

9. Human Resources is preparing a farewell party for Mr. Herman, who will be resigning ------- his position next week due to health issues.
(A) from
(B) of
(C) to
(D) for

10. MJ Entertainment is planning a series of company-wide workshops that will help employees make better decisions ------- work-life balance.
(A) whether
(B) regarding
(C) through
(D) around

11. Without finding substitutes ------- carbonated beverages, even children could become vulnerable to adult diseases such as diabetes and obesity.
(A) for
(B) with
(C) of
(D) on

12. ------- the month of April, free oil checks and tire alignment services are available for Star Motors premium membership holders.
(A) Including
(B) Along
(C) While
(D) Throughout

13. Kayman Electronics customer service representatives are committed to responding to any customer inquiries ------- two business days.
(A) almost
(B) about
(C) within
(D) during

14. When designing the office space layout, ensure the marketing team is located adjacent ------- the product development team to improve communication.
(A) off
(B) by
(C) of
(D) to

15. Ms. Rosa Parks is ------- the three candidates for promotion and is the most qualified based on her experience and leadership skills.
(A) among
(B) from
(C) until
(D) between

UNIT
14
to부정사

출제 경향

- 토익 Part 5에서 매회 1문제 정도씩 출제
- 목적(~하기 위하여)을 나타내는 to부정사가 50% 이상 출제
- 특정 동사/명사/형용사와 어울리는 to부정사도 출제 빈도가 높은 편

POINT 1   to부정사의 세 가지 기능

● **명사 역할: 주어, 목적어, 보어 (해석: ~하는 것, ~하기)**

Mr. Anderson **wants** [fill / to fill] the assistant manager position as soon as possible.

● **형용사 역할: 명사를 뒤에서 수식 (해석: ~하는, ~할)**

The team held a meeting to figure out the best **way** [reduce / to reduce] costs without compromising quality.

● **부사 역할: 부사, 형용사 또는 절을 수식 (해석: ~하기 위해)**

Please contact my assistant, Mr. White, [reschedule / to reschedule] your appointment if you need to make any changes.

POINT 2   빈출 「동사 + to부정사」

afford 여유가 있다	aim 목표로 하다	continue 계속하다
expect 예상하다, 기대하다	help 돕다	hope 바라다
intend 의도하다	neglect 게을리하다	promise 약속하다
pledge 약속하다	prefer 선호하다	regret 유감이다
plan 계획하다	tend 경향이 있다	try 노력하다
strive 애쓰다	want/wish/would like 원하다	

길토익 TIP

「동사 + to부정사」에서 동사 또는 to부정사 자리가 빈칸으로 출제될 수 있다. 동사 뒤에 to do를 붙여 aim to do 처럼 암기하자.

Mr. Owens **prefers** [to lease / lease] a car rather than buy one due to high maintenance costs.

빈출 「동사 + 목적어 + to부정사」

능/수동태 둘 다 출제	allow[permit] A to do A에게 ~하도록 허락하다
	ask[require] A to do A에게 ~하도록 요청하다
	advise A to do A에게 ~하도록 충고하다
	expect A to do A가 ~할 것으로 예상하다
	encourage A to do A에게 ~하도록 권장하다
	urge A to do A에게 하기를 촉구하다
주로 능동태 출제	cause A to do A에게 ~하도록 야기하다
	enable A to do A에게 ~할 수 있게 하다
	request A to do A에게 ~하도록 요청하다
	want/would like A to do A에게 ~하기를 원하다
주로 수동태 출제	be determined to do ~하기로 결심하다
	be reminded to do ~하도록 상기되다
	be revised to do ~하도록 개정되다
	be set to do ~할 준비가 되다
	be (scheduled) to do ~할 예정이다

길토익 TIP

「동사 + 목적어 + 동사원형」
'~에게 …하게 하다'를 뜻하는 make, have, let, help는 목적어 뒤에 동사원형이 온다. (help는 예외적으로 동사원형과 to부정사 둘 다 가능)

Our powerful detergent **allows** customers [eliminate / to eliminate] any lingering stains with just one use.

Each patron of the Williams Theater **is permitted** [to bring / bring] up to two guests for free on Wednesdays.

빈출 「명사 + to부정사」

ability to do ~할 수 있는 능력	agreement to do ~하는 계약
approval to do ~하도록 승인	attempt to do ~하려는 시도
capacity to do ~할 수 있는 능력	effort to do ~하려는 노력
options to do ~하는 선택	permission to do ~하도록 허가
plan to do ~하려는 계획	potential to do ~하는 잠재력
proposal to do ~하는 제안(서)	way to do ~하는 방법
request to do ~하라는 요청	requirement to do ~하는 요건
time to do ~할 시간	tendency to do ~하는 경향
suggestion to do ~하라는 제안	warranty to do ~하기 위한 보증
motivation to do ~하도록 동기 부여	
chance[opportunity] to do ~할 기회	

길토익 TIP

「명사 + to부정사」 출제 유형
· to부정사 앞의 명사 어휘 고르기
· to부정사 앞의 명사 품사 고르기
· 명사 뒤의 to부정사 고르기

길토익 TIP

사람/사물 명사가 동사의 목적어 자리에 있을 때, 그 뒤에는 이 명사의 역할, 임무, 기능을 나타내는 to부정사가 올 확률이 높다.
call a technician to assist with installation
설치를 도와 줄 기술자에게 전화하다

Mr. Kein is considering a job closer to home to have more **time** [spending / to spend] with his family.

The SkyLight Studio hired a creative film **director** [to manage / managing] documentary projects on nature.

목적을 나타내는 용법에 자주 출제되는 동사 최빈출

compare 비교하다	receive 받다	reserve 예약하다
protect 보호하다	allow 허용하다	attract 끌어들이다
reflect 반영하다	change 변경하다	ensure 보장하다
include 포함하다	prevent 방지하다	honor 존중하다
evaluate 평가하다	meet 충족하다	suit 적합하다
reinforce 강화하다	install 설치하다	confirm 확인하다
gain access 접근 권한을 얻다		

You must request to cancel your ticket at least 24 hours in advance [as well as / in order to] **avoid** a cancellation fee.

[Having received / To receive] discounts with this voucher, please present valid identification at the counter to verify your identity.

Sign up [enjoying / to enjoy] our music streaming service free for up to 6 months, after which you can cancel at any time.

Our latest smartwatch comes with a variety of colorful wristband sets [to suit / suit] the tastes of our young adult customers.

This letter is [confirm / to confirm] that your reservation at the SunBeach Hotel has been moved a week later, from July 10 to July 17.

길토익 TIP

to부정사 출제의 50% 이상을 차지하는 목적 용법의 특징
· 동사원형 앞 in order to
· 문장 맨 앞에 위치
· 문장의 동사가 요청 형태

길토익 TIP

빈출 목적 표현
· to suit the tastes
  취향에 맞추기 위해
· to meet the needs
  필요를 충족시키기 위해
· This letter is to confirm
  이 편지는 ~을 확인하기 위한 것입니다

POINT 6 **빈출 「be동사 + 형용사 + to부정사」**

be able to do ~할 수 있다	be available to do ~할 수 있다
be eligible to do ~할 자격이 있다	be happy to do ~해서 기쁘다
be hesitant to do ~하기를 주저하다	be likely to do ~할 가능성이 있다
be pleased to do ~해서 기쁘다	be proud to do ~해서 자랑스럽다
be ready to do ~할 준비가 되다	be sure to do 꼭 ~하다
be enough to do ~하기에 충분하다	
be designed to do ~하기 위해 고안되다	
be 형용사/부사 enough to do ~할 정도로 충분히 …하다	
be too 형용사/부사 to do ~하기에는 너무 …하다	

To apply for our special loan program, please **be sure** [submitting / to submit] all the required documents listed on our Web site.

길토익 TIP

형용사와 to부정사가 둘 다 정답으로 출제된다. 숙어처럼 하나의 덩어리로 외우는 것이 좋다.

REVIEW NOTE

정답 p.47

1 「동사 + to부정사」 빈칸을 채워 보세요.

ex_____to do	~할 것으로 예상하다	h_____ to do	~하기를 바라다
in_____ to do	~할 의도이다	pr_____ to do	~하는 것을 선호하다
pro_____ to do	~하기로 약속하다	str_____ to do	~하려고 애쓰다

2 「동사 + 목적어 + to부정사」 빈칸을 채워 보세요.

a_____ A to do	A에게 ~하도록 허용하다	ad_____ A to do	A에게 ~하도록 조언하다
be ex_____ to do	~할 것으로 예상되다	be p_____ to do	~하도록 허락되다
be re_____ to do	~하도록 상기되다	cau_____ A to do	A에게 ~하도록 야기하다

3 「be동사 + 형용사 + to부정사」 빈칸을 채워 보세요.

be av_____ to do	~할 수 있다	be e_____ to do	~할 자격이 있다
be h_____ to do	~하기를 주저하다	be li_____ to do	~할 가능성이 있다
be pl_____ to do	~해서 기쁘다	be pr_____ to do	~해서 자랑스럽다
be s_____ to do	꼭 ~하다	be en_____ to do	~하기에 충분하다

 **PRACTICE**

1. The Night Watch surveillance system features advanced technology, including facial recognition, ------- detailed images of intruders' faces.

   (A) capture
   (B) captured
   (C) to capture
   (D) to be captured

2. We welcome your opinion because we believe it will help ------- our goods and services.

   (A) improve
   (B) improving
   (C) improved
   (D) improves

3. Mr. Higgins ------- to buy an extended warranty on his laptop, so repairs cost him 300 dollars.

   (A) rejected
   (B) benefitted
   (C) considered
   (D) neglected

4. The executive committee approved Ms. Choi's ------- to double production to meet the exceptional demand expected during the peak season.

   (A) request
   (B) creation
   (C) response
   (D) permit

5. Mr. Riverman consistently attributes his team's low productivity to the limited time and opportunity ------- junior employees.

   (A) to train
   (B) trains
   (C) training
   (D) trained

6. ------- making a reservation for your next visit, please use our online booking system.

   (A) Is facilitating
   (B) To facilitate
   (C) Facilitating
   (D) Facilitated

7. Please be sure ------- all the instructions carefully and complete each step of the process so that your application can be submitted correctly.

   (A) reviewing
   (B) reviewed
   (C) to review
   (D) will review

8. Given the current uncertain market situation, GM Manufacturing is
------- to make significant investments.

(A) hesitant   (B) competent
(C) worthy   (D) generous

9. We successfully raised $2 million during a weekend charity event,
which is just ------- to fund several projects.

(A) previous   (B) severe
(C) most   (D) enough

10. BrightWave Media is ------- to announce a special offer, extending
the subscriptions of its loyal customers by 6 months.

(A) responsible   (B) concerned
(C) creative   (D) pleased

11. The Royal Noodle will introduce new spicy menu options -------
the evolving tastes and preferences of its customers.

(A) suit   (B) to suit
(C) suited   (D) suiting

12. Please note that this e-mail is only ------- that your payment has
been received, but feel free to contact us if you have any other
questions.

(A) confirms   (B) confirmed
(C) to confirm   (D) to be confirmed

13. The Meyers Catering Service hired two chefs ------- the head chef
in his effort to diversify the menu.

(A) to assist   (B) assist
(C) assisting   (D) assistant

14. All staff are reminded ------- that classified information is securely
stored in locked file cabinets.

(A) will ensure   (B) having ensured
(C) to ensure   (D) ensuring

15. Employees need ------- to take risks and try innovative
approaches, as this can lead to increased productivity.

(A) motivated   (B) motivate
(C) motivation   (D) motivating

출제 경향

- 토익 Part 5에서 약 1문제씩 출제
- 토익에 출제되는 동명사 자리 - ① 전치사 뒤 80% ② 동사 뒤 10% ③ 주어 자리 10%

POINT 1 빈출 동명사 자리

● 전치사의 목적어 **80% 출제**

for	be **closed for** -ing ~하려고 문을 닫다
	be **responsible for** -ing ~할 책임이 있다
	the **need for** -ing ~할 필요성
	reasons for -ing ~하는 이유
in	be **interested in** -ing ~하는 데 관심이 있다
	specialize in -ing ~하는 것을 전문으로 하다
of	be **in charge of** -ing ~하는 것을 책임지다, ~하는 일을 맡다
	be **capable of** -ing ~할 수 있다
	the **process of** -ing ~하는 과정
	the **convenience of** -ing ~하는 편리함
	after a **decade of** -ing ~한 십 년 후에
by	**by** -ing ~함으로써, ~해서
to	be **dedicated[committed] to** -ing ~하는 데 전념하다
	look forward to -ing ~하기를 고대하다
before	**before** -ing ~하기 전에
after	**after** -ing 한 후에
about	**think about** -ing ~하는 걸 생각해 보다
	thoughts about -ing ~하는 것에 대한 생각
at	**good at** -ing ~하는 데 뛰어난
	the **best at** -ing ~하는 데 최고인
since	**since** -ing ~한 이래로
than	cost **less than** -ing ~하는 것보다 더 적은 비용이 든다

Hammond Inc. reduced paper use **by** [implementing / implementation] **a policy** for reports and meetings to be held online.

길토익 TIP

-ing 출제 비율
❶ 동명사 27%
❷ 명사 앞 형용사 22%
❸ -ing형 전치사 16%
❹ 현재진행시제 12%
❺ -ing형 명사 9%
❻ 분사구문 8%
❼ 명사 뒤 형용사 6%

· 동명사 vs. 명사
빈칸 뒤에 명사(구)가 있을 때
「동명사 + 명사(구) 목적어」를 구성. 「명사 + 명사(구)」가 되려면 중간에 전치사 필요

● **동사의 목적어** `10% 출제`

> **b**egin 시작하다 **s**top 멈추다 ⇒ **BEST**
> **c**onsider 고려하다 **a**void 피하다 **r**ecommend 추천하다
> **s**uggest 제안하다 ⇒ **CARS**

Long-distance commuters need to [consider / aim] **renting** a place near their workplace to reduce travel time and improve work-life balance.

· consider + 동명사
  aim + to부정사

● **문장의 주어** `10% 출제`

[Attend / Attending] the seminar **is** not required, but it will certainly provide valuable insights and enhance your understanding of your job.

POINT 2 **동명사 자리의 대표적 오답 유형**

● **명사 자리로 혼동 가능한 유형**

As a way of [appreciating / appreciation] your continued use of our products, we will offer you an exclusive discount on your next purchase.

· 동명사 vs. 명사
  「명사 + 명사(구)」가 되려면 중간에 전치사 필요

● **과거분사 자리로 혼동 가능한 유형**

By [relocating / relocated] headquarters to a rural area, we will not only reduce rental expenses but also promote an eco-friendly work environment.

길토익 TIP

「빈칸 + 명사」 구조에서 명사 앞에 관사가 없다면, 빈칸을 명사를 수식하는 p.p. 자리로 착각하기 쉽다.

● **유사 어휘와 혼동 가능한 유형**

Computer security experts [nominate / recommend] changing passwords every two weeks and avoiding the auto-login function.

· 「recommend + 동명사」
  recommend는 동명사를 목적어로 취하는 동사

POINT 3 **동명사 관용구: 전치사 in의 생략**

> spend time -ing ~하면서 시간을 보내다
> have experience/difficulty -ing ~하는 데 경험/어려움이 있다

At Global Trading Co., new employees **spend a year** [learning / learned] how to analyze market trends.

· 「spend time in + 동명사」에서 전치사 in 이 생략된 구조

If you **have** any [information / difficulty] **assembling** the desk, please contact our customer service center.

· 「have difficulty in + 동명사」에서 전치사 in이 생략된 구조

 **PRACTICE**

1. Reman Consulting Group prioritizes customer satisfaction by
   ------- our software within one day whenever any security issues
   are detected.

   (A) update   (B) updates
   (C) updating   (D) updated

2. The recent Goodwill Cosmetics newsletter emphasizes the
   importance of ------- investment in research and development.

   (A) increasing   (B) to increase
   (C) increase   (D) increases

3. ------- a positive relationship with the local community is a good
   starting point for building trust and supporting long-term growth.

   (A) Establish   (B) Establishing
   (C) Establishment   (D) Established

4. Ms. Rebecca is spending most of her time ------- with industry
   peers in an effort to build strong business relationships.

   (A) socialize   (B) socializing
   (C) socializes   (D) to socialize

5. All visitors must first check in at the front desk and receive an
   entry pass before ------- any part of the building.

   (A) enter   (B) enters
   (C) entrance   (D) entering

6. The city council unanimously voted for a new traffic regulation,
   agreeing that ------- strict measures is necessary for public safety.

   (A) implement   (B) implementation
   (C) implements   (D) implementing

7. Mr. Robinson and his panel will begin ------- candidates to replace
   the retiring operations manager, Mr. Joe Evans.

   (A) evaluating   (B) evaluates
   (C) evaluated   (D) evaluation

NOTE

8. Shortly after the massive update of our K-Write software, we have been overwhelmed by inquiries about how to avoid ------- issues with the previous version.

(A) has (B) had
(C) have (D) having

9. Since ------- at the Edinburgh Theatrical Festival, actor Chris McGuire has received acclaim for his dynamic stage presence.

(A) performance (B) performing
(C) performable (D) performed

10. One week after returning from her overseas business trip, Ms. Monroe is still having difficulty ------- on work during the day.

(A) concentrate (B) concentrates
(C) concentration (D) concentrating

11. Mr. Hume's responsibilities include managing client accounts, from preparing reports to ------- project schedules.

(A) coordinate (B) be coordinated
(C) coordinating (D) coordinator

12. Recent customer feedback clearly illustrated the need for ------- the basic storage capacity of our mobile devices.

(A) expand (B) expanding
(C) expanded (D) expansion

13. Recruitment experts ------- demonstrating your future potential rather than listing past achievements on your résumé.

(A) noted (B) nominated
(C) designated (D) recommended

14. We are currently seeking individuals with experience ------- contracts and outsourced projects.

(A) manage (B) to manage
(C) managing (D) management

15. The service technician concluded that purchasing a used phone would cost less than ------- the broken screen with a new one.

(A) replace (B) replacement
(C) replaced (D) replacing

UNIT 16 분사

- 토익 Part 5에서 1문제씩 출제
- 분사와 명사 사이의 관계(능동 → -ing / 수동 → -ed)를 파악하도록 출제
- 자동사는 무조건 현재분사가 정답

POINT 1 분사의 형용사 역할

명사를 앞에서 수식

The speech delivered by [leader / leading] **marketing expert** Cathy Raymond was so impressive that management plans to invite her for another presentation.

길토익 TIP

「빈칸 + 명사(구)」일 때, 선택지에 명사와 분사가 있다면 분사가 우선이다.

분사와 명사의 관계가 능동일 때 현재분사(-ing) 사용

「-ing분사 + 명사 (~하는 명사)」 → 「명사 is/are -ing분사 (명사가 ~하고 있다)」의 의미

leading 선도하는 acting 대행의 emerging 떠오르는	demanding 까다로운, 요구가 많은 departing 떠나는 participating 참가하는	+ 사람 단체
charming 매력적인 convincing 설득력 있는 surprising 놀라게 하는 disappointing 실망시키는	fascinating 매력적인 amazing 놀라게 하는 promising 유망한	+ 사람 or 사물
increasing 증가하는 moving 감동시키는 conflicting 상충하는 remaining 남아 있는 rising 상승하는	surrounding 주변의 rewarding 보람 있는 lasting 오래 가는 changing 변화하는	+ 사물

❶ 자동사는 무조건 -ing 형태로 사용한다.

ABM Incubating is dedicated to supporting [emerged / emerging] **ventures** by providing resources to help them thrive in a competitive market.

길토익 TIP

선택지에 자동사가 제시될 때 혼동 오답으로 과거분사(-ed)를 포함하거나, 어휘 문제로 출제되는 경향이 있다.
참고로, 자주 출제되는 upcoming(다가오는)은 현재분사가 아니라 원래 형용사이며, 어휘 문제로만 출제된다.

· 「ventures are emerging」의 의미에 해당하는 능동 관계이므로 -ing

Any ideas for improving the [surrounding / surrounded] **environment** of our headquarters are welcome and should be directed to Mr. Hatfield.

· 「environment surrounds」의 의미에 해당하는 능동 관계이므로 -ing

● 분사와 명사의 관계가 수동일 때 과거분사(-ed) 사용

「-ed분사 + 명사 (~된 명사)」→ 「명사 is/are -ed분사 (명사가 ~되다)」의 의미

길토익 TIP
· 사람명사를 수식하는 분사는 주로 -ed 로 출제

qualified 자격 있는, 적격인	experienced 경험 많은	+	사람 단체
established 인정 받는, 자리 잡은	dedicated 헌신적인		

advanced 고급의, 발전된	proposed 제안된		
reduced 감소된, 인하된	detailed 상세한		
attached 첨부된	designated 지정된		
limited 제한된	complicated 복잡한	+	사물
scheduled 일정이 잡힌	established 확립된		
preferred 선호되는	anticipated 예상된		
enclosed 동봉된	revised 개정된		

We have implemented a thorough selection process to find the most [qualified / qualifying] **candidates** for each position.

· 「candidates are qualified」의 의미에 해당하는 수동 관계이므로 -ed

Employees planning a business trip over three days must submit [anticipated / anticipating] **expenses** to get approval from the head of the division.

· 「expenses are anticipated」의 의미에 해당하는 수동 관계이므로 -ed

Any [dedicated / dedicating] **member** can save $20 by renewing their membership a month before it expires.

· 「member is dedicated」의 의미에 해당하는 수동 관계이므로 -ed

● 감정동사의 분사 구분

-ed분사(감정을 받는, 느끼는) + 주로 사람
-ing분사(감정을 주는, 일으키는) + 주로 사물

길토익 TIP
감정동사의 분사 빈출 유형
· 사람 + interested
· amazing + 사물
· satisfied + 사람
· disappointing + 사물
· exciting + 사물
· surprising + 사물

satisfied 만족한	impressed 감명 받은	+	사람 단체

fascinating 매력적인	amazing 놀라게 하는		사람
surprising 놀라게 하는	disappointing 실망시키는	+	or
moving 감동시키는	engaging 매력적인		사물
exciting 흥미롭게 하는	thrilling 짜릿하게 하는		

Thousands of [satisfied / satisfying] **customers** have shared positive reviews of our new AH-500B printer model on social media.

Despite [disappointed / disappointing] **sales** of its new vehicle, Onyx Motors remains optimistic about future growth with upcoming models.

● **명사를 뒤에서 수식** ❶ 능/수동태 구분 기준 적용

Attached is an **estimate** [detailed / detailing] the costs of materials, labor, and the renovation timeline.

Anyone [interested / interesting] in attending the upcoming conference in Seoul should contact Mr. Shin to inquire about the qualifications.

  ❶ 명사 + [interested / interesting] in은 100% interested가 정답

길토익 TIP

명사를 뒤에서 꾸며주는 분사 형태
· 명사 + -ing + 명사
· 명사 + p.p.(-ed) + 전치사 + 명사

POINT 2 · 분사의 부사 역할: 분사구문

주절을 수식하는 부사절의 변형으로, 분사구문에서 분사의 시점이 주절의 시점보다 먼저라면 완료형(having p.p.)을 사용한다.

[Commenting / Comments] on the game software's bugs, the head developer **assured** the CEO that all the issues can be resolved within a week.

Employees who receive recurring inquiries from the same customer should consult their supervisors **when** [formulating / to formulate] responses.

[Once / Still] **submitted** for consideration, entries will not be returned to artists, regardless of the contest results.

[Having received / Receiving] Mr. Phillis's application at the last minute, the panel promptly **made** their decision.

길토익 TIP

「접속사 + 분사」의 분사구문 구조
· 「접속사 + -ing」로 쓰이는 접속사: when, while, before, after, since
· 「접속사 + -ed」로 쓰이는 접속사: once, as, than, although

· 수동태는 being을 생략

· 결정을 내린 시점보다 지원서를 받은 시점이 먼저

POINT 3 · 빈출 「분사 + 명사」 표현

-ing	lasting effect 오래 가는 효과 · conflicting stories 상반된 이야기들 · participating locations 참여 지점들 · remaining stock 남아 있는 재고 · rising costs 증가하는 비용 · departing employees 퇴사하는 직원들 · leading manufacturer 일류 제조업체 · fascinating book 흥미진진한 책 · promising technologies 유망한 기술 · surrounding area 주변 지역
-ed	experienced staff 경험 많은 직원들 · established company 유명한 기업 · dedicated staff 헌신적인 직원들 · satisfied customers 만족한 고객들 · qualified employees 적격인 직원들 · desired effect 원하는 효과 · detailed information 상세한 정보 · designated area 지정된 장소 · attached form 첨부된 양식 · anticipated expenses 예상된 비용

Mr. Hwang's book on corporate leadership has had a [lasting / lasted] **effect** on some of the world's leading entrepreneurs.

길토익 TIP

토익은 「분사 + 명사」 조합에서 -ed 또는 -ing 하나만 출제하는 경향이 있다. 따라서 미리 빈출 표현들을 익혀 둔다면, 해석으로 -ed/-ing를 따지지 않고 빠르게 정답을 고를 수 있다.

· lasting과 자주 출제되는 명사: impact, impression, effect

REVIEW NOTE

정답 p.54

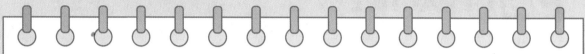

1 분사의 기본 빈칸을 채우고, 알맞은 분사를 골라 동그라미 표시하세요.

| 분사가 명사와 능동 관계일 때 _____ 분사 사용 |
| 분사가 명사와 수동 관계일 때 _____ 분사 사용 |

❶ [demanding / demanded] manager   까다로운 매니저

❷ [surrounding / surrounded] area   주변 지역

❸ [experiencing / experienced] staff   경험 많은 직원들

2 감정동사의 분사 빈칸을 채우고, 알맞은 분사를 골라 동그라미 표시하세요.

| -ed분사(감정을 받는, 느끼는) + 주로 _____ |
| -ing분사(감정을 주는, 일으키는) + 주로 _____ |

❶ [disappointing / disappointed] results   실망시키는 결과

❷ [satisfying / satisfied] customers   만족한 고객들

3 명사를 뒤에서 꾸며주는 분사 빈칸을 채워 보세요.

| 명사 + _____ 분사 + 명사 |
| 명사 + _____ 분사 + 전치사 + 명사 |

❶ an estimate d_____ the cost of the project
프로젝트 비용을 상세히 적은 견적서

❷ anyone i_____ in attending the workshop
워크숍에 참가하는 데 관심 있는 사람은 누구나

4 외우면 1초컷 분사 빈칸을 채워 보세요.

❶ de_____ staff   헌신적인 직원들

❷ f_____ book   흥미진진한 책

❸ l_____ manufacturer   일류 제조업체

❹ de_____ information   상세한 정보

❺ q_____ employees   적격인 직원들

❻ de_____ effect   원하는 효과

❼ p_____ locations   참여 지점들, 가맹점들

❽ a_____ form   첨부된 양식

NOTE

1. The human resources department has announced a new policy detailing the ------- process for requesting both sick leave and extended vacations.

   (A) preferring
   (B) preferably
   (C) preferred
   (D) preferability

2. Social media experts say that a well-chosen image leaves a more ------- impact than a detailed description of the advertised products.

   (A) last
   (B) lastly
   (C) lasted
   (D) lasting

3. ------- chef Jamey Park will be giving autographed copies of his latest cookbook to customers at his restaurant this weekend only.

   (A) Accomplished
   (B) Accomplishing
   (C) Accomplish
   (D) Accomplishment

4. All attendees are recommended to arrive at the ------- time, as the seminar cannot be delayed due to the venue's limited availability.

   (A) designates
   (B) designated
   (C) designation
   (D) designating

5. Please remember that this special voucher is valid until November 30 and can be redeemed at any ------- Lynda Home Appliances location nationwide.

   (A) participation
   (B) participants
   (C) participating
   (D) participated

6. Candidates for the laboratory position must hold an ------- degree in chemistry or have at least 3 years of experience in a related field.

   (A) advancement
   (B) advancing
   (C) advances
   (D) advanced

7. Kim's Power Gym is currently seeking ------- trainers who have experience in designing personalized workout programs.

   (A) qualify
   (B) qualifying
   (C) qualified
   (D) qualification

8. Several analysts expressed concerns that an overwhelming number of product reviews from ------- customers may actually mislead consumers.

   (A) satisfy
   (B) satisfied
   (C) satisfaction
   (D) satisfying

9. Please be aware that there will be a drawing toward the end of the session, and everyone ------- the event is eligible to win prizes of up to $300.

(A) attending
(B) attends
(C) attended
(D) to be attended

10. Mr. Haralson has successfully organized several media campaigns with major television networks, ------- him perfect for the position of public relations officer.

(A) make
(B) makes
(C) making
(D) made

11. Employees ------- in showcasing their expertise on the company's online course platform should contact Mr. Rogers to register.

(A) interest
(B) interests
(C) interesting
(D) interested

12. During the workshop, ------- accounting specialists will discuss industry trends and share the best practices for improving financial strategies.

(A) experienced
(B) experience
(C) experiencing
(D) experiences

13. ------- by the unexpectedly large number of festival registrations, the organizers are considering moving to a more spacious venue.

(A) Surprise
(B) Surprised
(C) Surprising
(D) To surprise

14. ------- five years of service at the overseas location, Mr. Shaw became eligible for transfer to headquarters under the job rotation program.

(A) To complete
(B) Completed
(C) Completing
(D) Having completed

15. Critics argued that due to reckless development, few cultural treasures ------- in the historic city have been well preserved.

(A) remains
(B) remainder
(C) remained
(D) remaining

관계사

출제 경향

- 토익 Part 5에서 1문제씩 출제
- 빈칸 앞에 위치한 선행사와 어울리는 관계사를 선택하도록 출제
- 빈칸 뒤에 이어지는 절의 완전/불완전 여부를 확인하도록 출제
- 관계대명사와 관계부사를 구분하도록 출제

POINT 1 관계대명사는 선행사(사람 vs. 사물)와 격 확인이 중요

선행사	주격	소유격	목적격
사람	who	whose	whom
사물	which	of which	which
사람/사물	that	X	that
뒤에 이어지는 구조	+ 동사 주어 빠진 불완전한 절	+ 명사 (대명사 X) 완전한 절	주어 + 타동사 목적어 빠진 불완전한 절

길토익 TIP

목적격은 출제 빈도가 아주 낮으며, 주로 to whom, most of whom처럼 전치사 뒤에 오도록 출제된다.

Customers [who / whose] **used** our services here at Julie's Pet Café unanimously agree that their pets received superb care and attention.

The Monroe Group, [whose / which] **has** over 300 locations nationwide, announced a plan to expand globally.

Mr. Anderson is leading a **football team** [what / that] **is expected** to win the national championship this year.

Hainan Auto acquired the engine maker Victoria Manufacturing last week, the aim of [which / whose] is to enhance its competitiveness through cost reduction.

The Grand Beach Hotel has more than 250 rooms, **most of** [that / which] offer stunning ocean views.

· 빈칸 뒤에 동사 → 주격
  빈칸 뒤에 명사 → 소유격

· 사물 선행사 + 빈칸 + 동사 → which

· that은 사람/사물 선행사 모두 가능

· 선행사가 주절 전체일 때 → which

길토익 TIP

관계대명사 that은 전치사 뒤에 목적어로 쓰이지 않는다. 또한, 콤마(,) 뒤에도 사용되지 않는다.

POINT 2 관계대명사의 수량 표현

전치사 of 뒤에 목적격 관계대명사가 이어지는 「숫자/half/most/all + of + 목적격 관계대명사」와 같은 구조로 사용되며, 「그 중 몇 명/몇 개/절반/대부분/전부」를 의미한다.

Working from home will save considerable time for long-distance commuters, **most of** [whom / which] travel over 100 miles round-trip.

HY Electronics produces two million mobile phones annually, more than **half of** [whom / which] are sold in North America.

We will launch several marketing campaigns nationwide this year, **two of** [them / which] will start next month.

길토익 TIP

· 사물 선행사일 때: 수량 표현 + of + which
· 사람 선행사일 때: 수량 표현 + of + whom

길토익 TIP

관계대명사 vs. 인칭대명사
문장 내에 접속사가 없고, 빈칸 뒤에 불완전한 절이 있으면 접속사의 역할까지 하는 관계대명사가 정답이다.

POINT 3 전치사 + 관계대명사

선행사를 가리키는 관계대명사가 「전치사 + 관계대명사」의 구조로 쓰일 때 대부분 관계대명사 which가 출제된다.

> Please review the attached agenda.
> + We will have a brainstorming session on the agenda.
> = Please review the attached agenda, on which we will have a brainstorming session.

We will hold a meeting every Monday, **during** [there / which] participants will review last week's performance.

We do not guarantee free service for devices damaged by improper use **for** [which / whom] they were not intended.

Section B of the building, [from / in] which the Marketing Department **is located**, will experience a brief blackout today for a routine checkup.

길토익 TIP

전치사와 관계대명사의 결합 형태를 묻는 유형에서는 선행사의 성격에 어울리는 전치사를 선택해야 한다.
· 장소 + in/at/on which
· 주제 + on which
· 기간 + during which
· 목적 + for which
· 수단 + with which

· 사물 선행사 use → which

· is located in Section B에서 in Section B를 가리키는 in which가 이동한 구조

POINT 4 목적격 관계대명사의 생략

> Mr. Hammington is proud of the company.
> + He has worked at the company for 20 years.
> = Mr. Hammington is proud of the company he has worked at for 20 years.

Mr. Toledo wants to display the Employee of the Year medal [he / him] received 10 years ago in honor of his undefeated sales record.

길토익 TIP

목적격 관계대명사는 생략될 수 있다. 따라서, 선행사 뒤에 「주어 + 동사」가 바로 이어지며, 대명사 주어가 올 경우에는 주격 인칭대명사를 사용한다.

POINT 5 관계부사

선행사	관계부사	예시
시간 time	when	until the next week, when ~하는 다음 주까지
장소 place	where	in the downtown area, where ~하는 도심 지역에서
이유 reason	why	This/That is why ~한 이유가 바로 이것/그것이다 ❶ 토익에서는 선행사 생략 (출제 빈도 낮음)
방법 way	how	This/That is how ~한 방법이 바로 이것/그것이다 ❶ 토익에서는 선행사 생략 (출제 빈도 낮음)

길토익 **TIP**

시간 명사와 장소 명사 뒤에는 관계대명사와 관계부사가 모두 사용될 수 있으며, 빈칸 뒤에 이어지는 절의 완전/불완전 여부를 확인하여 구분한다.

We decided to postpone the client meeting until **next week**, [when / which] more stable data on our quarterly performance will be available.

Ms. Olivia Lauren started a small venture in **the city of Rockville**, [where / who] she first dreamed of becoming a global entrepreneur.

The second Sunday of every month is [when / what] the restaurant provides free meals for low-income residents.

- 선행사 next week이 시간 명사이고 빈칸 뒤에 완전한 절

- 선행사 the city of Rockville은 장소 명사

길토익 **TIP**

be동사 뒤의 보어 자리에 선행사가 생략되고 관계부사절이 보어로 쓰일 수 있다.

POINT 6 관계부사 = 전치사 + 관계대명사

관계부사는 전치사 뒤에 사용될 수 없으며, 「전치사 + 관계대명사」로 바꿔 쓸 수 있다.

길토익 **TIP**

「전치사 + 관계대명사」의 구조로만 사용할 수 있으므로, 전치사 뒤에 빈칸이 위치한 경우, 선택지에 관계부사가 있다면 무조건 오답이다.

I am not able to attend **the meeting**.
저는 그 회의에 참석할 수 없습니다.

+

You will deliver a speech **at the meeting**.
당신이 그 회의에서 연설을 할 것입니다.

관계 대명사	I am not able to attend **the meeting at which** you will deliver a speech. 저는 당신이 연설을 할 그 회의에 참석할 수 없습니다.	「관계부사 = 전치사 + 관계대명사」이므로 at which와 where 뒤에는 모두 완전한 절이 쓰인다.
관계 부사	I am not able to attend **the meeting where** you will deliver a speech. 저는 당신이 연설을 할 그 회의에 참석할 수 없습니다.	

Overnight delivery service applies only to residents of the metropolitan area, **in** [which / where] we operate our own delivery network.

The 20th anniversary of the Gold Retail Group was marked by a grand ceremony, [where / which] many renowned musicians were invited to perform.

- 「전치사 + 관계대명사」 O
  「전치사 + 관계부사」 X

- 전치사 X + 빈칸 뒤 완전한 절
  → 관계부사

REVIEW NOTE

정답 p.58

1 관계사의 기본 빈칸에 격에 맞는 관계대명사를 적고 알맞은 설명을 채워 보세요.

선행사	주격	소유격	목적격
사람			
사물			
사람/사물			
뒤에 이어지는 구조	+ _____ 주어 빠진 불완전한 절	+ _____ (대명사 X) 완전한 절	+ _____ + _____ 목적어 빠진 불완전한 절

2 관계대명사의 용법 빈칸을 채워 보세요.

❶ 관계대명사 that은 _____나 _____ 뒤에 쓸 수 없다.

❷ 관계대명사 수량 표현

　사물 선행사일 때 → 수량 표현 + of + _____

　사람 선행사일 때 → 수량 표현 + of + _____

❸ 목적격 관계대명사는 _____ 가능하며,

　목적격 관계대명사 + _____ + _____의 형태로 나온다.

3 관계부사 빈칸에 선행사와 어울리는 관계부사를 적고 알맞은 설명을 채워 보세요.

선행사	관계부사	선행사	관계부사
시간 time		이유 reason	
장소 place		방법 way	

❶ 관계대명사 다음에는 _____ 절 / 관계부사 다음에는 _____ 절

❷ 관계부사는 전치사 뒤에 사용될 수 _____.

NOTE

1. Employees ------- want travel reimbursement must submit all receipts within five business days of their return.

    (A) whose   (B) who
    (C) those   (D) whoever

2. The sports drink giant C&H announced that actor Joshua Anderson, ------- popularity is growing among young adults, will endorse their brand.

    (A) those   (B) his
    (C) who   (D) whose

3. Mr. Wilson directed the feedback from customers to the technicians ------- are expected to resolve the remaining issues.

    (A) whose   (B) what
    (C) that   (D) they

4. Alexandra Bennett conducts a monthly seminar ------- she offers tips on employee management strategies.

    (A) in which   (B) whom
    (C) in order to   (D) that

5. Ms. Reyman from the General Affairs Office is searching for an important document ------- misplaced after today's presentation.

    (A) herself   (B) her
    (C) hers   (D) she

6. Mr. Holland is responsible for a special task force, the ultimate mission of ------- is to enhance the efficiency and effectiveness of cooperation across departments.

    (A) one   (B) which
    (C) whom   (D) another

7. CEO Tim O'Brian is set to lead the team-building workshop ------- he planned and organized to enhance teamwork and collaboration.

    (A) whose   (B) who
    (C) them   (D) that

8. Mr. Vaughn was very pleased to have several temporary workers, most of ------- are qualified and well experienced for the role.

    (A) that   (B) whom
    (C) they   (D) them

9. Next month, we will hold a companywide "Boost Efficiency" workshop, during ------- each department will present its strategies to reduce costs and save resources.

(A) when (B) that
(C) which (D) who

10. Five prototypes, three of ------- will be introduced at the international trade show next year, are in their final testing phase.

(A) them (B) which
(C) those (D) whichever

11. ParkSmart is a new mobile application ------- provides users with real-time information on local parking availability.

(A) who (B) such
(C) that (D) where

12. Mr. Cook decided to hold a welcome party for new employees at Rendy's, ------- he frequently has meetings with key clients.

(A) that (B) why
(C) where (D) there

13. Listening to customer feedback and implementing it is ------- the Shina Group has gained its current market share.

(A) what (B) how
(C) where (D) when

14. Black Friday, the fourth Friday of November, is ------- the sales reach their peak, offering the best discounts of the year.

(A) what (B) where
(C) that (D) when

15. To be eligible for our openings, physical therapists must have at least 3 years of experience in ------- they have treated patients successfully.

(A) which (B) where
(C) what (D) there

UNIT
18
가정법 / 도치

출제 경향

- 토익 Part 5, 6에서 1문제 출제
- If절과 주절의 짝을 이루는 동사 형태를 찾는 방식으로 출제
- 가정법 문장의 도치 구조를 파악하도록 출제

POINT 1 가정법의 시제

가정법 문제는 If절의 동사를 확인해 주절의 동사를 찾거나, 주절의 동사를 확인해 If절의 동사를 찾는 방식으로 출제된다. 따라서, 시제별로 If절과 주절의 짝을 이루는 동사의 형태만 공식처럼 알고 있으면 문장을 해석할 필요 없이 빠르게 정답을 찾을 수 있다.

구분	If절의 동사	주절의 동사
과거 완료	had p.p.	would/should/could/might + have p.p.
과거	과거시제 동사(-ed/were) ❶ be동사는 were로 통일	would/should/could/might + 동사원형 ❶ 가정법 과거는 토익에 거의 출제되지 않음
현재	현재시제 동사	will/can/should/may + 동사원형 (please) + 동사원형 [안내] ❶ 토익 빈출
미래	should + 동사원형 ❶ 발생 가능성이 낮음을 암시	will/can/should/may + 동사원형 (please) + 동사원형 [안내] ❶ 토익 빈출

If Mr. Choi **had not reconfirmed** the reservation at the last minute, he [would / will] have missed his flight due to a booking error.

- If절: had p.p.
  → 주절: would have p.p.

If AMTech's proposal [were / is] more creative, they **could stand out** from the competition in the bid to upgrade the city's infrastructure.

- 주절: could 동사원형
  → If절: be동사 were

If the missing item [became / becomes] available, you **will be notified** immediately through our automated notification system.

- 주절: will 동사원형
  → If절: 현재시제 동사

If a client [wished / wishes] to receive samples of our products, **please conduct** a simple test first to ensure they have no defects.

- 주절: please 동사원형
  → If절: 현재시제 동사

If you [would / should] have any questions or concerns, **please feel** free to contact me at 555-3456 at any time.

- 주절: please 동사원형
  → If절: should 동사원형

가정법의 도치

If절을 강조할 때, 접속사 If를 생략하고 주어와 조동사의 자리를 바꿔 도치된다.
토익에서는 「Had + 주어 + p.p.」와 「Should + 주어 + 동사원형」만 출제된다.

구분	If절의 구조	주절의 동사
과거 완료	Had + 주어 + p.p.	would/should/could/might + have p.p.
과거	과거시제 동사/Were + 주어	would/should/could/might + 동사원형
미래	Should + 주어 + 동사원형 ❶ 토익 빈출	will/can/should/may + 동사원형 (please) + 동사원형 [안내] ❶ 토익 빈출

Had Dave Brothers not received the Gold Music Award last year, the
popular rock band [had received / would have received] other awards.

· If절: Had 주어 not received
→ 주절: would have p.p.

[Had / Should] your personal information change, **please update** it on
our membership Web site at your earliest convenience.

· 「Should + 주어 + 동사원형」
「Had + 동사원형」은 X

POINT 3 **주어와 보어의 도치: 과거분사, 전치사구**

be동사 뒤에 위치하는 과거분사 또는 전치사구를 강조하기 위해 문장의 맨 앞
으로 이동시키고 주어를 동사 뒤로 옮긴 문장 구조가 종종 출제된다.

도치 전	도치 후
An invoice is **attached**. 거래 내역서가 첨부되어 있습니다.	**Attached** is an invoice. 첨부된 것은 거래 내역서입니다.
A price list is **enclosed**. 가격 목록이 동봉되어 있습니다.	**Enclosed** is a price list. 동봉된 것은 가격 목록입니다.

길토익 TIP

토익에서 특히 잘 도치되는 과거분사
보어는 attached(첨부된), enclosed
(동봉된), included(포함된)이다.

[Attached / Attaching] to this e-mail **is** a list of our locations that you
can find in your area.

[Enclosed / Enclosing] **are** the survey results from the consulting firm
on what our customers want most from our products.

[Underneath / Despite] the writing desk in your room **is** a safe deposit
box to securely store your valuables.

· safe deposit box(금고)의 위치를 나타내
는 장소 전치사구가 도치

부정 부사의 도치

부정 부사는 강조를 위해 종종 문장의 맨 앞으로 이동한다. 이때 주어와 동사가 자리를 바꾸는 도치 구조가 만들어지는데, 일반동사일 때는 자리를 바꾸는 대신, 시제와 수 일치에 따라 조동사 do/does/did를 주어 앞에 추가한다. 주로 도치된 구조를 보고 부정 부사를 고르는 유형으로 출제된다.

부정 부사	도치 전	도치 후
seldom	Mr. Lee **seldom** has lunch.	**Seldom** does Mr. Lee have lunch. 리 씨는 좀처럼 점심을 먹지 않는다.
hardly = rarely	The item is **hardly** available.	**Hardly** is the item available. 그 제품은 거의 구할 수 없다.
not only	주어 **not only** ~ **but also** …	**Not only** did 주어 ~ **but** 주어 **also** … 주어는 ~했을 뿐만 아니라 …하기까지 했다.

[Even / Seldom] **are** customers of Westside Cleaning satisfied with the service, though most are content with the cost.

[Simply / Hardly] **has** the recent controversy surrounding author Salina Webbs on social media had an impact on the sales of her new book.

[Nevertheless / Not only] **has** the supplier raised their prices recently, but they have also provided us with defective goods.

REVIEW NOTE

정답 p.62

1 가정법의 시제 빈칸을 채워 보세요.

구분	If절의 동사	주절의 동사
과거 완료	_____	_____ / _____ / _____ / _____ + _____
과거	과거시제 동사(_____ / _____)	_____ / _____ / _____ / _____ + _____
현재	_____ 동사	_____ / _____ / _____ / _____ + _____ (please) + 동사원형 [안내] ❶ 토익 빈출
미래	_____ + 동사원형	_____ / _____ / _____ / _____ + _____ (please) + 동사원형 [안내] ❶ 토익 빈출

2 가정법의 도치 빈칸을 채워 보세요.

구분	If절의 동사	주절의 동사
과거 완료	_____ + 주어 + p.p.	_____ / _____ / _____ / _____ + _____
과거	과거시제 동사/Were + 주어	_____ / _____ / _____ / _____ + _____
미래	_____ + 주어 + 동사원형 ❶ 토익 빈출	_____ / _____ / _____ / _____ + _____ (please) + 동사원형 [안내] ❶ 토익 빈출

3 기타 도치 빈칸을 채워 보세요.

❶ 강조를 위해 문장의 맨 앞으로 이동하는 과거분사

a_____ (첨부된)

e_____ (동봉된)

i_____ (포함된)

❷ 강조를 위해 문장의 맨 앞으로 도치되는 부정 부사

s_____

h_____ (= r_____)

n_____

 **PRACTICE**

1. If Mr. Hughes had received the survey results from the marketing department a few days earlier, he ------- have announced a more promising outlook for the next year.

    (A) must
    (B) shall
    (C) could
    (D) will

2. If anyone ------- to apply for an internal opening, please visit our Web site and register on the Job Application page.

    (A) wish
    (B) wishes
    (C) wished
    (D) would wish

3. If payment ------- not received within 5 business days, the account will be subject to late fees.

    (A) is
    (B) was
    (C) are
    (D) were

4. If for any reason you ------- resign, please be advised to notify your supervisor at least 30 days before your planned departure date.

    (A) could
    (B) will
    (C) should
    (D) shall

5. If you ------- interested in extending the lease of your house at the same rent, please inform us at least 3 months before the lease expiration date.

    (A) were
    (B) could be
    (C) will be
    (D) are

6. Had the manufacturer been aware of the glitch in the engine, they ------- the product launch to fix it promptly.

    (A) should reschedule
    (B) would have rescheduled
    (C) has rescheduled
    (D) will reschedule

7. Enclosed in the package are ------- for assembling the adjustable dining table.

    (A) instruction
    (B) instructed
    (C) instructions
    (D) instructs

8. ------- the counter on the second floor is a large shelf with various office supplies.

    (A) Where
    (B) Behind
    (C) While
    (D) Between

9. ------- the schedule options not be preferable for you, you may contact our coordinator to have them adjusted to better suit your needs.

(A) If
(B) Despite
(C) Should
(D) Although

10. ------- to this e-mail is a detailed travel itinerary outlining your destinations, accommodations, and scheduled activities.

(A) Attach
(B) Attaches
(C) Attaching
(D) Attached

11. If you share your food preferences, we ------- you find something on our menu that suits you.

(A) are helping
(B) can help
(C) have helped
(D) helped

12. If you book through one of our affiliated travel agencies, ------- sure that we have your agency's participating code.

(A) to make
(B) make
(C) making
(D) have made

13. ------ Mr. Guchi's expertise and dedication, we wouldn't have successfully closed the merger deal with Brahams International.

(A) If not for
(B) Even though
(C) In addition to
(D) Full of

14. ------- had the clients of Mr. Lopez complained about him until recent issues with investment strategies arose.

(A) Seldom
(B) Some
(C) When
(D) What

15. ------- has our new NMP-5 model won the International Innovation Award, but it has also received the highest score in the award's history.

(A) Whether
(B) In addition
(C) Nevertheless
(D) Not only

일주일에 끝내는

시원스쿨 토익
Part 5, 6 문법
온라인 강의

토익 실전 길잡이
길토익

01

꼭 필요한 토익 문법
핵심과 엑기스만 담아
**Part 5, 6 문법 만점을
돕는 초단기 커리큘럼!**

02

이해하기 쉬운 설명으로
**개념부터 출제포인트 및
실전전략까지
동시에 완성!**

03

길토익 선생님의
오랜 현강 데이터 기반으로
**이해와 암기, 복습은 물론
문제 풀이 기술 전수!**

*시원스쿨LAB(lab.siwonschool.com)에서 유료 강의를 수강하실 수 있습니다.

★SPECIAL EVENT★
일주일에 끝내는 토익 강의 학습 지원!

SIWONSCHOOL LAB

길토익 일주일 시리즈
단과 1만원 할인쿠폰

쿠폰번호 : **길토익1**

COUPON

SIWONSCHOOL LAB

길토익 마스터팩
패키지 2만원 할인쿠폰

쿠폰번호 : **길토익2**

COUPON

*시원스쿨LAB(lab.siwonschool.com)에서 쿠폰번호 등록 후 사용가능합니다. / 쿠폰 유효기간 : 등록일로부터 3일간

토익 시작할 땐 시원스쿨LAB

성적 NO, 출석 NO! 시작만 해도 50%,
지금 토익 시작하면 최대 300%+응시료 2회 환급

토익 실전 길잡이
길토익

토익만점 여신
서아쌤

토익 입문 마스터
켈리

New 시작이 반
토익환급

**시작만 해도
50% 환급**

성적 NO, 출석 NO

**100% 환급
+ 응시료 0원**

하루 1강
or 목표 성적 달성

**200% 환급
+ 응시료 0원**

하루 1강 & 성적

**300% 환급
+ 응시료 0원**

하루 1강 & 목표성적
+ 100점

* 지금 시원스쿨LAB 사이트(lab.siwonschool.com)에서 유료로 수강하실 수 있습니다
* 환급조건 : 성적표 제출 및 후기작성, 제세공과금/결제수수료/교재비 제외

과목별 스타 강사진 영입, 기대하세요!

시원스쿨LAB 강사 라인업

20년 노하우의 토익/토스/오픽/지텔프/텝스/아이엘츠/토플/SPA/듀오링고
기출 빅데이터 심층 연구로 빠르고 효율적인 목표 점수 달성을 보장합니다.

시험영어 전문 연구 조직

시원스쿨어학연구소

 **시험영어 전문**

 **기출 빅데이터**

 264,000시간

TOEIC/TOEIC Speaking/OPIc/
G-TELP/TEPS/IELTS/
TOEFL/SPA/Duolingo
공인 영어시험 콘텐츠 개발 경력
20년 이상의 국내외 연구원들이
풍부한 전문적인 연구 조직입니다

본 연구소 연구원들은
매월 각 전문 분야의 시험에 응시해
시험에 나온 모든 문제를 철저하게
해부하고, 시험별 기술문제 빅데이터
분석을 통해 단기 고득점을 위한
학습 솔루션을 개발 중입니다

각 분야 연구원들의 연구시간
모두 합쳐 264,000시간
이 모든 시간이 쌓여
시원스쿨어학연구소가
탄생했습니다.

히트브랜드 토익·토스·오픽 인강 1위

시원스쿨LAB 교재 라인업

*2020-2024 5년 연속 히트브랜드대상 1위 토익·토스·오픽 인강

시원스쿨 토익 교재 시리즈

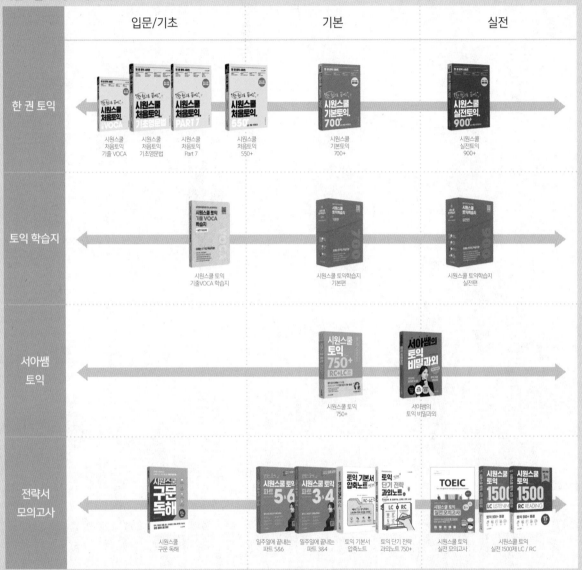

	입문/기초	기본	실전
한 권 토익	시원스쿨 처음토익 기출 VOCA / 시원스쿨 처음토익 기초영문법 / 시원스쿨 처음토익 Part 7 / 시원스쿨 처음토익 550+	시원스쿨 기본토익 700+	시원스쿨 실전토익 900+
토익 학습지	시원스쿨 토익 기출VOCA 학습지	시원스쿨 토익학습지 기본편	시원스쿨 토익학습지 실전편
서아쌤 토익		시원스쿨 토익 750+ / 서아쌤의 토익 비밀과외	
전략서 모의고사	시원스쿨 구문 독해	일주일에 끝내는 파트 5&6 / 일주일에 끝내는 파트 3&4 / 토익 기본서 압축노트 / 토익 단기 전략 과외노트 750+	시원스쿨 토익 실전 모의고사 / 시원스쿨 토익 실전 1500제 LC / RC

시원스쿨 토익스피킹·오픽 교재 시리즈

10가지 문법으로 시작하는 토익스피킹 기초영문법	28시간에 끝내는 토익스피킹 START	5일 만에 끝내는 토익스피킹 실전모의고사	15개 템플릿으로 끝내는 토익스피킹 필수전략서		멀티캠퍼스 X 시원스쿨 오픽 진짜학습지 IM 실전	멀티캠퍼스 X 시원스쿨 오픽 진짜학습지 IH 실전	멀티캠퍼스 X 시원스쿨 오픽 진짜학습지 AL 실전	OPIc All in one PACKAGE IM-AL

일주일에 끝내는

시원스쿨 토익
파트
5&6

부록

Part 5 문제들 중 학습자들이 가장 많이 낚이는 문제들을 풀어 보세요.

1. In ------- of spending habits, many people say that they tend to buy cheaper products these days.

(A) survey
(B) surveys
(C) surveying
(D) surveyed

2. It is ------- that we talk with the client soon about the changes to the building blueprint.

(A) important
(B) importance
(C) more importantly
(D) most importantly

3. The new car model had to be recalled, as engineers found that the brake pads were -------.

(A) defects
(B) defectively
(C) defection
(D) defective

4. As a member of the Good Heart Charitable Foundation, you will receive a very ------- newsletter detailing how to raise money.

(A) informed
(B) informative
(C) inform
(D) informer

5. Ms. Harding searched through the job application forms for ------- who could work regularly on the weekends.

(A) theirs
(B) everything
(C) anyone
(D) ourselves

6. Many local businesses are becoming increasingly ------- on tourists from Europe.

(A) reliant
(B) relied
(C) relying
(D) reliance

7. ------- for the proofreader position are required to have an advanced qualification in English.

(A) Apply
(B) Applicants
(C) Applied
(D) Applicable

8. Safety concerns ------- Thunder Bay Amusement Park to close its most popular ride for repair work.

(A) forcing
(B) forced
(C) to force
(D) are forced

9. Because the ------- could not attend the keynote speech at the conference, they were provided with comprehensive notes.

(A) representatives
(B) representing
(C) represent
(D) representational

10. Mr. Mathers ------- the presentation with a demonstration of the mobile application's unique features.

(A) will close
(B) closing
(C) to be closed
(D) was closed

11. The Bergen Football Stadium was designed in 1931 by a renowned ------- from Hamburg.
    (A) architecture
    (B) architectural
    (C) architect
    (D) architects

12. The anti-virus software installed by Sysco IT Solutions has proved to be -------.
    (A) relies
    (B) relying
    (C) reliable
    (D) reliably

13. Stock market experts ------- that the value of shares in Mirage Electronics would continue to increase.
    (A) predicted
    (B) predicts
    (C) predictable
    (D) predictably

14. The ------- suggested by the interior designer are small but may significantly improve staff productivity.
    (A) changed
    (B) change
    (C) changes
    (D) changing

15. Ms. Wheeler ------- your article on reducing harmful emissions, and she is eager to discuss a potential collaboration with you on Thursday.
    (A) see
    (B) has seen
    (C) seen
    (D) seeing

16. Please make sure you have collected all your belongings before you ------- the airplane.
    (A) has left
    (B) to leave
    (C) leave
    (D) leaving

17. Although the photocopier was slightly damaged during the relocation process, it is still -------.
    (A) function
    (B) functional
    (C) functionally
    (D) functioned

18. Curtains manufactured by Home Zen are available in a wide variety of designs ------- every taste.
    (A) suit
    (B) suited
    (C) to suit
    (D) is suiting

19. After the insulation installation, customers reported that their homes were ------- warmer.
    (A) deeply
    (B) considerably
    (C) heavily
    (D) voluntarily

20. The Pop Burger branch on Central Avenue is the busiest of our locations, serving ------- 10,000 customers a month.
    (A) enough
    (B) quite
    (C) nearly
    (D) very

21. Because fresh seafood is ------- perishable, it cannot be returned to our market once it has been removed from the refrigerator for more than 20 minutes.
    (A) high
    (B) higher
    (C) highest
    (D) highly

22. A recent study found that allowing hybrid work arrangements ------- reduces mental health issues among employees.
    (A) strictly
    (B) formerly
    (C) drastically
    (D) intensely

23. ------- start the performance, the singer introduced each of his bandmates accompanying him onstage.

(A) In order to
(B) Due to
(C) Thanks to
(D) Owing to

24. Gormley Corporation ------- to increase its market share throughout the United States and Canada.

(A) suggests
(B) postpones
(C) minds
(D) hopes

25. Construction workers are ------- to wear hard hats and sturdy footwear at all times on the building site.

(A) prompted
(B) required
(C) insisted
(D) appealed

26. The company founder ------- Mr. Pritchard to organize the end-of-year banquet at the Mayflower Hotel.

(A) allowed
(B) allow
(C) was allowed
(D) allowing

27. Hotel guests will ------- a considerable discount for a limited time while maintenance work is underway in the lobby and pool area.

(A) offering
(B) offer
(C) be offered
(D) offers

28. As mentioned by the landscape gardener, the beautiful flowers may ------- if you do not look after them properly.

(A) disappear
(B) be disappear
(C) be disappeared
(D) disappears

29. All the technical ------- should be added to the product specifications section of the Web site.

(A) detailing
(B) detailed
(C) details
(D) detail

30. The user manual that ------- in the product packaging does not contain any assembly instructions.

(A) inclusion
(B) was included
(C) included
(D) including

시원스쿨 LAB

PART 5

Directions: A word or phrase is missing in each of the sentences below. Four answer choices are given below each sentence. Select the best answer to complete the sentence. Then mark the letter (A), (B), (C), or (D) on your answer sheet.

101. Handling customer complaints ------- is a key aspect of providing excellent customer service and resolving issues efficiently.

(A) calm
(B) calmly
(C) calmest
(D) calmness

102. Information about using our new inventory management software will be provided to all office workers ------- Thursday's skills workshop.

(A) during
(B) up
(C) against
(D) above

103. This Sunday at Central Books, author Simon Hendry will be ------- tips on how to write novels.

(A) sharing
(B) dividing
(C) using
(D) awarding

104. A member of the City Planning Department will consider ------- construction permit requests.

(A) you
(B) your
(C) yours
(D) yourself

105. Performers in the Beijing Circus show a ------- talent for acrobatics, song, and dance.

(A) trimmed
(B) genuine
(C) straight
(D) hospitable

106. More than 500 large non-slip mats will be required for the flooring of the -------.

(A) combination
(B) warehouse
(C) exterior
(D) decoration

107. Golden Horizon Resort's lobby is ------- decorated with prints and photographs provided by local artists.

(A) elaborates
(B) elaborated
(C) elaborately
(D) elaboration

108. Irish screenwriter Donal O'Leary has been celebrated for his highly amusing -------.

(A) characters
(B) packages
(C) exercises
(D) possibilities

109. For next week only, Plaza Movie Theater ------- 10 percent off all tickets for morning showings.

(A) was offered
(B) offered
(C) will offer
(D) has been offering

110. The research study findings ------- that consumers are growing frustrated by the number of online advertisements.

(A) suggest
(B) discover
(C) believe
(D) require

111. On the final day of the conference, a buffet will be served from 6 P.M. to 8:30 P.M. for ------- attendees.

(A) register
(B) registers
(C) registered
(D) to register

112. Requests for vacation days must now be authorized by a department supervisor ------- being submitted to Human Resources.

(A) over
(B) before
(C) through
(D) between

113. For a limited time only, Big Taco's new breakfast burrito is available at over 5,000 outlets -------.

(A) nation
(B) national
(C) nationality
(D) nationwide

114. An ------- qualification in computer science is required for the Web Programmer position at Smarttech Inc.

(A) advance
(B) advances
(C) advanced
(D) advancement

115. ------- the large number of pre-orders we have received, we plan to double production of the new cell phone model.

(A) On account of
(B) Such as
(C) Rather than
(D) As though

116. Museum visitors are encouraged to listen to the audio guide descriptions ------- they see our numbered signs.

(A) always
(B) instead of
(C) as well as
(D) wherever

117. Before the training workshop exam, the course instructor reviews the most important details to ensure that ------- is underprepared.

(A) whoever
(B) each other
(C) no one
(D) anyone

118. The founder of Astria Industries has ------- an invitation to speak at the upcoming conference.

(A) decline
(B) declined
(C) declines
(D) declining

119. Sprint Sports Beverages has invested ------- in online advertising to reach new customers across the world.

(A) randomly
(B) instantly
(C) roughly
(D) heavily

120. Mr. Forman is considering ------- locations for the company's year-end banquet.

(A) promise
(B) to promise
(C) promising
(D) promises

121. Any promotional materials for the ------- product launch events must be prepared by August 10.

(A) upcoming
(B) estimated
(C) permanent
(D) accurate

GO ON TO THE NEXT PAGE

122. Access to the backstage area is limited to festival performers ------- VIP ticket holders.
(A) so
(B) for
(C) and
(D) until

123. New patients with appointments at Dillbrook Dental Clinic should arrive at least 10 minutes ------- to fill out a registration form.
(A) soon
(B) early
(C) already
(D) previously

124. The Haversham Hydroelectric Dam is a triumph of ------- that has helped reduce energy costs for tens of thousands of people.
(A) engineer
(B) engineered
(C) engineering
(D) to be engineered

125. Chorley Motors has decided to run daily sales challenges with generous prizes in an effort to boost staff -------.
(A) product
(B) productive
(C) productivity
(D) productively

126. The easiest way to check how many annual leave days you have left is ------- the online staff portal.
(A) through
(B) beside
(D) among
(D) upon

127. ------- replaces the HR manager must be experienced in dealing with employee disputes.
(A) Whose
(B) Whoever
(C) Anything
(D) Anyone

128. The assembly line machines are inspected ------- to maintain consistent quality and prevent unexpected breakdowns.
(A) certainly
(B) subsequently
(C) densely
(D) annually

129. Mr. White's new book focuses on the online marketing ------- of attracting new customers.
(A) strategies
(B) strategized
(C) strategically
(D) strategic

130. To become accredited as a licensed acupuncture -------, register for our 6-week course through our Web site.
(A) identifier
(B) practitioner
(C) assembler
(D) carpenter

PART 6

Directions: Read the texts that follow. A word, phrase, or sentence is missing in parts of each text. Four answer choices for each question are given below the text. Select the best answer to complete the text. Then mark the letter (A), (B), (C), or (D) on your answer sheet.

Questions 131-134 refer to the following advertisement.

Raisville Technicians is acting on its promise to be the most comprehensive electronic repair shop in Atlantic City. We have expanded our Raisville ------- and now offer more services than
131.
any of our competitors.

While we will maintain our home office on 10th Street on the north side, we ------- have shops
132.
conveniently placed on 21st Street and in the Tangier Mall. -------.
133.

In addition to our normal reliable repair work, we can now upgrade a variety of electronics, such as computers and televisions. For additional details, ------- the specialties and credentials of our
134.
newest technicians, look us up at www.raisvilletech.com.

131. (A) solutions
(B) modifications
(C) locations
(D) conditions

132. (A) now
(B) closely
(C) well
(D) more

133. (A) This course teaches you how to repair your own device.
(B) Many of these shops will be closed due to low business.
(C) We have been offering this service for more than 12 years.
(D) Furthermore, all of our stores will be providing extended hours of service.

134. (A) included
(B) including
(C) will include
(D) have included

GO ON TO THE NEXT PAGE

To: Bonanza Magazine <subscriptions@bonanza.com>

From: Katy Livingstone <klivingstone@webmail.net>

Subject: Magazine Subscription

Date: November 17

Dear Sir/Madam,

I am writing about my subscription to Bonanza Magazine, ------- is due to end on November
135.
30. -------. My address has recently changed to 57 Baker Street, so please update my details
136.
accordingly. I'm also interested in finding out more about other similar ------- you offer.
137.
I look forward to ------- your reply and your instructions on how I should pay for my renewed
138.
subscription.

Regards,

Katy Livingstone

---

135. (A) which
(B) it
(C) this
(D) mine

136. (A) I hope it will be possible to end the
subscription early.
(B) The quality of Bonanza seems to be
steadily decreasing.
(C) I would like to renew the subscription for
a further 6 months.
(D) Please send me confirmation once my
payment has been processed.

137. (A) activities
(B) vacancies
(C) courses
(D) publications

138. (A) receive
(B) receiving
(C) received
(D) will receive

Questions 139-142 refer to the following e-mail.

To: Fiona Mullen <fmullen@mullencouture.com>

From: Jim Alton <jalton@mullencouture.com>

Date: Wednesday, April 3

Subject: Travel plans

Attachment: Trip_itinerary

Ms. Mullen,

I understand that you will be attending the fashion show in Los Angeles this coming Saturday. I will be taking care of your travel arrangements for the trip.

-------. Fortunately, your budget for the trip is quite generous. I have booked you a ticket on a
   139.
Cali Air flight leaving at 6:30 on Saturday morning, but I can change it to a later one if you don't

think you will be ready by -------; just give me a call to confirm. I have attached details of the
       140.
flight and your accommodations. Don't forget to show your corporate ------- to the hotel staff
         141.
when you check in.

I ------- you again to let you know the arrangements for the rental car you will use during your
 142.
stay in Los Angeles.

Regards,

Jim Alton

HR Assistant Manager

139. (A) The fashion show is run on a semi-annual schedule.
(B) I'm sure you will enjoy flying with our airline.
(C) I know that you specifically requested a first-class ticket.
(D) Company expense reports are due at the end of the month.

140. (A) soon
(B) there
(C) then
(D) theirs

141. (A) dedication
(B) presentation
(C) identification
(D) qualification

142. (A) would have contacted
(B) had contacted
(C) must have contacted
(D) will contact

GO ON TO THE NEXT PAGE

MEMORANDUM

To: All Econoline Sales Representatives

From: Magdalena Durst, Regional Sales Manager

Date: June 6

-------. Starting August 1st, Econoline will be introducing five brand-new cell phone plans in
143.
an effort to attract a larger number of customers. This means that, as sales representatives,

you must familiarize yourselves with all of the information related to ------- new phone plan in
144.
advance.

At tomorrow's meeting, you will all receive a catalog ------- every aspect of the phone plans,
145.
including prices, call rates, data limits, and the number of free text messages and call minutes.

Please ensure that you study this information thoroughly, as you will be tested during a training

workshop scheduled for July 23rd. Anyone who ------- to demonstrate a comprehensive
146.
understanding of the new phone plans must attend a follow-up training session.

If you have any questions about the phone plans, please do not hesitate to contact me. We

appreciate your cooperation.

---

143. (A) Econoline is pleased to announce several
openings in Sales.
(B) Management has asked staff to be more
courteous to customers.
(C) You should be aware of some upcoming
changes.
(D) We are seeking suggestions for a new
marketing campaign.

144. (A) this
(B) all
(C) either
(D) each

145. (A) details
(B) detailing
(C) detailed
(D) will detail

146. (A) results
(B) achieves
(C) refrains
(D) fails

시원스쿨 **LAB**

Part 5, 6 실전 모의고사 2

정답및해설 p.77

PART 5

Directions: A word or phrase is missing in each of the sentences below. Four answer choices are given below each sentence. Select the best answer to complete the sentence. Then mark the letter (A), (B), (C), or (D) on your answer sheet.

101. Add the bath salts to warm water and stir until they are ------- dissolved.

(A) full
(B) fully
(C) fuller
(D) fullest

102. Mr. Kim's clients appreciate ------- effective marketing strategies.

(A) he
(B) his
(C) himself
(D) him

103. Stretford City Council promotes community engagement through a wide variety of -------.

(A) sorts
(B) edges
(C) blends
(D) programs

104. Our new scientific database allows individuals with security clearance ------- research data.

(A) to access
(B) should access
(C) accessing
(D) accessed

105. The marketing department worked ------- with an experienced music video director to produce a series of advertisements.

(A) heavily
(B) closely
(C) highly
(D) sharply

106. Ms. Hargreaves insisted that the tenants' association ------- be postponed.

(A) met
(B) meets
(C) to meet
(D) meeting

107. For ------- who prefer to work from home, our company provides laptops and other equipment.

(A) either
(B) whichever
(C) those
(D) one another

108. The decision to add solar panels to the building's roof caused the project to go well ------- the original construction budget.

(A) except
(B) over
(C) along
(D) toward

109. The HR manager is ------- staff interviews for the vacant positions in the sales team.

(A) coordinate
(B) coordinator
(C) coordinated
(D) coordinating

110. The Landsdowne Tourist Board organizes tours covering ------- interesting locations.

(A) ever
(B) others
(C) several
(D) something

111. The proprietor of the restaurant is certain
------- the changes to the menu will attract
more customers.

(A) that
(B) also
(C) about
(D) of

112. Bronze Nutrition intends to ------- its global
distribution network over the next three
years.

(A) notify
(B) benefit
(C) concern
(D) increase

113. Employees should wear clothing that meets
all the ------- for appropriate work attire.

(A) requires
(B) required
(C) requiring
(D) requirements

114. Local business owners predict that the newly
opened theme park will ------- economic
growth.

(A) contain
(B) stimulate
(C) prefer
(D) negotiate

115. When delegating jobs to employees, a project
leader should ------- the abilities of each
team member with the priority of each task.

(A) balance
(B) balances
(C) balanced
(D) balancing

116. The new drama starring Stephen Carver is
being praised by critics as one of the most
------- television shows of the past decade.

(A) sufficient
(B) ongoing
(C) exciting
(D) grateful

117. The speaker at Ms. Yang's retirement dinner
noted that her dedication was -------.

(A) impressed
(B) impressive
(C) impress
(D) impression

118. ------- high demand for our new tablet,
factory operators have doubled their
production rate.

(A) Because of
(B) Otherwise
(C) Therefore
(D) Not only

119. Brightside Grocery Store announced that
it will be installing 10 ------- self-checkouts
next month.

(A) add
(B) added
(C) additional
(D) additionally

120. Please let Mary in Human Resources know
by 5 P.M. on Monday ------- she needs
to arrange more interviews for the sales
positions.

(A) whether
(B) either
(C) rather
(D) yet

121. Chef Lemieux at Cherry Bistro is known for
his innovative ------- of traditional dishes.

(A) alters
(B) altered
(C) alterations
(D) alterable

122. Ms. Ostrava ------- introduced the experts
who will be judging this year's dance
competition.

(A) accessibly
(B) abundantly
(C) briefly
(D) momentarily

GO ON TO THE NEXT PAGE

123. The cover version of the famous song was almost identical to the original, but one of the verses was ------- changed.

(A) slight
(B) slighted
(C) slightly
(D) slighting

124. Fierce Fitness Center recently announced ------- improvements to its Crossfit Zone that were welcomed warmly by its members.

(A) judgmental
(B) substantial
(C) magnetic
(D) chaotic

125. ------- interested in baking cakes may sign up for this Saturday's class at Fondant Bakery.

(A) Themselves
(B) Whatever
(C) Something
(D) Anyone

126. The Mayfair Walnut Wardrobe does not come pre-assembled, so please ------- to the assembly instructions included.

(A) refer
(B) adapt
(C) present
(D) follow

127. Newsletter subscriptions are automatically renewed on the final date of the agreed period ------- a cancellation request has been received.

(A) unless
(B) although
(C) few
(D) just

128. ------- a rise in the number of tourists visiting Greendale, many local businesses are still struggling to make a profit.

(A) Especially
(B) Thankfully
(C) Partial
(D) Despite

129. The new Operations Manager has demanded that a more ------- delivery system be implemented over the next few weeks.

(A) efficiency
(B) efficiently
(C) efficient
(D) efficiencies

130. Do not use company credit cards to book accommodation or travel tickets without prior -------.

(A) supplement
(B) authorization
(C) consequence
(D) responsibility

PART 6

Directions: Read the texts that follow. A word, phrase, or sentence is missing in parts of each text. Four answer choices for each question are given below the text. Select the best answer to complete the text. Then mark the letter (A), (B), (C), or (D) on your answer sheet.

Questions 131-134 refer to the following notice.

Nigel Pollok's Young Inventors Workshops

Nigel Pollok is a highly regarded ------- in the fields of engineering and computer science.
131.
Mr. Pollok ------- as head of product development at Hetfield Technologies for more than two
132.
decades. Drawing on his extensive experience, Mr. Pollok has organized several workshops
designed to get teenagers interested in science and technology. -------. This way, participants
133.
gain hands-on experience with new technology. Please note that there are no spaces left for the
workshops scheduled for May 23 and May 26. -------, several spaces are still available for the
134.
May 24 and May 25 workshops.

---

131. (A) innovator
(B) innovated
(C) innovating
(D) innovation

132. (A) is serving
(B) will serve
(C) has served
(D) had been serving

133. (A) During his time at Hetfield, he
accomplished many great things.
(B) One allows participants to actually
construct a robotic device.
(C) He was involved with the much-publicized
Meditek research project.
(D) Participants should specify their age on
the registration form.

134. (A) Furthermore
(B) However
(C) In fact
(D) Similarly

GO ON TO THE NEXT PAGE

Questions 135-138 refer to the following article.

The Chorley Gazette

December 13

-------. The stadium, which is home to our local football team, Chorley Athletic, has stood on
135.
the corner of Markham Road and Drexler Street since its construction in 1934. In all that time,

it has barely been modified, and many parts of the stadium have never changed at all since it

was first opened. -------, all of the current seats are the original ones installed during the initial
136.
construction project.

The local council has made funds available for a large-scale renovation project ------- to begin
137.
in March. The project will involve the installation of new seats, a complete modification of the

stadium's exterior, and the building of some new snack bars and cafeteria areas for fans. Work

will be completed in time for the start of the new football season on May 25th.

Local residents should expect some noise and minor traffic congestion ------- the project is
138.
underway, although the city council hopes to cause as little disruption as possible.

---

135. (A) Sinclair Stadium will be closed down
   permanently next year.
   (B) The city council has announced plans to
   relocate Sinclair Stadium.
   (C) Sinclair Stadium will soon undergo
   significant remodeling work.
   (D) Employees are required to fill positions at
   Sinclair Stadium.

136. (A) However
   (B) Except for
   (C) On the other hand
   (D) In fact

137. (A) scheduling
   (B) scheduled
   (C) will schedule
   (D) is scheduled

138. (A) so that
   (B) during
   (C) once
   (D) prior to

Questions 139-142 refer to the following e-mail.

From: Customer Services <customerservices@moviewarehouse.com>

To: Paul Gleeson <pgleeson@kinnairdnet.com>

Date: December 17

Subject: Order No. 873628

We would like to thank you for your -------. Your continued patronage of The Movie Warehouse is
                                    139.
greatly appreciated.

All of your DVDs ------- from our distribution center within the next 24 hours. -------. Once the
                 140.   **141.**
items have left our distribution center, you can check their delivery status on the "My Orders"

page on our Web site by entering that number.

As you are one of our frequent customers, we would like to ------- you a free DVD when you
                                                             142.
next make an order of at least 5 DVDs. Simply apply coupon code AKHFH when you reach the

checkout page.

Thank you!

The Movie Warehouse

139. (A) refund
(B) purchase
(C) catalog
(D) loan

140. (A) to ship
(B) has shipped
(C) will be shipped
(D) shipping

141. (A) Your order number is listed in the subject
line of this e-mail.
(B) Our store has the largest collection of
movies in the neighborhood.
(C) This means that those DVDs should be
returned by next Friday.
(D) We assure you that you will get the store
manager post.

142. (A) replace
(B) offer
(C) suggest
(D) gain

GO ON TO THE NEXT PAGE

Questions 143-146 refer to the following e-mail.

From: eswinton@grillking.com

To: opankow@valleyfoods.com

Subject: Valley Meatless Patties

Dear Mr. Pankow,

I am responsible for sourcing and purchasing supplies for the Grill King fast food chain, which is now in the process of ------- its menu to include plant-based burgers that are suitable for our
143.
vegan and vegetarian customers. We would like to try out some of your Valley Meatless Patties on a trial basis in select stores. I noted that this ------- consistently scores highly in online
144.
reviews and is a top seller in many major supermarkets throughout the country. At first, I thought this might be a retail-only product, but after browsing your Web site, it seems that you do -------
145.
supply products to restaurant chains. As I mentioned, we would prefer to start out by testing the patties in a few specific stores. -------. Would you be prepared to offer a price reduction for large
146.
monthly deliveries?

I hope to hear from you soon.

Regards,

Edith Swinton

Grill King Inc.

143. (A) expanding
(B) expanded
(C) expands
(D) expand

144. (A) method
(B) activity
(C) location
(D) variety

145. (A) indeed
(B) along
(C) quite
(D) ever

146. (A) Our fast food chain prides itself on its commitment to good nutrition.
(B) Unfortunately, many of our customers disliked the plant-based burgers.
(C) However, we plan to make a purchase for all stores later.
(D) If this interests you, please view our menu on our Web site.

시원스쿨 LAB

일주일에 끝내는

시원스쿨 토익
파트 5&6
정답 및 해설

시원스쿨 LAB

정답 및 해설

UNIT 01 동사의 종류 / 품사 자리

REVIEW NOTE

1. 문장 형식 익히기
- ❶ 1형식: 주어 + **자동사** (+ 전치사구)
- ❷ 2형식: 주어 + **자동사** + **보어**
  - · 빈출 2형식 동사: <u>be동사</u> <u>become</u> <u>remain</u> <u>seem</u>
- ❸ 3형식: 주어 + **타동사** + **목적어**
- ❹ 4형식: 주어 + **타동사** + **간접목적어** + **직접목적어**
- ❺ 5형식: 주어 + **타동사** + **목적어** + **목적보어**
  - · 빈출 5형식 동사: <u>make</u> <u>keep</u> <u>find</u> <u>consider</u>

2. 보어 자리 구분하기
- ❶ 주격보어 = **명사** 또는 **형용사** (둘 중에 90% **형용사**가 정답)
- ❷ 목적보어 = **명사** 또는 **형용사**

3. 품사 형태 익히기

-sion / -tion	명사	-ness	명사	-ity	명사
-ble	형용사	-ous	형용사	-ment	명사
-ful	형용사	-ly	부사, 형용사	-al	형용사, 명사
-ence / -ance	명사	-ive	형용사, 명사	-er / or	명사

기출 PRACTICE

1. (C)	2. (A)	3. (C)	4. (D)	5. (C)
6. (D)	7. (C)	8. (C)	9. (D)	10. (A)
11. (B)	12. (D)	13. (C)	14. (D)	15. (C)

1.
정답 (C)

해석 더 높은 수요에 대응해, 프라이멀 일렉트로닉스 사는 인기 있는 모바일 기기들의 생산량을 두 배로 늘렸다.

해설 전치사 In과 to 사이에 위치한 빈칸은 In의 목적어 역할을 할 명사가 필요한 자리이므로 (C) response가 정답이다.

어휘 demand 수요, 요구 double v. ~을 두 배로 늘리다 device 기기, 장치 respond 대응하다, 반응하다, 대답하다 response 대응, 반응, 대답

2.
정답 (A)

해석 마감 기한 연장과 관련해서 소속 부서장님과 먼저 이야기해 보시는 것이 중요합니다.

해설 be동사 is와 that절 사이에 위치한 빈칸은 is 뒤에서 보어 역할을 할 형용사 자리이며, '~하는 것이 중요하다'를 뜻하는 것이 알맞으므로 형용사 (A) important가 정답이다.

어휘 supervisor 부서장, 책임자, 상사, 감독 extended 연장된 deadline 마감 기한

3.
정답 (C)

해석 총무부의 루 씨는 주차 구역 입구에 설명용 표지판을 설치하도록 제안했다.

해설 동명사 installing과 명사 목적어 signs 사이에 위치한 빈칸은 명사를 수식할 단어가 필요한 자리이므로 이 역할이 가능한 형용사 (C) descriptive가 정답이다. 명사를 수식할 수 있는 또 다른 단어인 과거분사 (B) described는 '설명된 표지판'이라는 어색한 의미를 구성하므로 오답이다.

어휘 suggest -ing ~하도록 제안하다 install ~을 설치하다 sign 표지(판), 간판 parking 주차 describe ~을 설명하다, ~을 묘사하다 descriptive 설명하는, 묘사하는 descriptively 서술적으로

4.
정답 (D)

해석 참석자들께서는 세미나 종료 시에 전반적인 만족도와 관련된 설문 조사지를 작성 완료하시도록 요청 받으실 것입니다.

해설 조동사 will 앞에 위치해 문장의 주어 역할을 할 단어가 필요하며, 설문 조사지를 작성하도록 요청 받는 것은 사람이므로 사람 명사인 (D) Attendees가 정답이다. 동명사도 주어 역할은 가능하지만, 설문지를 작성하도록 요청 받을 수 없으므로 (B) Attending은 오답이다.

어휘 be asked to do ~하도록 요청 받다 complete ~을 작성 완료하다 survey 설문 조사(지) overall 전반적인 satisfaction 만족(도) attend ~에 참석하다 attendee 참석자

5.

정답 (C)

해석 갤러웨이 씨는 조립 라인에서 결함 제품의 수를 성공적으로 감소시킨 것으로 인해 승진되었다.

해설 전치사 for와 동명사 목적어 reducing 사이에 위치한 빈칸은 동명사를 앞에서 수식할 부사가 필요한 자리이므로 (C) successfully가 정답이다.

어휘 receive a promotion 승진되다 reduce ~을 감소시키다, ~을 줄이다 defective 결함이 있는 assembly 조립 success 성공(작) succeed 성공하다, ~의 뒤를 잇다 successfully 성공적으로

6.

정답 (D)

해석 스타 소프트웨어 사의 새 소셜 미디어 서비스 출시가 시스템 오작동으로 인해 무기한 연기될 것이다.

해설 조동사 will 다음은 동사원형이 필요한 자리이며, 빈칸 뒤에 목적어 없이 부사 indefinitely만 위치해 있어 타동사 delay가 수동태로 쓰여야 하므로 (D) be delayed가 정답이다.

어휘 launch 출시, 공개, 시작 indefinitely 무기한으로 due to ~로 인해 malfunction 오작동, 기능 불량 delay ~을 연기하다, ~을 지연시키다

7.

정답 (C)

해석 저희는 어떤 고객의 요구든 만족스럽게 충족해 드릴 수 있는 혁신적인 웹 디자이너들로 구성된 많은 인력을 보유하고 있습니다.

해설 전치사 of와 명사구 목적어 Web designers 사이에 위치한 빈칸은 명사구를 수식할 단어가 필요한 자리이므로 이 역할이 가능한 형용사 (C) innovative가 정답이다.

어휘 extensive 광범위한, 많은 workforce 인력, 직원들 meet (요구, 조건 등) ~을 충족하다 demand 요구, 수요 satisfactorily 만족스럽게 innovate ~을 혁신하다 innovator 혁신가 innovative 혁신적인

8.

정답 (C)

해석 퍼스트 은행은 자사의 자동 알림 시스템과 관련해 때때로 나타나는 문제에 대해 사과했다.

해설 정관사 the와 명사 problems 사이에 위치한 빈칸은 명사를 수식할 형용사가 필요한 자리이므로 (C) occasional이 정답이다.

어휘 apologize for ~에 대해 사과하다 notification 알림, 통지(서) occasion n. 때, 경우, 행사 v. ~의 원인이 되다, ~을 야기하다 occasional 때때로 있는, 가끔씩의 occasionally 때때로, 가끔씩

9.

정답 (D)

해석 아티산 풋웨어 주식회사는 모든 연령대를 대상으로 아주 다양한 저렴하면서 고품질의 신발을 제공한다.

해설 부정관사 a와 형용사 wide의 수식을 동시에 받을 수 있는 명사가 빈칸에 쓰여야 알맞으므로 (D) selection이 정답이다. 참고로, a wide selection of는 '아주 다양한'을 의미한다.

어휘 affordable 저렴한, 가격이 알맞은 select ~을 선택하다, ~을 선정하다 selective 선택적인, 선별적인 selectively 선택적으로, 선별적으로 selection 선택(할 수 있는 것들), 모음집

10.

정답 (A)

해석 주택 시장 분석가들은 앞으로 두 분기 동안 주택 매매에 있어 약간의 증가를 예상하고 있다.

해설 명사구 주어 Housing market analysts 뒤로 빈칸과 또 다른 명사구 a slight increase, 그리고 in과 for가 이끄는 전치사구들만 나타나 있어 빈칸에 문장의 동사가 쓰여야 한다. 따라서, 선택지에서 유일하게 동사의 형태인 (A) anticipate가 정답이다.

어휘 analyst 분석가 slight 약간의, 조금의 increase in ~의 증가 sales 매매, 판매(량), 영업 quarter 분기 anticipate ~을 예상하다, ~을 기대하다 anticipation 예상, 기대 anticipatory 예측의, 선행의

11.

정답 (B)

해석 피부를 보호하려면, 얼굴에 자외선 차단제를 바른 다음, 완전히 흡수될 때까지 문지르시기 바랍니다.

해설 수동태 동사를 구성하는 be동사 is와 과거분사 absorbed 사이에 위치한 빈칸은 수동태 동사를 중간에서 수식할 부사가 필요한 자리이므로 (B) fully가 정답이다.

어휘 in order to do ~하려면, ~하기 위해 apply ~을 바르다, ~을 적용하다 rub ~을 문지르다, ~을 비비다 absorb ~을 흡수하다 fully 완전히, 전적으로, 최대로

12.

정답 (D)

해석 헤르미온느 씨는 칼라인 인더스트리 사와의 합병 협상 과정에서 잭슨 씨와 긴밀히 협력했다.

해설 자동사 worked와 전치사 with 사이에 위치한 빈칸은 자동사를 뒤에서 수식할 부사가 필요한 자리이며, '~와 긴밀히 협력하다'를 뜻하는 「work closely with」를 구성해야 알맞으므로 (D) closely가 정답이다.

어휘 merger 합병, 통합 negotiation 협의, 협상 close a.

긴밀한, 밀접한, 친한, 가까운 ad. 가까이, 밀접하여 **closely**
긴밀히, 밀접하게, 자세히, 접근하여

13.

정답 (C)

해석 자사의 상품을 저렴하게 유지하기 위해, 점점 더 많은 회사들이 재활용 포장재를 이용하고 있다.

해설 동사 keep은 '~을 …하게 유지하다'를 뜻하는 「keep + 목적어 + 형용사」의 5형식 구조로 쓰이므로 목적어 their merchandise 뒤에 위치한 빈칸에 쓰일 단어로 형용사인 (C) affordable이 정답이다.

어휘 merchandise 상품 an increasing number of 점점 더 많은 (수의) recycled 재활용된 packaging 포장(재) afford (시간, 금전적으로) ~할 여유가 있다, ~을 감당하다 affordable 저렴한, 가격이 알맞은

14.

정답 (D)

해석 팀 단합 워크숍이 5월 15일에 시작해 약 3일 동안 지속될 것입니다.

해설 자동사 last와 수사 3 앞에 빈칸이 위치해 있으므로 '약, 대략'이라는 의미로 수사를 앞에서 수식할 수 있는 부사 (D) approximately가 정답이다.

어휘 last v. 지속되다 approximate a. 대략적인, 근사치의 v. ~에 가깝다, ~와 거의 비슷하다 approximation 근사치, 거의 비슷한 것 approximately 약, 대략

15.

정답 (C)

해석 LE 케미컬즈 사의 대표 이사는 회사가 앞으로 5년 후에 선도적인 배터리 공급 업체들 중 하나가 되는 것을 목표로 하고 있다고 말한다.

해설 빈칸 앞에 위치한 형용사 leading의 수식을 받음과 동시에 battery와 복합명사를 만들어 '~들 중의 하나'를 뜻하는 「one of the + 복수명사(구)」를 구성할 복수명사가 필요하다. 또한, that절의 주어 the company(= LE Chemicals)와 동격의 의미를 나타내어 '선도적인 배터리 공급 업체들 중 하나'를 의미해야 자연스러우므로 '공급 업체들'을 뜻하는 (C) suppliers가 정답이다.

어휘 aim to do ~하는 것을 목표로 하다 leading 선도적인, 앞서 가는 supply v. ~을 공급하다 n. 공급(품), 물품, 용품 supplier 공급 업체, 공급 업자

UNIT 02 명사

POINT 1 명사 자리 찾기

[**Attendance** / Attend] at the conference was 20 percent lower than expected.
컨퍼런스 참석률이 예상보다 20% 더 낮았다.

If you have any [suggest / **suggestions**], please send them to Mr. Handerson.
어떤 제안 사항이든 있으시면, 핸더슨 씨에게 보내 주세요.

We will be closed for [renovate / **renovation**] until the end of the month.
저희가 보수 공사를 위해 이달 말까지 문을 닫을 것입니다.

The new campaign will not begin until we receive [**approval** / approve] from the marketing manager.
새 캠페인은 저희가 마케팅 부장님으로부터 승인을 받은 후에야 시작할 것입니다.

The [intend / **intention**] of the workshop is to enhance employee awareness of workplace safety.
워크숍의 목적은 직장 내 안전에 대한 직원 인식을 높이는 것입니다.

Please report any [expensive / **expenses**] within five days of returning from business travel to ensure reimbursement.
환급을 보장 받으시려면 출장에서 돌아와 5일 내에 어떤 비용이든 보고하시기 바랍니다.

POINT 2 명사의 종류

We have received several [complaint / **complaints**] that the zippers on our new backpacks break easily.
우리는 새 배낭 제품의 지퍼가 쉽게 고장 난다는 다수의 불만 사항을 접수했다.

Ms. Jansen has the reputation of sharing useful [adviser / **advice**] through her daily columns.
얀센 씨는 일일 칼럼을 통해 유용한 조언을 공유하는 것으로 명성을 지니고 있다.

Visitors can obtain a parking [**permit** / permission] at

the reception desk.

방문객들께서는 안내 데스크에서 주차 허가증을 받으실 수 있습니다.

Helix Biofood Inc. has announced that it will introduce new [**products** / production] next month.

헬릭스 바이오푸드 사는 다음 달에 신제품을 소개할 것이라고 발표했다.

[**Participants** / Participation] of the meeting must read the attached agenda before arriving.

회의 참가자들은 반드시 도착하기 전에 첨부된 의제를 읽어 봐야 합니다.

Over 1,000 computer [profession / **professionals**] from around the world will attend the online conference.

전 세계에서 1,000명이 넘는 컴퓨터 전문가들이 온라인 컨퍼런스에 참석할 것입니다.

Mr. O'Connor wants his staff to take more [initiator / **initiative**] in driving projects forward.

오코너 씨는 프로젝트를 진행하는 데 있어 자신의 직원들이 더욱 솔선하기를 원한다.

Those who plan a vacation during the peak season must get [**approval** / approving] from their supervisor.

성수기에 휴가를 계획하시는 분들은 반드시 상사로부터 승인을 받으셔야 합니다.

The Velocity Motors factory recently added new guidelines to its [safe / **safety**] regulations.

벨로시티 모터스 공장은 최근 안전 규정에 새로운 가이드라인을 추가했다.

All job [**applicants** / applications] are required to submit three letters of recommendation along with a résumé.

모든 구직 지원자들께서는 이력서와 함께 추천서 세 부를 제출하셔야 합니다.

REVIEW NOTE

1. 명사 자리 익히기
❶ 명사는 <u>주어</u> 자리에 온다.
❷ 명사는 동사의 <u>목적어</u> 자리에 온다.
❸ 명사는 전치사의 <u>목적어</u> 자리에 온다.

2. 명사 자리 핵심 단서
❶ 관사 a, an + [**가산단수명사** / 가산복수명사 / 불가산명사]
❷ 정관사 the + [가산단수명사 / 가산복수명사 / 불가산명사]
❸ 소유격 + [가산단수명사 / 가산복수명사 / 불가산명사]
❹ 형용사 + [가산단수명사 / 가산복수명사 / 불가산명사]

3. 가산/불가산명사 구분하기
❶ a, an이 앞에 있다면 [**가산명사** / 불가산명사] 이다.
❷ -ing로 끝나는 명사는 대부분 [가산명사 / **불가산명사**] 이다.
· 예외: an <u>opening</u> 빈자리, 공석

4. 가산/불가산명사
❶ a [**researcher** / research]
❷ a [**plan** / planning]
❸ a [**product** / production]
❹ a [**permit** / permission]

기출 PRACTICE

1. (C)	2. (B)	3. (A)	4. (A)	5. (D)
6. (B)	7. (C)	8. (D)	9. (D)	10. (A)
11. (D)	12. (A)	13. (B)	14. (A)	15. (D)

1.
정답 (C)

해석 집에서 재배한 다양한 과일과 채소들뿐만 아니라 수작업으로 제작한 공예품들도 스프링데일 지역 시장에서 구매 가능합니다.

해설 부정관사 A와 전치사 of 사이에 위치한 빈칸은 부정관사의 수식을 받을 명사가 필요한 자리이므로 (C) variety가 정답이다. 참고로, a variety of는 '다양한'을 의미한다.

어휘 **as well as** ~뿐만 아니라 ···도 **craft** 공예(품) **available** 이용 가능한, 구입 가능한 **purchase** 구매(품) **vary** 다양하다, 서로 다르다 **variety** 다양함, 종류, 여러 가지 **various** 다양한

2.
정답 (B)

해석 오노 씨는 모든 문서의 사본이 발표 중에 배부되도록 요청했다.

해설 접속사 that과 that절의 동사 be passed out 사이에 위치한 빈칸은 that절의 주어 역할을 할 명사가 필요한 자리이다. 또

한, 셀 수 있는 명사의 단수형인 copy는 부정관사 a를 동반하거나 복수형으로 쓰여야 하는데, 빈칸 앞에 부정관사가 없으므로 복수형 (B) copies가 정답이다.

어휘 ask that ~하도록 요청하다 pass out ~을 배부하다, ~을 나눠 주다 presentation 발표(회)

3.

정답 (A)

해석 웰링턴 시의 시장은 시에서 한 주요 항공기 제조사의 여러 생산 시설을 유치할 것이라고 발표했다.

해설 명사 aircraft와 어울려 항공기와 관련된 여러 생산 시설을 보유할 수 있는 기업을 나타내는 복합명사를 구성할 또 다른 명사가 빈칸에 쓰여야 알맞으므로 '제조사'를 뜻하는 명사 (A) manufacturer가 정답이다.

어휘 mayor 시장 house v. ~을 수용하다 facility 시설(물) manufacturer 제조사 manufacture ~을 제조하다

4.

정답 (A)

해석 로우자 씨는 환경을 보호하고 회사의 자원을 보존하는 것을 목적으로 하는 재활용 계획을 제안했다.

해설 '재활용'을 뜻하는 recycling은 셀 수 없는 명사이므로 부정관사 a와 어울리려면 셀 수 있는 명사의 단수형이 빈칸에 쓰여 recycling과 복합명사를 구성해야 알맞다. 따라서, 셀 수 있는 명사의 단수형으로서 '계획'을 뜻하는 (A) initiative가 정답이다.

어휘 propose ~을 제안하다 recycling 재활용 aimed at ~을 목표로 하는 conserve ~을 보존하다, ~을 보호하다 resource 자원, 자산, 자료 initiative n. 계획 initiate ~을 시작하다, ~에 착수하다

5.

정답 (D)

해석 드레브노 플로어링 사의 제품은 주거 및 상업적 환경 모두에서 사용되도록 만들어진다.

해설 전치사 for와 in 사이에 위치한 빈칸은 for의 목적어 역할을 할 명사가 필요한 자리이다. 선택지에서 명사는 (A) user와 (D) use인데, 셀 수 있는 명사의 단수형인 (A) user는 부정관사 a와 함께 사용해야 하므로 부정관사 없이 사용 가능한 셀 수 없는 명사 (D) use가 정답이다.

어휘 both A and B: A와 B 모두 residential 주거의 commercial 상업의 setting 환경 useful 유용한

6.

정답 (B)

해석 마리아나 피트니스 센터에는 근육 강화 및 체중 감량 프로그램을 전문으로 하는 공인 트레이너를 위한 여러 공석이 있다.

해설 various는 복수명사(구)를 수식하므로 단수명사 job과 어울리지 않는다. 따라서, job과 복합명사를 구성할 수 있는 복수명사가 빈칸에 들어가야 한다는 것을 알 수 있으므로 (B) openings가 정답이다.

어휘 certified 공인된, 인증된 specialize in ~을 전문으로 하다 opening 공석, 빈자리, 개장, 개업, 개막, 개시

7.

정답 (C)

해석 저희는 저희 취업 박람회에 참가하는 업체들을 통해 최근 졸업생들에게 아주 다양한 고용 기회를 제공하고 있습니다.

해설 형용사 recent의 수식을 받을 명사가 빈칸에 필요하며, 「offer + 사람 + 사물」과 같은 순서로 offer 뒤에 두 개의 명사구 목적어가 이어지는 구조가 되어야 알맞으므로 '졸업생들'을 뜻하는 사람 명사 (C) graduates가 정답이다.

어휘 recent 최근의 a wide range of 아주 다양한 ~ employment 고용, 취업 opportunity 기회 participate in ~에 참가하다 job fair 취업 박람회 graduate v. 졸업하다 n. 졸업생 graduation 졸업(식)

8.

정답 (D)

해석 판프라덥 그래픽 디자인 사는 다양한 그래픽 소프트웨어 프로그램에 대한 숙달을 포함해, 고급 기술 전문 지식을 보유하도록 직원들에게 요구한다.

해설 빈칸은 형용사 advanced와 technical의 수식을 받음과 동시에 to부정사로 쓰인 동사 possess의 목적어 역할을 할 명사 자리이다. 또한, 직원들이 자격 요건의 하나로 보유해야 하는 것을 나타내야 하므로 '전문 지식'을 뜻하는 명사 (D) expertise가 정답이다.

어휘 require A to do: A에게 ~하도록 요구하다 possess ~을 보유하다, ~을 소유하다 advanced 고급의, 진보한, 발전된 including ~을 포함해 proficiency 숙달, 능숙(도) expert n. 전문가 a. 전문가의, 전문적인 expertly 전문적으로, 능숙하게 expertise 전문 지식

9.

정답 (D)

해석 에이스 일렉트로닉스 사의 대표 이사는 지난 한 해 동안에 걸쳐 가장 높은 생산성을 보여 준 영업팀에게 보너스가 주어질 것이라고 발표했다.

해설 최상급 형용사 the highest의 수식을 받을 명사가 빈칸에 필

요하며, the highest와 어울려 '가장 높은'이라는 수준으로 표현할 수 있는 명사가 쓰여야 알맞으므로 '생산성'을 뜻하는 (D) productivity가 정답이다.

어휘 award ~을 주다, ~을 수여하다 demonstrate ~을 보여 주다, ~을 입증하다, ~을 시연하다 productive 생산적인 productivity 생산성

10.

정답 (A)

해석 국제 엔지니어 협회의 대표자들이 몇몇 공학 기술 표준에 대해 제안된 업데이트 사항들을 논의하기 위해 지난주에 온라인상에서 모였다.

해설 동사 met 앞에서 주어 역할을 할 명사가 필요하며, met의 주체로서 모이는 행위를 할 수 있는 사람을 나타낼 명사가 쓰여야 하므로 '대표자들'을 뜻하는 (A) Representatives가 정답이다.

어휘 discuss ~을 논의하다, ~을 이야기하다 propose ~을 제안하다 representative n. 대표(자), 대리인, 직원 representation 대표, 대리, 표현, 묘사 represent ~을 대표하다, ~을 대리하다, ~을 표현하다, ~에 해당하다

11.

정답 (D)

해석 고객 데이터베이스에 대한 접근은 중요 서식의 작성 완료 및 소속 부서장으로부터의 서면 승인을 필요로 합니다.

해설 빈칸 앞에 위치한 형용사 written의 수식을 받을 수 있는 명사가 필요하므로 (D) approval이 정답이다.

어휘 access to ~에 대한 접속, ~에 대한 이용 require ~을 필요로 하다 form 서식 completion 완료, 완수 supervisor 부서장, 책임자, 감독 approve ~을 승인하다, ~에 찬성하다 approval 승인, 찬성

12.

정답 (A)

해석 직무 설명서에 명시된 바와 같이, 장비는 개인적인 용도로 이용되지 말아야 합니다.

해설 빈칸은 형용사 personal의 수식을 받음과 동시에 전치사 for의 목적어 역할을 할 명사 자리이다. 또한, 셀 수 있는 명사의 단수형인 purpose는 부정관사 a와 함께 사용해야 하는데, 빈칸 앞에 부정관사가 없으므로 복수형인 (A) purposes가 정답이다.

어휘 state ~을 명시하다, ~을 말하다 employee handbook 직무 설명서 equipment 장비 purpose 용도, 목적 purposely 의도적으로, 고의로 purposeful 의도적인, 목적이 있는

13.

정답 (B)

해석 2년간의 개발 끝에, 하자랩 더마로스 페이셜 클렌저의 개선된 버전이 현재 시중에 나와 있다.

해설 빈칸은 전치사 of의 목적어 역할을 할 명사 자리이며, 2년이라는 기간과 어울리는 행위 명사가 필요하므로 '개발'을 뜻하는 (B) development가 정답이다.

어휘 improve ~을 개선하다, ~을 향상시키다 on the market 시중에 나와 있는 develop ~을 개발하다, ~을 발전시키다 development 개발, 발전 developer 개발 업체, 개발자

14.

정답 (A)

해석 회사는 소매업계에서의 존재감을 확대하기 위해 향후 6개월에 걸쳐 다섯 곳의 새로운 매장을 열 계획입니다.

해설 빈칸은 형용사 five와 new의 수식을 받음과 동시에 to부정사로 쓰인 타동사 open의 목적어 역할을 할 명사 자리이다. 또한, five와 어울리는 복수명사가 쓰여야 하므로 (A) stores가 정답이다.

어휘 plan to do ~할 계획이다 over (기간) ~에 걸쳐 expand ~을 확대하다, 확장하다 retail 소매(업) presence 존재(감) store v. ~을 보관하다, ~을 저장하다 storage 보관, 저장

15.

정답 (D)

해석 다가오는 세일 행사는 선택된 제품들에 대해 넉넉한 가격 할인을 제공해, 고객들께 훌륭한 가치를 전해 드릴 것입니다.

해설 빈칸 앞에 위치한 명사 price와 어울리는 또 다른 명사가 빈칸에 쓰여 가격의 변동과 관련된 의미를 나타내는 복합명사를 구성해야 알맞으므로 '할인, 감소'를 뜻하는 명사 (D) reduction이 정답이다.

어휘 upcoming 다가오는, 곧 있을 provide ~을 제공하다(= offer) generous 넉넉한, 후한 selected 선택된 value 가치, 값어치 reduce ~을 할인하다, ~을 감소시키다 reduction 할인, 감소

UNIT 03 대명사

POINT 1 인칭대명사는 격이 가장 중요

Ms. Gomez was promoted to director because of [**her** / hers] outstanding management skills.
고메즈 씨는 뛰어난 관리 능력 때문에 이사로 승진되었다.

As a newcomer, Mr. Son meets regularly with [he / **his**] assigned mentor.
신입사원으로서, 손 씨는 배정된 자신의 멘토를 주기적으로 만난다.

Hanul Sportswear is developing [it / **its own**] line of outdoor clothing and gear.
한울 스포츠웨어는 아웃도어 의류 및 장비의 자체 상품군을 개발 중이다.

The new software will enable [your / **you**] to process orders more quickly.
새 소프트웨어는 여러분께서 주문을 더 빨리 처리할 수 있게 해 줄 것입니다.

Please be advised that [**you** / your] must make a reservation at least five days in advance during peak season.
성수기에는 반드시 최소 5일 전에 미리 예약하셔야 한다는 점에 유의하시기 바랍니다.

I heard that [you / **yours**] was damaged while in transit.
귀하의 배송품이 운송 중에 손상되었다고 들었습니다.

Black tea will be the most memorable gift for Mr. Park because it is a favorite refreshment of [**his** / him].
홍차는 박 씨가 좋아하는 음료이기 때문에 그에게 가장 기억에 남는 선물이 될 것이다.

POINT 2 재귀대명사의 용법 종결

All presenters must first introduce [their own / **themselves**] before starting their presentation.
모든 발표자들은 발표를 시작하기 전에 반드시 자신을 먼저 소개해야 합니다.

Our customer service representatives are able to resolve all customer complaints by [them / **themselves**].
저희 고객 서비스 직원들은 모든 고객 불만을 혼자 해결할 수 있습니다.

All lecturers have been asked to operate audiovisual equipment [them / **themselves**].
모든 강사들은 직접 시청각 장비를 조작하도록 요청 받았다.

POINT 3 특수 용법 대명사의 수 일치

We welcome [**anyone** / those] who is on our membership list to the grand opening of our new location.
저희 회원 명단에 올라 있는 분은 누구든 저희 새 지점 개장식에 오시는 것을 환영합니다.

[**Those** / That] interested in attending the seminar are advised to register by this Friday.
세미나에 참석하시는 데 관심 있으신 분들은 이번 주 금요일까지 등록하시기를 권해 드립니다.

We guarantee that our prices are lower than [that / **those**] of our competitors.
저희 가격들이 경쟁사의 것들보다 더 낮다는 점을 보장합니다.

POINT 4 부정대명사의 수 일치

Flight attendants must ensure that [every / **all**] of the passengers are properly seated before takeoff.
승무원은 반드시 이륙 전에 모든 승객이 올바르게 착석한 상태로 있도록 해야 한다.

Our Web site users are recommended to renew their passwords [**every** / most] three months.
저희 웹사이트 이용자들께 3개월마다 비밀번호를 갱신하시도록 권해 드립니다.

Of the two candidates, one will be interviewed on Tuesday by Mr. Schultz, and I will meet [**the other** / themselves] on Friday.
두 명의 지원자 중, 한 명은 화요일에 슐츠 씨께서 면접 보실 것이며, 저는 금요일에 나머지 한 명을 만날 것입니다.

NexaGen Corporation employees can transfer from one department to [**another** / it].
넥사젠 코퍼레이션 직원들은 한 부서에서 다른 부서로 전근할 수 있습니다.

REVIEW NOTE

1. 대명사 자리 익히기
❶ 주격 + 동사
❷ 소유격 + 명사
❸ 타동사 + <u>목적격</u>
❹ 전치사 + <u>목적격</u>
❺ 타동사 + <u>재귀</u>대명사 (주어 = 목적어)
❻ 전치사 + <u>재귀</u>대명사 (주어 = 목적어)
❼ 완전한 문장 + <u>재귀</u>대명사 (강조)

2. 부정대명사 anyone과 지시대명사 those
❶ anyone + <u>who</u> / <u>-ing</u> / <u>p.p.</u> / <u>전치사구</u> + <u>단수동사</u>
❷ those + <u>who</u> / <u>-ing</u> / <u>p.p.</u> / <u>전치사구</u> + <u>복수동사</u>

3. 부정대명사

<u>one</u>	the other	<u>one</u>	the others
하나	나머지 하나	하나	나머지 전체
<u>one</u>	another	some	others
하나	또 다른 하나	일부	나머지 중 일부

기출 PRACTICE

1. (A)	2. (C)	3. (B)	4. (D)	5. (A)
6. (C)	7. (A)	8. (C)	9. (C)	10. (B)
11. (A)	12. (A)	13. (D)	14. (B)	15. (B)

1.
정답 (A)

해석 저희 스탠윅 앤 어소시에이츠에서는, 저희 고객들 각각이 개인 맞춤 재무 관리 계획을 제공 받습니다.

해설 빈칸 뒤에 위치한 of 전치사구의 수식을 받을 수 있으면서 단수동사 is given과 수 일치되는 단수대명사가 빈칸에 쓰여 주어 역할을 해야 하므로 (A) each가 정답이다. (B) all과 (C) some은 「of + 복수명사(구)」의 수식을 받을 때 복수대명사 취급하며, (D) every는 형용사이다.

어휘 personalized 개인에게 맞춰진, 개인화된 financial 재무의, 재정의, 금융의

2.
정답 (C)

해석 우리가 요청한 두 가지 기업 대출 건 중에서, 한 가지는 미비한 서류로 인해 거절되었으며, 나머지 하나는 결정을 기다리고 있습니다.

해설 of 전치사구에 제시된 두 가지 특정 대상 중에서, 하나를 대명사 one으로 지칭한 다음, 나머지 하나를 지칭할 때 사용하는 대명사 (C) the other가 정답이다. (A) other는 형용사이며, '서로'를 뜻하는 (B) each other는 동사나 전치사의 목적어로만 쓰인다. (D) another는 같은 종류의 불특정한 또 다른 하나를 가리킬 때 사용한다.

어휘 loan 대출, 융자 request ~을 요청하다 reject ~을 거절하다, ~을 거부하다 due to ~로 인해, ~ 때문에 incomplete 미비한, 불완전한 documentation 서류(화), 문서(화) await ~을 기다리다

3.
정답 (B)

해석 어젯밤에, 우리 웹사이트상의 오작동으로 인해, 우리 고객들 중 많은 분들께서 우리가 약속한 무료 선물 세트를 받으실 수 없었습니다.

해설 빈칸 뒤에 위치한 of 전치사구의 수식을 받을 수 있는 대명사가 필요하며, 복수동사 were와 수 일치되는 복수대명사가 빈칸에 쓰여 주어 역할을 해야 하므로 (B) many가 정답이다. 나머지 선택지의 대명사들은 모두 단수이다.

어휘 due to ~로 인해, ~ 때문에 malfunction 오작동, 기능 불량 be able to do ~할 수 있다 free 무료의 promise ~을 약속하다

4.
정답 (D)

해석 모든 신입 직원들은 회사의 규칙 및 규정을 숙지해야 합니다.

해설 동사 familiarize의 목적어 역할을 할 대명사가 필요한데, 그 대상이 주어 All new employees와 동일한 사람들, 즉 신입 직원들 자신을 가리키므로 재귀대명사 (D) themselves가 정답이다. 참고로, 「familiarize oneself with」는 '~을 숙지하다, ~에 익숙해지다'를 뜻하는 하나의 표현으로 기억해 두는 것이 좋다.

어휘 familiarize oneself with ~을 숙지하다, ~에 익숙해지다 regulation 규정, 규제

5.
정답 (A)

해석 페이지 씨와 톰슨 씨가 마침내 케일록 시스템즈 사와의 합병 계약을 따냈기 때문에, 그분들은 급여 인상을 요구할 자격이 있습니다.

해설 접속사 Since가 이끄는 절이 끝나는 콤마 뒤에 빈칸과 동사 deserve가 쓰여 있어 동사 deserve 앞에 위치한 빈칸이 주절의 주어 자리임을 알 수 있으므로 주격대명사 (A) they가 정답이다.

어휘 win (계약, 상 등) ~을 따내다, ~을 타다, ~을 받다 merger 합병, 통합 deal 계약, 거래 deserve to do ~할 자격이 있다, ~하는 것이 마땅하다 request ~을 요구하다, ~을 요청하다 raise n. (급여, 가격 등의) 인상, 상승

6.

정답 (C)

해석 포셋 운영부장님께서는 직접 매달 팀에 할당되는 업무를 만들어 내고 싶어 하신다.

해설 주어와 동사(create) 뒤로 명사구 목적어(the monthly work assignments)와 for 전치사구가 쓰여 있어 이미 문장의 구조가 완전한 상태이므로 빈칸에 부가적인 역할을 하는 단어가 쓰여야 한다. 따라서, 부가적인 요소인 부사처럼 쓰일 수 있는 재귀대명사 (C) herself가 정답이다.

어휘 operation 운영, 가동, 영업 would rather do ~하고 싶다 create ~을 만들어 내다 monthly 매달의, 월간의 assignment 할당(되는 것), 배정(되는 것) oneself (부사처럼 쓰여) 직접 one's own 자신만의, 자신만의 것

7.

정답 (A)

해석 회사 자원을 더 잘 감시하기 위해, 사무용품이 필요한 분은 누구든 직접 비품실을 방문해 방문 일지에 성명을 기재해야 합니다.

해설 관계대명사 who가 이끄는 절의 수식을 받을 수 있는 대명사는 (A) anyone과 (B) those이며, who절에 쓰인 동사 needs가 단수 선행사와 수 일치되는 형태이므로 단수대명사인 (A) anyone이 정답이다. (B) those는 '~하는 사람들'을 뜻하는 복수대명사이다.

어휘 monitor v. ~을 관찰하다, ~을 감시하다 resource 자원, 자산, 자료 supplies 용품, 물품 in person 직접 (가서) log 일지, 기록지 those (수식어구와 함께) ~하는 사람들

8.

정답 (C)

해석 편집장으로서, 롤즈 씨는 마감 기한을 충족하기 위해 혼자 모든 기사를 편집하면서 밤샘 근무를 해야 했다.

해설 빈칸 앞에 위치한 전치사 by와 어울리는 대명사로서 '혼자, 스스로'라는 의미를 나타낼 때 사용하는 재귀대명사 (C) himself가 정답이다.

어휘 chief editor 편집장 work overnight 밤샘 근무를 하다 edit ~을 편집하다 meet (요구, 조건 등) ~을 충족하다 deadline 마감 기한 by oneself 혼자, 스스로 one's own 자신만의, 자신만의 것

9.

정답 (C)

해석 새 음악 카페가 시내에 문을 여는데, 기존에 있는 것이 현재 우위를 점하고 있는 호황인 상업 지구와 가깝다.

해설 빈칸 앞에 위치한 정관사 the와 형용사 existing의 수식을 받을 수 있는 대명사 (C) one이 정답이다. one은 앞서 언급된 셀 수 있는 명사와 동일한 종류의 불특정한 하나를 가리킬 때 사용하며 관사나 형용사, 분사의 수식을 받을 수 있다.

어휘 downtown 시내에, 시내로 close to ~와 가까운 booming 인기 있는, 경기가 좋은, 급속히 발전하는 district 지구, 지역 existing 기존의 currently 현재 dominate 우위를 점하다, 지배하다

10.

정답 (B)

해석 최근의 고객 평가 행사에서, 어떤 사람들은 적극적으로 우리 제품을 홍보해 준 반면, 다른 이들은 단순히 큰 관심을 보이지 않았다.

해설 일정 범위 내에 속한 불특정한 일부를 지칭하는 some과 어울리는 대명사가 필요하므로, 그 외의 불특정한 또 다른 일부를 지칭할 때 사용하는 대명사 (B) others가 정답이다.

어휘 recent 최근의 review 평가, 후기 actively 적극적으로 promote ~을 홍보하다, ~을 촉진하다, ~을 승진시키다 interest 관심(사), 이익, 이자

11.

정답 (A)

해석 달튼 홈 인테리어 사는 소규모 아파트에 거주하는 사람들을 위해 디자인된 아주 다양한 가구를 보유하고 있다.

해설 빈칸 뒤에 위치한 관계대명사 who가 이끄는 절의 수식을 받을 수 있는 대명사로서 '~하는 사람들'이라는 의미를 나타낼 때 사용하는 (A) those가 정답이다.

어휘 a large selection of 아주 다양한 reside in ~에 거주하다 condominium 아파트

12.

정답 (A)

해석 저희 최신 소프트웨어는 이용자들께서 손쉽게 하나의 장치에서 또 다른 하나로 데이터를 전송하실 수 있게 해 드립니다.

해설 불특정한 하나를 지칭하는 one과 어울리는 대명사로서 동일한 종류의 불특정한 또 다른 하나를 지칭할 때 사용하는 (A) another가 정답이다. '서로'를 뜻하는 (B) each other는 동사나 전치사의 목적어로만 사용하며, (C) other는 형용사이다.

어휘 A allow B to do: A가 B에게 ~할 수 있게 해 주다, A로 인해 B가 ~할 수 있다 transfer ~을 전송하다, ~을 옮기다 device 장치, 기기

13.

정답 (D)

해석 저희는 전에 시에 두 곳의 고객 서비스 센터를 운영했는데, 하나는 파크 애비뉴에, 나머지 하나는 시카고 서쪽에 위치해 있었습니다.

해설 앞서 제시된 두 가지 특정 대상 중에서, 하나를 대명사 one 으로 지칭한 다음, 나머지 하나를 지칭할 때 사용하는 대명사 (D) the other가 정답이다. (A) other는 형용사이며, '서로' 를 뜻하는 (B) one another는 동사나 전치사의 목적어로만 쓰인다. (C) the others는 일정 범위 내의 하나 또는 일부를 제외한 나머지 모두를 가리킬 때 사용한다.

어휘 used to do 전에 ~했다, ~하곤 했다 operate ~을 운영하다, ~을 가동하다 located on ~에 위치한

14.

정답 (B)

해석 자신만의 선호 대상을 선택하는 대신, 샹 씨는 대다수가 찬성한 디자인을 승인했다.

해설 동명사 selecting과 명사 목적어 preference 사이에 위치한 빈칸은 명사를 수식할 단어가 필요한 자리이므로 '자신만의' 라는 의미로 명사를 수식할 때 사용하는 (B) her own이 정답이다.

어휘 instead of ~ 대신, ~가 아니라 insist ~을 고집하다, ~을 주장하다 preference 선호(하는 것) approve ~을 승인하다 favor v. ~에 찬성하다, ~에 유리하다, ~의 편에 서다 the majority 대다수, 대부분 one's own 자신만의, 자신만의 것

15.

정답 (B)

해석 발표자들이 연설하는 동안 발표회의 모든 참석자들은 서로 이야기 나누시지 않도록 하십시오.

해설 동사 speak와 함께 사용하는 전치사 with의 목적어는 이야기를 나누는 대상을 가리키는데, 이 문장에서는 참석자들끼리 이야기하지 않도록 요청하는 의미를 나타내야 알맞다. 따라서, '서로'라는 의미로 동사나 전치사의 목적어로 쓰이는 대명사 (B) one another가 정답이다.

어휘 attendee 참석자 presentation 발표(회) be recommended (not) to do ~하도록(~하지 않도록) 권장되다 presenter 발표자 give a speech 연설하다

UNIT 04 동사의 시제

POINT 1 시제는 "시간 표현"이 결정적 단서

Currently, Momentum Mediaworks [accepted / **is accepting**] applicants for its summer internship program.
현재, 모멘텀 미디어웍스는 여름 인턴십 프로그램 지원자를 받고 있다.

Due to the similarity of their names, Ramsey's Restaurant is [usual / **often**] mistaken for Linsey's Café across the street.
명칭의 유사함으로 인해, 램지스 레스토랑은 흔히 길 건너편에 있는 린지스 카페로 오해 받는다.

The managers of the Lipton Group [have met / **meet**] on Mondays to coordinate strategies for the upcoming week.
립튼 그룹의 관리자들은 다가오는 주에 대한 전략을 조정하기 위해 월요일마다 모인다.

Last year, the technology sector in Asia [**witnessed** / has witnessed] unprecedented growth.
작년에, 아시아 지역의 기술 부문이 전례 없는 성장을 보였다.

Mr. Meyers is replacing Ms. Simons, who [**retired** / is retiring] as Operations Officer a month ago.
마이어스 씨가 한 달 전에 운영 이사로서 은퇴한 사이먼 씨의 후임자가 된다.

NextTech Solutions [has held / **will hold**] its shareholders meeting at the company headquarters next month.
넥스트테크 솔루션즈는 다음 달에 회사 본사에서 주주 총회를 개최할 것이다.

Sun Electronics has been working tirelessly on the final touches for its new line of tablet PCs and will [**soon** / recently] release them to the public.
썬 일렉트로닉스는 새로운 태블릿 PC 라인의 최종 마무리를 위해 끊임없이 노력해 오고 있으며, 곧 일반인들을 대상으로 출시할 것이다.

Tomorrow's presentation [would be provided / **will be provided**] for all staff interested in early retirement.

내일 있을 발표는 조기 은퇴에 관심 있는 모든 직원들을 대상으로 제공될 것이다.

So far, the project [**has received** / was receiving] bids from three construction firms, each proposing a competitive price.

지금까지, 그 프로젝트는 세 곳의 건설 회사로부터 입찰을 받았으며, 각각 경쟁력 있는 가격을 제안했다.

Our refund process has changed [**since** / once] last month's policy update from headquarters.

저희 환불 과정이 지난달에 있었던 본사의 정책 업데이트 이후로 변경되었습니다.

The population of the city [**has grown** / will grow] by 15 percent over the last decade.

시의 인구가 지난 10년 동안 15% 증가해 왔다.

By the time the IT technicians discovered the malfunction in the Web server, a significant amount of data [are leaked / **had been leaked**].

IT 기술자들이 웹 서버 내에서 오작동을 발견했을 때쯤, 상당량의 데이터가 유출된 상태였다.

Mr. Walsh [has served / **will have served**] in the company for thirty years by the time he retires next month.

월시 씨가 다음 달에 은퇴할 때쯤이면 회사에서 근무한지 30년이 될 것이다.

POINT 2 시험에 나오는 시제 일치

Once the new ordering system [**is installed** / will be installed], operations will become more streamlined, reducing processing time.

일단 새로운 주문 시스템이 설치되면, 운영이 더 간소화되어, 처리 시간을 줄여 줄 것이다.

We will send you a receipt via e-mail as soon as your payment [**has been received** / will have been received].

귀하의 결제 금액이 수납되자마자 이메일을 통해 영수증을 보내 드리겠습니다.

The new CEO [stresses / **had stressed**] the need for improved workplace safety long before the government inspectors visited the facilities.

신임 대표 이사는 정부 조사관들이 시설을 방문하기 훨씬 전에 업무 공간 안전 개선의 필요성을 강조하였습니다.

Mr. Min suggested that all staff [attended / **attend**] the weekly meeting.

민 씨는 모든 직원들이 주간 회의에 참석해야 한다고 제안했다.

Mr. Anderson has recommended that we [**postpone** / postponed] the grand opening of the community center until next month.

앤더슨 씨는 우리가 커뮤니티 센터 오픈을 다음 달로 미루도록 권했다.

REVIEW NOTE

1. 시제 구분하기

❶ recently 과거시제 / **현재완료시제**
❷ last week **과거시제**
❸ usually **현재시제**
❹ currently 현재시제 / **현재진행시제**
❺ Before 주어 + 과거시제, 주어 + **과거시제** / 과거완료시제
❻ shortly **미래시제**
❼ for the last 5 years **현재완료시제**
❽ By the time 주어+ 과거시제, 주어+ **과거완료시제**
❾ By the time 주어 + 현재시제, 주어 + **미래완료시제**
❿ 시간/조건 접속사 + **현재시제**, 명령문 또는 미래시제

기출 PRACTICE

1. (A)	2. (D)	3. (B)	4. (A)	5. (A)
6. (A)	7. (A)	8. (C)	9. (D)	10. (A)
11. (D)	12. (B)	13. (D)	14. (D)	15. (D)

1.

정답 (A)

해석 현재, 에코웨어 사는 다음 달에 퇴직할 예정인 영업 이사의 후임자가 될 유능한 사람을 찾고 있다.

해설 주어 EcoWear Inc.와 빈칸 뒤로 명사구와 to부정사구, who가 이끄는 관계대명사절만 쓰여 있으므로 빈칸이 주절의 동사 자리임을 알 수 있다. 또한, '현재'를 뜻하는 부사로서 문장 시작 부분에 위치한 Currently는 현재 일시적으로 진행 중인 일을 나타내는 현재진행시제 동사와 어울리므로 (A) is seeking 이 정답이다.

어휘 currently 현재 competent 유능한 individual n. 사람,

개인 **replace** ~의 후임자가 되다, ~을 대체하다 **retire** 은퇴하다 **seek** ~을 찾다, ~을 구하다

2.

정답 (D)

해석 애트먼 씨가 6월에 휴가 중인 동안, 샤미르 씨가 우리 두바이 판매 업체와의 계약 협상을 맡을 것이다.

해설 While절에 in June 같은 기간 표현과 함께 현재시제 동사(is) 가 쓰이면, 주절에는 미래에 일시적으로 진행될 일을 나타내는 미래진행시제 동사를 함께 사용하므로 (D) will be taking이 정답이다.

어휘 **while** ~하는 동안, ~인 반면 **on vacation** 휴가 중인 **contract** 계약(서) **negotiation** 협상, 협의 **vendor** 판매 업체 **take over** ~을 맡다, ~을 넘겨 받다

3.

정답 (B)

해석 지난 15년 동안, 매틀록 주식회사는 전국 최고의 장난감 제조 사 다섯 곳 중 하나로 순위에 올랐다.

해설 For 전치사구 뒤로 주어와 빈칸, 그리고 among 전치사구만 쓰여 있어 빈칸이 문장의 동사 자리임을 알 수 있다. 또한, For the last fifteen years처럼 for가 이끄는 기간 전치사구는 현 재완료시제 동사와 어울려 쓰이므로 (B) has been ranked 가 정답이다.

어휘 **among** ~ 중에서, ~ 사이에서 **manufacturer** 제조사 **rank** ~의 순위를 정하다, ~의 등급을 매기다, ~을 평가하다

4.

정답 (A)

해석 블레이즈 테크놀로지 사가 새로운 게임의 출시를 발표할 때쯤 이면, 소프트웨어 엔지니어들이 나머지 버그 대부분을 바로잡 았을 것이다.

해설 By the time이 이끄는 절에 announces처럼 현재시제 동사 가 쓰이면, 주절에 미래완료시제 동사를 함께 사용하므로 (A) will have fixed가 정답이다. 참고로, By the time이 이끄는 절에 과거시제 동사가 쓰이면, 주절에 과거완료시제 동사를 함께 사용한다.

어휘 **by the time** ~할 때쯤이면 **launch** 출시, 공개, 시작 **remaining** 나머지의, 남아 있는 **fix** ~을 바로잡다, ~을 고치다

5.

정답 (A)

해석 귀하의 개인 정보를 변경하시고자 하는 경우, 해당 항목에 비 밀 번호를 입력하시기 바랍니다.

해설 주절이 please enter처럼 「please + 동사원형」으로 시작하

는 명령문 구조일 때, 조건을 나타내는 If절에 현재시제 동사를 함께 사용하므로 주어 you와 어울리는 현재형인 (A) wish가 정답이다.

어휘 **appropriate** 해당하는, 적절한 **field** (데이터 저장 등을 위한) 항목, 영역

6.

정답 (A)

해석 일단 클로이 씨께서 귀하의 제안서를 승인하시는 대로, 저희가 잠재적인 수익 및 위험 요소들을 고려해, 철저한 조사를 실시 할 것입니다.

해설 주절에 will conduct처럼 미래시제 동사가 쓰이면, 접속 사 Once가 이끄는 절에 현재시제 동사를 함께 사용하므 로 3인칭 단수 주어 Ms. Cloy와 수 일치되는 현재형인 (A) approves가 정답이다.

어휘 **once** 일단 ~하는 대로, ~하자마자 **proposal** 제안(서) **conduct** ~을 실시하다 **thorough** 철저한, 꼼꼼한 **investigation** 조사 **considering** ~을 고려해, ~을 감안해 **potential** 잠재적인 **profit** 수익, 수입 **risk** 위험 (요소) **approve** ~을 승인하다

7.

정답 (A)

해석 라지브 에너지 주식회사의 대표 이사는 주주들에게 회사의 가 장 큰 경쟁 업체를 대상으로 하는 합병 계획을 지지하도록 요 청했다.

해설 빈칸이 속한 that절에 주어 its shareholders와 빈칸 뒤로 명 사구와 with 전치사구만 쓰여 있으므로 빈칸이 that절의 동사 자리임을 알 수 있다. 또한, request처럼 주장/요구/명령/제 안 등을 나타내는 동사의 목적어 역할을 하는 that절에는 주 어와 상관없이 동사원형만 사용하므로 (A) support가 정답이 다.

어휘 **request that** ~하도록 요청하다 **shareholder** 주주 **merger** 합병, 통합 **support** ~을 지지하다, ~을 지원하다, ~을 지탱하다

8.

정답 (C)

해석 데릭 씨가 마케팅 팀에 합류한 이후로 줄곧, 콜먼 씨는 훌륭한 성과에 대해 그 팀을 칭찬해 오고 있다.

해설 접속사 since가 이끄는 절이 '~한 이후로'를 뜻하는 「since + 주어 + 과거시제 동사」일 때, 주절에 현재완료시제 또는 현 재완료진행시제로 된 동사를 함께 사용한다. 또한, 빈칸 뒤에 위치한 명사구 the team을 목적어로 취할 수 있는 능동태여 야 하므로 능동태 현재완료진행시제를 구성하는 (C) been praising이 정답이다.

어휘 **ever since** ~한 이후로 줄곧 **join** ~에 합류하다, ~와 함께

하다 performance 성과, 실적, 수행 능력, 공연 praise A for B: B에 대해 A를 칭찬하다

9.
정답 (D)

해석 뉴로 엔지니어링 연구소는 제품이 연례 IT 컨퍼런스에서 선보여질 때쯤이면 그 시제품 로봇의 모든 전기 배선을 완료했을 것이다.

해설 by the time이 이끄는 절에 is showcased처럼 현재시제 동사가 쓰이면, 주절에 미래완료시제 동사를 함께 사용하므로 (D) will have finished가 정답이다. 참고로, by the time이 이끄는 절에 과거시제 동사가 쓰이면, 주절에 과거완료시제 동사를 함께 사용한다.

어휘 wiring 배선 prototype 시제품, 원형 by the time ~할 때쯤이면 showcase ~을 선보이다 annual 연례적인, 해마다의

10.
정답 (A)

해석 설문 조사 결과를 입증하기 위해, 리우 박사는 후속 조사가 두 번째 포커스 그룹과 실시되도록 권했다.

해설 recommend처럼 주장/요구/명령/제안 등을 나타내는 동사의 목적어 역할을 하는 that절에는 주어와 상관없이 동사원형만 사용하므로 (A) be conducted가 정답이다.

어휘 validate ~을 입증하다, ~을 확증하다 survey 설문 조사(지) result 결과(물) recommend that ~하도록 권하다 follow-up 후속 조치의 focus group 포커스 그룹(연구 또는 시장 조사 등에 참여시키기 위해 구성한 사람들) conduct ~을 실시하다, ~을 수행하다

11.
정답 (D)

해석 AI 기술의 도입 이후로, 고객 서비스부는 지난 한 해에 걸쳐 불만 사항 수치의 급격한 감소를 체험했다.

해설 '~ 이후로'를 뜻하는 Since 전치사구는 현재완료시제 또는 현재완료진행시제로 된 동사와 함께 사용하므로 현재완료시제 동사의 형태인 (D) has witnessed가 정답이다.

어휘 since ~ 이후로 introduction 도입, 소개 dramatic 급격한, 극적인 decrease in ~의 감소, ~의 하락 complaint 불만, 불평 witness ~이 나타나다, ~을 목격하다

12.
정답 (B)

해석 오사다 씨는 영업 회의를 위해 출발하기 전에 전화로 사전 협의를 완료할 것이다.

해설 접속사 before 뒤로 주어와 빈칸, 그리고 for 전치사구만 쓰여 있으므로 빈칸이 before절의 동사 자리임을 알 수 있다. 또한, 주절의 동사가 will complete처럼 미래시제일 때, 접속사 before가 이끄는 절에 현재시제로 된 동사를 함께 사용하므로 (B) leaves가 정답이다.

어휘 complete ~을 완료하다 preliminary 사전의, 예비의 negotiation 협상, 협의 sales 영업, 판매(량), 매출 leave 출발하다, 떠나다

13.
정답 (D)

해석 실비아 조 씨는 지난주에 프리오 카운티 동물 병원에서 교육을 이수했으며, 그 병원에서 수의 전문기사로서의 근무를 곧 시작할 것이다.

해설 미래시제 동사 will begin 사이에 위치한 빈칸은 미래 시점과 관련된 부사가 필요한 자리이므로 '곧, 머지않아'를 뜻하는 미래 시점 부사 (D) soon이 정답이다.

어휘 complete ~을 이수하다, ~을 완료하다 training 교육, 훈련 veterinary 수의과의, 동물 치료와 관련된 technician 전문기사

14.
정답 (D)

해석 닉스 아이스크림 매장의 판매량이 다양한 냉동 요거트 제품의 도입 이후로 급격히 증가해 왔다.

해설 빈칸 뒤에 명사구가 위치해 있으므로 이 명사구를 목적어로 취할 전치사가 필요하며, 현재완료시제 동사 have increased와 어울리는 과거의 시작점을 나타낼 전치사가 쓰여야 알맞으므로 '~ 이후로'를 뜻하는 (D) since가 정답이다. (C) while은 접속사이다.

어휘 increase 증가하다, 늘어나다 sharply 급격히 introduction 도입, 소개 above (위치) ~보다 위에, ~ 위쪽으로, (수량 등) ~을 넘는 except ~을 제외하고 while ~하는 동안, ~인 반면

15.
정답 (D)

해석 존슨 씨가 선임 컨설턴트로 우리 회사에 입사했을 때쯤, 업계에서 10년 동안 일해 온 경력이 있었다.

해설 By the time이 이끄는 절에 joined처럼 과거시제 동사가 쓰이면, 주절에 과거완료시제 동사를 함께 사용하므로 (D) had served가 정답이다. 참고로, by the time이 이끄는 절에 현재시제 동사가 쓰이면, 주절에 미래완료시제 동사를 함께 사용한다.

어휘 join ~에 합류하다 firm 회사 industry 업계 serve 근무하다

UNIT 05 동사의 태

POINT 1 3형식 타동사의 태

When you [**receive** / are received] the contract,
please read it very carefully before signing it.
계약서를 받으시면, 서명하시기 전에 매우 주의 깊게 읽어 보시기
바랍니다.

Before attending the meeting, please review the sales
report that [was distributing / **was distributed**] last
week.
회의에 참석하시기 전에, 지난주에 배부된 판매 보고서를 검토하시
기 바랍니다.

Tickets for concerts at Harmony Crest Hall can only
[purchase / **be purchased**] at the box office.
하모니 크레스트 홀에서 열리는 콘서트 티켓은 오직 매표소에서만
구매될 수 있다.

All the library books must [**be returned** / return] by
the designated date.
모든 도서관 책은 반드시 지정된 날짜까지 반납되어야 합니다.

The Middleton Community Center [**has hired** / was
hired] several certified instructors to lead recreational
classes.
미들턴 커뮤니티 센터는 레크레이션 강좌를 진행할 여러 공인 강사
를 고용했다.

The brochures for new employees [have placed /
have been placed] at the entrance to the orientation
room.
신입사원들을 위한 안내 책자가 오리엔테이션 룸 입구에 배치되어
있다.

Mr. McVain [has employed / **has been employed**] at
Worley Industries for more than 15 years.
맥베인 씨는 월리 인더스트리에서 15년 넘게 고용되어 왔다.

Please [have advised / **be advised**] that early
registration is encouraged due to limited space.
제한된 공간으로 인해 조기 등록이 권장된다는 점에 유의하시기 바
랍니다.

POINT 2 4형식 동사의 수동태

Only guests with a visitor pass [**are given** / give]
access to the laboratory.
방문자 출입증이 있는 손님만 실험실 출입 권한이 주어집니다.

Anyone who registers by Friday will be granted [to
admit / **admission**] to the seminar.
금요일까지 등록하시는 분은 누구든 세미나 입장이 허용됩니다.

A notification [has sent / **will be sent**] to you once the
item is back in stock.
해당 제품이 재입고되는 대로 귀하께 알림 메시지가 발송될 것입니
다.

POINT 3 5형식 동사의 수동태

Please make sure that all personal belongings are
kept [**secure** / security] in a locker.
반드시 모든 개인 소지품이 사물함에 안전하게 보관되도록 해 주시
기 바랍니다.

Mr. Leeds has [considered / **been considered**] a
leading expert in marine biology.
리즈 씨는 해양 생물학 분야에서 선도적인 전문가로 여겨져 왔습니
다.

Customers [will encourage / **are encouraged**]
to change their passwords periodically to ensure
security.
고객들께서는 보안을 보장하시려면 주기적으로 비밀번호를 변경하
시도록 권장됩니다.

Once the new factory has been renovated,
productivity is expected [**to increase** / increase] by
20 percent.
새로 매입한 공장이 개조되는 대로, 생산성이 20% 증가할 것으로
예상된다.

POINT 4 「(be) p.p. + 전치사」 숙어로 암기

A recent survey shows that most of our customers [is
satisfying / **are satisfied**] with the quality of our new
service.

최근의 설문 조사에 따르면 대부분의 고객이 우리의 새로운 서비스 품질에 만족하고 있는 것으로 나타난다.

Those who are [skilled / **interested**] in renewing their membership at a lower price should contact Mr. Min.
더 저렴한 가격에 회원 자격을 갱신하시는 데 관심 있는 분들은 민 씨에게 연락하셔야 합니다.

REVIEW NOTE

1. 목적어 구분
❶ a lot of information **O**
❷ in the room **X**
❸ Mr. Kim **O**
❹ to Mr. Kim **X**
❺ that 주어 + 동사 **O**
❻ every Monday **X**
❼ the new manager **O**
❽ over the last five years **X**

2. 동사 형식에 따른 능/수동태
❶ 1형식/2형식 동사: 무조건 **능동태**만 가능!
❷ 3형식 동사: **능동**태 + 목적어
　　　　　　　수동태 + 전치사 + 명사
❸ 4형식 동사: 사람주어 + **수동**태 + 직접목적어
　　　　　　　사물주어 + **수동**태 + to 간접목적어
❹ 5형식 동사 be kept/considered + **형용사** 목적보어
❺ 5형식 동사 be considered/named/elected + **명사** 목적보어
❻ 5형식 동사 be encouraged/advised/asked/permitted + **to부정사** 목적보어

3. 수동태 숙어
❶ (be) concerned about ~에 대해 걱정하다
❷ (be) equipped with ~이 갖춰져 있다
❸ (be) based in/on ~을 바탕으로 하다
❹ (be) accustomed to ~에 익숙하다
❺ (be) known as ~라고 알려지다 (이름)
❻ (be) interested in ~에 관심이 있다
❼ (be) located at/in/on ~에 위치하다
❽ (be) satisfied with ~에 만족하다

기출 PRACTICE

1. (B)	2. (B)	3. (D)	4. (B)	5. (A)
6. (A)	7. (D)	8. (A)	9. (C)	10. (D)
11. (A)	12. (B)	13. (D)	14. (B)	15. (C)

1.
정답 (B)
해석 해외 여행객들에 대한 새로운 규제로 인해, 특정 유형의 식물은 허가증 없이 대부분의 국가로 가져 갈 수 없다.
해설 조동사 cannot 다음은 동사원형이 필요한 자리이며, 빈칸 뒤에 목적어 없이 전치사 into가 이어져 있어 목적어가 필요한 타동사 bring이 수동태로 쓰여야 하므로 (B) be brought가 정답이다.
어휘 due to ~로 인해, ~ 때문에 restriction 규제, 규정 certain 특정한, 일정한 permit 허가증

2.
정답 (B)
해석 만기일까지 물품을 반납하시지 못하는 도서관 고객들께서는 연체료를 부과 받으실 것입니다.
해설 동사 charge는 「charge + 사람 + 요금」의 구조로 쓰여 '~에게 …을 부과하다'라는 의미를 나타낸다. 따라서, 주어 Library patrons가 요금을 부과 받는 대상이 될 수 있도록 charge가 수동태로 쓰여야 알맞으므로 선택지에서 유일한 수동태인 (B) will be charged가 정답이다.
어휘 patron 고객, 손님 fail to do ~하지 못하다 return ~을 반납하다, ~을 반품하다 by (기한) ~까지 due ~가 기한인, ~로 예정된 late fee 연체료 charge A B: A에게 B를 부과하다, A에게 B를 청구하다

3.
정답 (D)
해석 다음 주 월요일부터, 오가닉 오아시스는 황금 시간대에 고객들을 더 잘 수용하기 위해 영업 시간을 연장할 것이다.
해설 문장 시작 부분에 쓰인 미래 시점 표현 Starting next Monday와 어울리는 미래 시제 동사가 필요하며, 빈칸 뒤에 위치한 명사구 its business hours를 목적어로 취할 수 있는 능동태여야 하므로 능동태 미래진행시제 동사인 (D) will be extending이 정답이다.
어휘 accommodate ~을 수용하다 peak time 황금 시간대, 가장 바쁜 시간대

4.
정답 (B)
해석 라이언 씨는 햄튼 일렉트로닉스 사와의 합병 계약에 대한 뛰어난 공헌으로 인해 이달의 직원으로 지명되었다.

해설 동사 name은 「name + 사람 + 명칭」의 구조로 쓰여 '~를 ⋯로 지명하다' 등의 의미를 나타낸다. 따라서, 주어 Mr. Ryan이 이달의 직원으로 지명된 대상임을 의미할 수 있도록 name이 수동태로 쓰여야 알맞으므로 has와 함께 수동태 현재완료시제 동사를 구성하는 (B) been named가 정답이다.

어휘 exceptional 뛰어난, 이례적인 contribution 공헌, 기여 merger 합병, 통합 deal 계약, 거래 name A B: A를 B로 지명하다, A를 B로 임명하다, A의 이름을 B라고 짓다

5.

정답 (A)

해석 직원들께서는 지하 주차 공간의 개조 공사 중에 임시 주차 허가증을 제공 받으실 것입니다.

해설 동사 provide는 「provide + 사람 + with + 사물」의 능동태 구조로 쓰여 '~에게 ⋯을 제공하다'를 의미하거나, 사람이 주어일 때 「be provided with」의 수동태 구조로 쓰여 '~을 제공 받다'라는 뜻을 나타내므로 (A) with가 정답이다.

어휘 temporary 임시의, 일시적인 parking 주차 permit 허가증 renovation 개조, 보수 basement 지하(실)

6.

정답 (A)

해석 모든 저희 노트북 컴퓨터는 최신 도난 방지 잠금 시스템을 갖추고 있습니다.

해설 동사 equip은 「equip + 사람/사물 + with + 사물」의 능동태 구조로 쓰여 '~에게 ⋯을 갖춰 주다'를 의미하거나, 「be equipped with」의 수동태 구조로 쓰여 '~을 갖추고 있다'라는 뜻을 나타내므로 (A) equipped가 정답이다.

어휘 state-of-the-art 최신의, 최첨단의 anti-theft 도난 방지의 locking 잠금 equipment 장비

7.

정답 (D)

해석 회사 전체적인 자선 운동에 기여하기를 바라는 사람은 누구든 편할 때 돈 또는 물품 중 하나를 기부하도록 요청 받는다.

해설 빈칸 앞뒤에 각각 위치한 be동사 is 및 to부정사와 어울리는 과거분사가 필요하며, '~을 기부하도록 요청 받는다'와 같은 의미를 구성해야 가장 자연스러우므로 '~하도록 요청 받다'를 뜻하는 「be invited to do」를 구성하는 (D) invited가 정답이다.

어휘 contribute to ~에 기여하다, ~에 공헌하다 companywide 회사 전체적인 charity 자선 (활동), 자선 단체 drive (조직적인) 운동 donate ~을 기부하다 either A or B: A 또는 B 둘 중의 하나 at one's convenience ~가 편할 때 be considered to do ~하는 것으로 여겨지다 expand ~을 확장하다, ~을 확대하다

8.

정답 (A)

해석 콤코 주식회사는 작년에 선라이즈 엔터프라이즈 사를 인수했을 때 가장 규모가 큰 컴퓨터 부품 공급 업체가 되었으며, 시카고에서 설립된 후 10년 만이었다.

해설 빈칸 뒤에 목적어 없이 전치사 in이 이어져 있어 목적어가 필요한 타동사 found가 수동태로 쓰여야 하므로 선택지에서 유일하게 수동태 동사의 형태인 (A) was founded가 정답이다.

어휘 supplier 공급 업체, 공급 업자 part 부품 acquire ~을 인수하다, ~을 획득하다 found ~을 설립하다

9.

정답 (C)

해석 홈스쿨링에 관한 앨퍼트 씨의 최근 기사에 대한 정정 사항이 저희 잡지의 다음 달 호에 포함될 것입니다.

해설 주어와 전치사구 뒤로 동사 없이 빈칸과 전치사구가 이어져 있으므로 빈칸은 동사 자리이다. 또한, 빈칸 뒤에 목적어 없이 전치사 in이 이어져 있어 목적어가 필요한 타동사 include가 수동태로 쓰여야 하므로 선택지에서 유일하게 수동태 동사의 형태인 (C) will be included가 정답이다. 빈칸 뒤에 위치한 미래 시점 표현인 next month를 통해 미래시제 수동태를 선택할 수도 있다.

어휘 correction 정정, 수정 recent 최근의 article 기사 issue (잡지 등의) 호, 권 include ~을 포함하다

10.

정답 (D)

해석 최근 발매된 공상 과학 소설 작가 찰스 페넌트의 소설은 그의 저술 활동에서 최고의 업적으로 여겨진다.

해설 빈칸 앞에는 명사구 주어와 by 전치사구가, 빈칸 뒤에는 전치사구만 있으므로 빈칸은 동사 자리이다. 빈칸 뒤에 목적어 없이 전치사 as가 이어져 있어 목적어가 필요한 타동사 regard가 수동태로 쓰여야 하므로 선택지에서 유일하게 수동태 동사의 형태인 (D) is regarded가 정답이다.

어휘 recently-released 최근 발매된 novel 소설 sci-fi 공상 과학 소설 author 작가 finest 가장 좋은, 최고의 achievement 업적 writing 집필, 저술 (활동) regard A as B: A를 B로 여기다

11.

정답 (A)

해석 드코이 박사가 히스웨이 아동 병원 개장식에서 한 연설은 그분의 전체 경력에서 최고의 것들 중 하나로 여겨진다.

해설 주어와 빈칸 뒤의 명사구가 'The speech = one of the best of his entire career'의 동격 관계이므로 'A가 B로 여겨지다'를 뜻하는 「A be considered B」의 수동태 동사 구조

가 되어야 알맞다. 또한, 과거분사 delivered가 이끄는 분사
구가 이미 발생한 일을 나타내어 현재 최고의 것들 중 하나로
여겨지는 상태를 의미해야 하므로 수동태 현재시제인 (A) is
considered가 정답이다.

어휘 deliver (연설 등) ~을 하다 entire 전체의 consider A B:
A를 B로 여기다, A를 B하다고 여기다

12.

정답 (B)

해석 즐거운 주택 재단은 저소득층 가정에 저렴한 주택과 유지 관
리 서비스를 제공하는 데 전념하고 있다.

해설 빈칸 앞에 위치한 is dedicated와 어울려 '~하는 데 전념하
다, ~하는 데 헌신하다'를 뜻하는 「be dedicated to -ing」
를 구성해야 알맞으므로 전치사 to와 동명사로 구성된 (B) to
providing이 정답이다.

어휘 be dedicated to -ing ~하는 데 전념하다, ~하는 데
헌신하다 low-income 저소득의 affordable 저렴한,
가격이 알맞은 maintenance 유지 관리, 시설 관리
provide A with B: A에게 B를 제공하다

13.

정답 (D)

해석 프라임 자동차 보험은 자사의 새로운 보험 상품을 홍보하기
위한 노력의 일환으로 다음 주에 신규 고객들에게 프리미엄
환영 선물 세트를 보낼 것이다.

해설 주어와 빈칸 뒤로 명사구 및 to와 in이 이끄는 전치사구들만
쓰여 있으므로 빈칸이 문장의 동사 자리임을 알 수 있다. 또
한, 빈칸 뒤에 위치한 명사구 a premium welcome kit를 목
적어로 취할 수 있는 능동태 동사여야 하며, 미래 시점 표현
next week와 어울리는 미래 시제여야 하므로 능동태 미래진
행시제인 (D) will be sending이 정답이다.

어휘 welcome kit 환영 선물 세트 in an effort to do ~하기
위한 노력의 일환으로 promote ~을 홍보하다 plan (보험,
연금 등의) 상품, 약정, 제도

14.

정답 (B)

해석 모든 영업 사원들은 새로운 카탈로그 및 샘플들을 발송하기
전에 각자의 고객 정보를 확인하도록 권장됩니다.

해설 동사 encourage는 「encourage + 목적어 + to do」의 능
동태 구조로 쓰여 '~에게 …하도록 권장하다'를 의미하거나,
「be encouraged to do」의 수동태 구조로 쓰여 '~하도록
권장되다'라는 뜻을 나타내므로 빈칸 뒤의 to부정사와 어울리
는 수동태 (B) are encouraged가 정답이다.

어휘 representative 직원, 대표자 verify ~을 확인하다, ~을
인증하다

15.

정답 (C)

해석 저희 영화감독협회는 로이 휴즈 씨가 앞으로 2년 동안의 신임
회장으로 선출되었음을 알려 드리게 되어 기쁩니다.

해설 빈칸 앞뒤의 두 명사구가 'Mr. Roy Hughes = the new
president'의 동격 관계이므로 'A가 B로 선출되다'를 뜻하는
「A be elected B」의 수동태 동사 구조가 되어야 알맞다. 또
한, 과거에 선출된 상태가 현재까지 유지되어 그 사실을 처음
알린다는 의미를 나타낼 수 있는 현재완료시제로 쓰여야 알맞
으므로 수동태 현재완료시제인 (C) has been elected가 정
답이다.

어휘 be pleased to do ~해서 기쁘다 announce that ~임을
알리다, ~라고 발표하다

UNIT 06 동사의 수 일치

POINT 1 단/복수 동사 형태 구분하기

This month's outstanding sales performance [indicate
/ **indicates**] that the company can exceed its revenue
targets for the year.
이번 달의 우수한 판매 실적은 회사가 올해 수익 목표를 초과할 수
있다는 점을 나타냅니다.

[**No one** / Few] is volunteering for night shifts, so
additional incentives will be needed to encourage
participation.
아무도 야간 교대 근무에 자원하지 않고 있어서, 추가 보상책이 참
여를 장려하는 데 필요할 것입니다.

POINT 2 고난도 동사 수 일치 ①

The exceptional performance of our sales
representatives [allow / **has allowed**] us to regain our
market position.
우리 영업 사원들의 뛰어난 성과로 인해 우리가 시장 내 입지를 되
찾을 수 있게 되었습니다.

The customer support employees at LLM Software
[**work** / works] night shifts to provide 24/7 availability.
LLM 소프트웨어의 고객 지원 담당 직원들은 하루 24시간 일주일
내내 서비스를 제공하기 위해 야간 교대 근무로 일하고 있다.

A new study on the relationship between eating habits and cancer [conclude / **concludes**] that light diets can speed up recovery.
식습관과 암 사이의 관계에 관한 새로운 연구는 가벼운 식사가 회복 속도를 높일 수 있다는 결론을 내리고 있다.

The style and subject of the writing that you submitted for the contest hardly [conforms / **conform**] to the guidelines we provided.
귀하께서 콘테스트를 위해 제출해 주신 글의 양식과 주제는 저희가 제공해 드린 가이드라인을 거의 따르지 않고 있습니다.

REVIEW NOTE

1. 단/복수 동사 형태 구분

동사 유형	단수 주어일 때	복수 주어일 때
be동사 현재/과거시제	is / was	are / were
일반동사 현재완료시제	has p.p.	have p.p.
일반동사 현재시제	동사 끝에 s 있음	동사 끝에 s 없음

2. 대명사와 동사의 수 일치

주어		동사
one each	of the 가산명사	단수동사
all none any half	of the 가산복수명사	복수동사
	of the 불가산명사	단수동사
few	of the 가산복수명사	복수동사
several	of the 가산복수명사	복수동사

3. 주어가 긴 문장

❶ A brochure which describes the event is offered at the front desk.

❷ The team's ability to meet sales goals depends on a strong understanding of customer needs.

❸ The visual aid equipment in the meeting room is outdated and needs to be upgraded for better presentation.

❹ Demand for the special edition of our headphones manufactured in Malaysia is so high that it is currently out of stock.

기출 PRACTICE

1. (D)	2. (B)	3. (B)	4. (D)	5. (A)
6. (B)	7. (B)	8. (A)	9. (B)	10. (B)
11. (A)	12. (C)	13. (B)	14. (C)	15. (B)

1.

정답 (D)

해석 넥스타이드 스마트 워치에는 약 72시간 동안 지속되는 배터리가 딸려 있습니다.

해설 선행사 a battery를 수식하는 that절에 관계대명사 that과 빈칸, 그리고 for 전치사구만 쓰여 있으므로 빈칸이 이 that절의 동사 자리임을 알 수 있다. 또한, 관계대명사 바로 뒤에 동사가 이어지는 경우, 선행사의 영향을 받으므로 단수명사 a battery와 수 일치되는 단수동사의 형태인 (D) lasts가 정답이다.

어휘 come with ~이 딸려 있다, ~을 포함하다 last v. 지속되다 approximately 대략

2.

정답 (B)

해석 영화제 참가자들의 퍼레이드가 시내에서 개최되는 동안 메인 스트리트가 폐쇄될 것이라는 점에 유의하시기 바랍니다.

해설 '개최되다'를 뜻하는 「take place」의 능동태 구조가 되어야 하며, as절의 주어 the parade가 단수이므로 수 일치되는 단수동사의 형태이면서 능동태 동사 구조를 만들 수 있는 (B) is taking이 정답이다.

어휘 Please be advised that ~라는 점에 유의하시기 바랍니다 participant 참가자

3.

정답 (B)

해석 우리가 비교했던 커피 메이커들은 무게와 용량, 그리고 동력 측면에 있어 서로 다르다.

해설 명사구 The coffee makers 바로 뒤에 주어(we)와 동사(have compared)가 이어지는 구조이므로 we have compared가 The coffee makers를 뒤에서 수식하는 관계사절임을 알 수 있다. 따라서, 빈칸 앞뒤에 각각 하나의 명사구와 전치사구만 쓰인 구조이므로 빈칸이 문장의 동사 자리이며, 복수명사구 주어 The coffee makers와 수 일치되는 복수동사의 형태인 (B) vary가 정답이다.

어휘 compare ~을 비교하다 in terms of ~의 측면에 있어, ~와 관련해서 capacity 용량, 수용력 variable a. 가변적인, 변하기 쉬운 n. 변수

4.

정답 (D)

해석 스텔른 박물관의 광범위한 소장품은 고대의 다양한 문화권에서 나온 방대한 규모의 유물 및 그림 수집물을 포함한다.

해설 명사구 주어와 빈칸 뒤로 또 다른 명사구 및 of와 from이 이끄는 전치사구만 있으므로 빈칸이 문장의 동사 자리임을 알 수 있다. 또한, 주어 extensive holdings가 복수명사구이므로 수 일치되는 복수동사의 형태인 (D) include가 정답이다.

어휘 extensive 광범위한, 폭넓은 holdings 보유 자산, 소유물 collection 소장(품), 수집(품) ancient 고대의 artifact 인공 유물 painting 그림 include ~을 포함하다

5.

정답 (A)

해석 네온테크 연구소의 작업 절차는 항상 정부 안전 기준을 준수합니다.

해설 명사구 주어와 at 전치사구 뒤로 빈칸과 to 전치사구만 있으므로 빈칸이 문장의 동사 자리임을 알 수 있다. 또한, 주어 The work procedures가 복수명사구이므로 수 일치되는 복수동사의 형태인 (A) conform이 정답이다.

어휘 procedure 절차 conform to ~을 준수하다, ~을 따르다 standard 기준, 표준, 수준

6.

정답 (B)

해석 우리가 지난 5월에 엄격한 품질 관리 정책을 도입한 이후로 환불을 요청하는 고객들의 수가 상당히 감소해 왔다.

해설 빈칸 뒤에 쓰인 since we introduced처럼 「since + 주어 + 과거시제 동사」로 구성되어 '~한 이후로'를 뜻하는 절은 현재완료시제 동사와 어울리며, 주절의 주어 The number는 '수, 숫자'를 의미하는 단수명사이므로 수 일치되는 현재완료시제 동사의 형태인 (B) has declined가 정답이다.

어휘 the number of ~의 수, 숫자 request ~을 요청하다, ~을 요구하다 refund 환불(액) significantly 상당히, 많이 since ~한 이후로, ~하기 때문에 introduce ~을 도입하다, ~을 소개하다 strict 엄격한 quality control 품질 관리 policy 정책, 방침 decline 감소하다, 하락하다

7.

정답 (B)

해석 하우토 오토 플랜트는 조사 대상인데, 4시간 동안의 각 교대 근무에 대해 1시간의 휴식을 취할 권리를 갖는 직원들이 거의 없기 때문이다.

해설 빈칸 앞뒤에 각각 위치한 very 및 of 전치사구의 수식을 동시에 받을 수 있으면서 복수동사 are과 수 일치되는 복수대명사 (B) few가 정답이다.

어휘 be subject to ~의 대상이다, ~을 당하기 쉽다 inspection 조사, 점검 be entitled to ~에 대한 자격이 있다 break 휴식 (시간) shift 교대 근무(조)

8.

정답 (A)

해석 이번 주에 공개된 실업자 수치는 국가의 경제가 예상보다 더 빨리 회복되고 있음을 확인해 준다.

해설 실업자 수치는 사람에 의해 공개되는 것이므로 released는 동사가 아니라 명사구 The unemployment figures를 뒤에서 수식하는 과거분사임을 알 수 있다. 따라서, 명사구 주어와 분사구 뒤로 빈칸과 that절이 이어지는 구조이므로 빈칸이 주절의 동사 자리이며, 주어 The unemployment figures가 복수명사구이므로 수 일치되는 복수동사의 형태인 (A) confirm이 정답이다.

어휘 unemployment 실업 (상태) figure 수치, 숫자 release ~을 공개하다, ~을 발매하다, ~을 개봉하다 recover 회복되다, ~을 회복시키다 than expected 예상보다 confirm that ~임을 확인해 주다 confirmation 확인(서)

9.

정답 (B)

해석 지역 사회 스포츠 대회 조직위원들 중 한 명이 개선된 시설로 인해 올해 참가자 수의 증가를 예상하고 있다.

해설 대명사구 주어와 현재분사 organizing이 이끄는 분사구 뒤로 빈칸과 명사구, 그리고 in과 due to가 이끄는 전치사구들만 쓰여 있으므로 빈칸에 문장의 동사가 필요하다. 또한, 주어인 대명사 One이 단수이므로 수 일치되는 단수동사의 형태인 (B) anticipates가 정답이다.

어휘 organize ~을 조직하다, ~을 마련하다 increase in ~의 증가 the number of ~의 수, 숫자 participant 참가자 due to ~로 인해, ~ 때문에 improve ~을 개선하다, ~을 향상시키다 facility 시설(물) anticipate ~을 예상하다, ~을 기대하다

10.

정답 (B)

해석 한 설문 조사에 따르면, 크로노 랩스의 직원들 중 거의 절반이 대중 교통을 이용해 회사로 통근하고 있는 것으로 나타난다.

해설 that절의 주어인 half of the employees처럼 '~들 중 절반'을 뜻하는 「half of the + 복수명사(구)」는 복수 취급하므로 수 일치되는 복수동사의 형태인 (B) commute가 정답이다.

어휘 survey 설문 조사(지) nearly 거의 by (교통편, 도로 등) ~을 이용해, ~을 타고 public transportation 대중 교통 commute 통근하다, 통학하다

11.

정답 (A)

해석 모든 저희 기술자들은 가전 기기 수리 자격을 갖추기 전에 4주 기간의 집중 교육을 이수합니다.

해설 빈칸 뒤에 위치한 of 전치사구의 수식을 받으면서 문장의 주어 역할을 할 수 있는 대명사가 필요하며, 동사 complete이 복수주어와 어울리는 형태이므로 복수대명사 (A) All이 정답이다. (B) Each와 (C) Everyone은 단수대명사이며, (D) Which는 주어로 쓰일 수 없다.

어휘 complete ~을 이수하다, ~을 완료하다 intensive 집중적인, 강도 높은 training 교육, 훈련 certified 인증된, 공인된 repair 수리

12.

정답 (C)

해석 지역 농장들이 보내는 과일 및 채소의 배송이 극심한 폭풍우에 의해 초래된 도로 폐쇄로 인해 며칠 지연되었다.

해설 단수 주어 The delivery와 수 일치되는 단수동사가 필요하며, 배송이 도로 폐쇄에 의해 지연되는 것이므로 타동사 delay(~을 지연시키다)가 수동태로 쓰여야 알맞다. 또한, 과거에 발생한 일의 상태가 현재까지 지속되어 온 것을 뜻하는 현재완료 시제가 자연스러우므로 (C) has been delayed가 정답이다. 단수동사이자 수동태이면서 현재시제인 (A) is delayed는 일반적이거나 반복적인 일, 또는 불변하는 일 등을 나타내므로 어울리지 않는다.

어휘 local 지역의 by (차이 등) ~만큼, ~ 정도 due to ~로 인해, ~ 때문에 cause ~을 초래하다, ~을 야기하다 severe 극심한, 가혹한 delay ~을 지연시키다

13.

정답 (B)

해석 작년의 수익 상승으로 인해 증가된 예산은 우리가 공격적인 마케팅 전략을 실행할 수 있게 해 주었다.

해설 빈칸 뒤에 위치한 us 및 to부정사와 어울려 '~가 …할 수 있게 해 주다'를 뜻하는 「enable + 목적어 + to do」의 능동태 구조를 만들어야 한다. 또한, 문장의 주어 An increased budget이 단수명사구이므로 수 일치되는 능동태 단수동사의 형태인 (B) has enabled가 정답이다.

어휘 increased 증가된, 늘어난 budget 예산 due to ~로 인해, ~ 때문에 rise in ~의 증가 profit 수익, 수입 implement ~을 시행하다 aggressive 공격적인 strategy 전략

14.

정답 (C)

해석 밴더힐 대학교의 교수들이 디지털 화면에서 발생하는 블루라이트에 대한 장기간의 노출이 뇌 기능에 미치는 영향을 연구했다.

해설 명사구 주어와 빈칸 뒤로 명사구와 여러 전치사구들만 쓰여 있으므로 빈칸이 문장의 동사 자리임을 알 수 있다. 또한, 복수주어 Professors와 수 일치되면서 빈칸 뒤의 명사구를 목적어로 취할 수 있는 능동태 동사가 쓰여야 하므로 (C) have researched가 정답이다.

어휘 research ~을 연구하다, ~을 조사하다 effect of A on B: A가 B에 미치는 영향 prolonged 장기간의 exposure to ~에 대한 노출 function 기능

15.

정답 (B)

해석 시먼즈 오가닉 레스토랑에서 제공하는 모든 메뉴 품목은 우리 지역의 건강과 행복을 촉진하기 위해 만들어진 것입니다.

해설 빈칸 뒤에 위치한 to부정사와 어울려 '~하기 위해 만들어지다'를 뜻하는 「be designed to do」를 구성해야 알맞으며, 복수주어 All menu items와 수 일치되어야 하므로 복수동사의 형태인 (B) are designed가 정답이다.

어휘 item 품목, 항목, 제품 promote ~을 촉진하다, ~을 홍보하다, ~을 승진시키다 neighborhood 지역, 인근, 이웃

UNIT 07 형용사

POINT 1 명사 수식 형용사의 빈출 위치

The Bellingham Natural History Museum is well known for its [**extensive** / extensively] collection of prehistoric art.
벨링엄 자연사 박물관은 광범위한 선사 시대 미술 소장품으로 잘 알려져 있다.

We are committed to identifying [**qualified** / qualification] job seekers for small businesses.
저희는 소기업들을 위해 적격인 구직자들을 찾는 데 전념하고 있습니다.

TS Motors has recently received [critic / **critical**] feedback on one of their latest electric cars.
TS 모터스 사는 최근 자사의 최신 전기 자동차들 중 하나에 관한 비판적인 의견을 받았다.

Our [**professional** / professionally] legal consultants

are available to assist with all your needs.
저희 전문 법률 자문 위원들은 여러분이 필요로 하시는 모든 것에 대해 지원해 드릴 수 있습니다.

Please be advised that employees [interest / **interested**] are asked to submit a proposal by the end of this month.
관심 있는 직원들께서는 이달 말까지 제안서를 제출하시도록 요청 된다는 점에 유의하시기 바랍니다.

We are deeply impressed by your article, especially by its highly [organizer / **organized**] analysis.
저희는 귀하의 기사에 대해, 특히 매우 체계적인 분석에 대해 대단 히 깊은 인상을 받았습니다.

POINT 2 형용사 보어의 빈출 위치

Mr. Chung is [**responsible** / response] for training newly-hired employees to help them adapt to their work environment.
정 씨는 새롭게 고용된 직원들이 업무 환경에 적응하도록 돕기 위 해 그들을 교육하는 일을 책임지고 있다.

Although the brand is over 150 years old, it remains [**successful** / successfully] due to its commitment to quality.
비록 그 브랜드가 150년이 넘은 것이지는 하지만, 품질에 대한 전 념으로 인해 여전히 성공적이다.

PhoneTech's latest mobile phones come [equips / **equipped**] with AI cameras and extended battery life.
폰테크 사의 최신 모바일 전화기는 AI 카메라와 수명이 연장된 배 터리를 갖춰 출시된다.

The CEO of Karim Manufacturing considers it [**necessary** / necessarily] to expand the company's production facility.
카림 제조사의 대표 이사는 회사의 생산 시설을 확장하는 것이 필 수적이라고 여긴다.

Expanding the business into international markets was deemed [**impossible** / impossibly] at first, but we made it happen.
사업을 해외 시장으로 확장하는 일이 처음에는 불가능한 것으로 여 겨졌지만, 우리는 그것을 실현했다.

POINT 3 수량형용사와 명사의 수 일치

[**Each** / All] package in your meat order includes a dry ice pack to keep the contents fresh.
귀하의 고기 주문품에 속한 각 배송품은 내용물을 신선하게 유지하 기 위한 드라이 아이스팩을 포함하고 있습니다.

If you spend more than 50 dollars, you can get a 50% discount on [few / **any**] food item of your choice.
50달러 넘게 소비하시는 경우, 선택하시는 어떤 식품에 대해서든 50% 할인을 받으실 수 있습니다.

POINT 4 형용사 콜로케이션

At the end of the year, Mr. Maurice will become [**eligible** / capable] for a promotion to a managerial position.
올 연말에, 모리스 씨는 관리자 직책으로의 승진 자격을 얻게 될 것 이다.

The customer survey conducted this week shows results that are quite [**contrary** / reluctant] to those of the previous one.
이번 주에 실시된 고객 설문 조사는 이전에 했던 것의 결과물과 꽤 대조적인 결과를 보여주고 있다.

POINT 5 초고난도 형용사 유형

This gift voucher is valid for single use and is not [transferred / **transferable**].
이 상품권은 일회용으로 유효하며, 양도될 수 없습니다.

Mr. Hughes is highly regarded by his colleagues because he is always [**considerate** / considerable] of their needs.
휴즈 씨는 동료 직원들로부터 높이 평가 받고 있는데, 그가 항상 그 들이 필요로 하는 것을 배려해 주기 때문이다.

REVIEW NOTE

1. 형용사의 위치

❶ 관사/소유격 + **형용사** + 가산단수명사

❷ (관사/소유격) + **형용사** + 가산복수명사/불가산명사

❸ (관사/소유격) + **형용사** + **형용사**/명사 + 명사

❹ (관사/소유격) + **부사** + 형용사 + 명사

❺ 2형식 동사 + **형용사** (주격보어)

❻ 5형식 동사 + 목적어 + **형용사** (목적격보어)

2. 수량형용사와 명사의 수 일치

❶ another / each / every / either / neither
+ **가산단수**명사

❷ many / numerous / various / a variety of /
several / (a) few / a number of + **가산복수**명사

❸ much / (a) little / a great amount/deal of
+ **불가산**명사

❹ all / some / other / most + **가산복수**명사 / **불가산**명사

❺ any + **가산단수**명사 / **가산복수**명사 / **불가산**명사

3. 빈출 형용사 표현

❶ be compatible <u>with</u> ~와 호환되다

❷ be hesitant <u>to do</u> ~하기를 주저하다

❸ be pleased <u>to do</u> ~해서 기쁘다

❹ be eligible <u>to do</u> ~할 자격이 있다

❺ be reluctant <u>to do</u> ~하기를 꺼리다

❻ be exempt <u>from</u> ~에서 면제되다

❼ be aware <u>of</u> ~을 알고 있다

❽ be relevant <u>to</u> ~와 관련되다

❾ be considerate <u>of</u> ~을 배려하다

❿ be supportive <u>of</u> ~을 지지하다

기출 PRACTICE

1. (B)	2. (C)	3. (A)	4. (D)	5. (B)
6. (C)	7. (C)	8. (A)	9. (B)	10. (C)
11. (C)	12. (A)	13. (A)	14. (A)	15. (D)

1.

정답 (B)

해석 정리된 업무 공간을 유지하는 것에 대해 모든 직원이 노먼 씨를 대단히 칭찬하는데, 이는 스트레스를 감소시킴으로써 생산성을 향상시킨다.

해설 부정관사 an과 명사 workspace 사이에 명사를 수식할 단어가 쓰여야 알맞으므로 이 역할이 가능한 형용사 (B) organized가 정답이다. 명사 (C) organization은 workspace와 복합명사를 구성하지 않으므로 오답이다.

어휘 highly 대단히, 매우, 크게 praise A for B: B에 대해 A를 칭찬하다 maintain ~을 유지하다 enhance ~을 향상시키다, ~을 강화하다 productivity 생산성 by (방법) ~함으로써, ~해서 reduce ~을 감소시키다, ~을 줄이다 organize ~을 정리하다, 체계화하다, ~을 조직하다, ~을 마련하다 organized 정리된, 체계화된, 조직된, 마련된 organization 정리, 체계화, 조직, 단체, 준비

2.

정답 (C)

해석 이 할인 쿠폰은 시에 위치한 어느 저희 지점에서든 제품과 교환하실 수 있지만, 양도될 수 없다는 점에 유의하시기 바랍니다.

해설 be동사 is와 not 뒤에 빈칸이 위치해 있어 be동사와 어울릴 수 있는 단어가 필요하며, 이 문장에서는 it이 가리키는 This discount voucher의 특성을 나타낼 형용사가 쓰여야 가장 자연스러우므로 '양도 가능한' 등을 뜻하는 형용사 (C) transferable이 정답이다.

어휘 voucher 쿠폰, 상품권 redeem (상품권 등) ~을 제품으로 교환하다 branch location 지점 please be advised that ~라는 점에 유의하시기 바랍니다 transfer v. 양도되다, 이전하다, 전근하다, (교통편) 환승하다 n. 양도, 이전, 전근, 환승 transferable 양도 가능한, 이전 가능한

3.

정답 (A)

해석 개조 공사를 위한 잠시 동안의 휴업 끝에, 레나스 커피 & 브레드가 다음 주에 특별 재개장 판촉 행사를 시작할 것이다.

해설 동사 launch와 명사구 목적어 reopening promotions 사이에 명사구를 수식할 단어가 쓰여야 알맞으므로 이 역할이 가능한 형용사 (A) special이 정답이다. 명사 (D) specialization은 reopening promotions와 복합명사를 구성하지 않으므로 오답이다.

어휘 brief 잠시의, 간단한, 짧은 renovation 개조, 보수 launch ~을 시작하다, ~을 출시하다 promotion 판촉 (행사), 홍보, 촉진, 승진 specialize (in) (~을) 전문으로 하다 specialization 전문화, 특수화

4.

정답 (D)

해석 새 쇼핑몰 건축은 시의회의 승인 및 시에서 충분한 자금을 모을 수 있는 능력 둘 모두에 달려 있다.

해설 빈칸 앞뒤에 각각 위치한 be동사 is 및 전치사 on과 어울려 '~에 달려 있다, ~에 따라 다르다'를 의미하는 「be dependent on」을 구성해야 알맞으므로 형용사 (D) dependent가 정답이다.

어휘 both A and B: A와 B 둘 모두 approval 승인 council 의회 ability to do ~할 수 있는 능력 raise (자금 등) ~을 모으다, ~을 모금하다 sufficient 충분한 fund 자금, 기금 depend (on) (~에) 달려 있다, (~에) 의존하다, (~을) 신뢰하다 dependable 신뢰할 수 있는, 의존할 수 있는

5.

정답 (B)

해석 모터웨이 주식회사에서 제조되는 모든 다목적 차량은 자동차 사고 발생 시에 자동으로 활성화되는 연료 차단 시스템이 장착되어 나온다.

해설 빈칸 앞뒤에 각각 위치한 동사 come 및 전치사 with와 어울려 '~이 장착되어 나오다'를 의미하는 「come equipped with」를 구성해야 알맞으므로 '갖춰진'을 뜻하는 형용사 (B) equipped가 정답이다. 동사 come이 '~한 상태가 되다, ~한 상태로 나오다' 등을 뜻하는 「come + 형용사」의 2형식 구조 로도 자주 쓰인다는 점에 유의하는 것이 좋다.

어휘 utility vehicle 다목적 차량 manufacture ~을 제조하다 fuel-cutoff 연료 차단의 activate ~을 활성화하다 in the event of ~할 시에, ~의 경우에 equip (A with B): (A에게 B를) 갖춰 주다 equipment 장비

6.

정답 (C)

해석 우리 새 프린터의 판매량이 기본 기간에 덧붙어 12개월의 추 가 품질 보증 서비스를 포함한, 공격적인 판촉 활동으로 인해 이번 달에 상당히 증가했습니다.

해설 '일반적인 것 외에'를 뜻하는 전치사구 on top of the standard one과 어울려 추가적인 서비스임을 의미해야 자연 스러우므로 '또 다른 (하나의), 또 한 번의, 더 ~한'을 뜻하는 형용사 (C) another가 정답이다.

어휘 sales 판매(량), 영업, 매출 improve 향상되다, 개선되다 significantly 상당히, 많이 due to ~로 인해, ~ 때문에 aggressive 공격적인 promotion 판촉 (활동), 홍보 including ~을 포함해 warranty 품질 보증(서) on top of ~ 외에, ~뿐만 아니라 standard 일반적인, 표준의

7.

정답 (C)

해석 시장 집무실에 따르면, 도로 공사가 다음 달에 끝날 때까지 교 통 혼잡이 롱혼 스트리트에서 지속될 가능성이 있다.

해설 빈칸 앞뒤에 각각 위치한 be동사 is 및 to부정사와 어울려 '~ 할 가능성이 있다, ~할 것 같다'를 의미하는 「be likely to do」를 구성해야 알맞으므로 형용사 (C) likely가 정답이다.

어휘 according to ~에 따르면, ~에 따라 traffic 교통, 차량들 congestion 혼잡 continue 지속되다, 계속되다 likeness 유사(성), 비슷함, 닮음

8.

정답 (A)

해석 오후 9시까지 저희 웹사이트에서 주문하시는 고객들께서는 야간 배송 50퍼센트 할인에 대한 자격이 있습니다.

해설 빈칸 앞뒤에 각각 위치한 be동사 are 및 전치사 for와 어울 려 '~에 대한 자격이 있다, ~에 적격이다'를 의미하는 「be eligible for」를 구성해야 알맞으므로 형용사 (A) eligible이 정답이다.

어휘 place an order 주문하다 eligibly 자격이 있게, 적격으로 eligibility 자격이 있음, 적격임

9.

정답 (B)

해석 귀하께서 이 설문지에서 제공해 주시는 개인 정보는 엄격히 기 밀로 유지될 것이며, 오직 세무 용도로만 이용될 것입니다.

해설 부사 strictly의 수식을 받음과 동시에 be동사 is 뒤에서 보 어 역할을 할 형용사가 빈칸에 쓰여야 하며, 개인 정보 이용과 관련된 상태를 나타내야 하므로 '기밀의' 등을 뜻하는 형용사 (B) confidential이 정답이다.

어휘 questionnaire 설문지 strictly 엄격히 confident 확신하는, 자신감 있는 confidential 기밀의, 은밀한 confidentially 비밀리에, 은밀하게 confide 신뢰하다, (비밀 등) ~을 털어 놓다

10.

정답 (C)

해석 합격한 지원자께서는 주택에 필요한 상당한 금전적 지원을 받 으시거나 회사에서 제공하는 숙소에 거주하실 수 있습니다.

해설 동사 receive와 '형용사 + 명사'의 명사구 financial support 사이에 위치한 빈칸은 형용사를 수식할 부사 또는 명사를 함 께 수식할 또 다른 형용사가 쓰일 수 있는 자리이므로 형용사 인 (C) extensive가 정답이다.

어휘 candidate 지원자, 후보자 either A or B: A 또는 B 둘 중의 하나 financial 금전적인, 재정의, 재무의 support 지원, 후원, 지지 housing 주택 (공급) accommodation 숙소, 숙박 시설 extend ~을 연장하다, ~을 확장하다 extent 정도, 규모, 크기 extensive 폭넓은, 광범위한

11.

정답 (C)

해석 모든 직원들은 사무실 밖에서 개인적인 전화를 받음으로써 동 료 직원들을 배려해야 합니다.

해설 빈칸 앞뒤에 각각 위치한 be동사 및 전치사 of와 어울려 '~을 배려하다'를 의미하는 「be considerate of」를 구성해야 알 맞으므로 형용사 (C) considerate이 정답이다.

어휘 colleague 동료 (직원) by (방법) ~함으로써, ~해서

considerable 상당한, 많은 considering ~을 고려해 (볼 때), ~을 감안해 (볼 때) consideration 고려 (사항), 숙고

12.

정답 (A)

해석 판매량을 늘리면서 가격을 합리적인 상태로 유지하기 위해, 오라일리스 베이커리는 연말 연휴 기간에 "하나를 구입하면 하나가 공짜인" 세일 행사를 도입할 것이다.

해설 동사 keep은 「keep + 목적어 + 목적격보어(형용사)」의 구조로 쓰이므로 목적어 prices 뒤에 위치한 빈칸에 목적격보어로 쓰일 수 있는 형용사 (A) reasonable이 정답이다.

어휘 in order to do ~하기 위해, ~하려면 while -ing ~하면서, ~하는 동안 increase ~을 늘리다, ~을 증가시키다 sales 판매(량), 영업, 매출 introduce ~을 도입하다, ~을 소개하다 year-end 연말의 reasonable 합리적인, 가격이 알맞은 reasonably 합리적으로, 저렴하게 reasoning 추론, 추리 reason n. 이유, 근거, 이성 v. 추론하다, 논리적으로 사고하다

13.

정답 (A)

해석 모든 마케팅 담당 직원들은 다가오는 워크숍에 참석해야 하는데, 그 시간들 중 일부가 그들의 직무와 직접적으로 관련될 것이기 때문이다.

해설 빈칸 바로 앞에 위치한 부사 directly의 수식을 받으면서 be 동사 뒤에 위치할 수 있는 단어는 형용사이므로 (A) relevant가 정답이다.

어휘 personnel 직원들, 인력, 인사(부) be required to do ~해야 하다, ~할 필요가 있다 attend ~에 참석하다 upcoming 다가오는, 곧 있을 session (특정 활동을 위한) 시간 relevant 관련된, 적절한 relevance 관련(성), 적절(성) relevantly 관련되어, 관련성 있게

14.

정답 (A)

해석 지연된 유지 관리 서비스와 관련해 불만을 제기한 고객들이 거의 없었는데, 그분들의 서비스 기간이 지연 문제를 보상해 주기 위해 자동으로 연장될 것이기 때문입니다.

해설 빈칸 뒤에 셀 수 있는 명사의 복수형인 customers가 쓰여 있으므로 복수명사를 수식할 수 있는 형용사인 (A) Few와 (D) Other 중에서 하나를 골라야 한다. 또한, 지연 문제에 대해 서비스 기간이 자동으로 연장되기 때문이라는 이유가 쓰여 있어 그와 관련해 불만을 제기한 고객들이 거의 없었다는 의미가 자연스러우므로 '거의 없는'을 뜻하는 (A) Few가 정답이다.

어휘 complain 불만을 제기하다, 불평하다 delay v. ~을 지연시키다 n. 지연, 지체 maintenance 유지 관리, 시설 관리 extend ~을 연장하다, ~을 확장하다 cover ~을 보상하다, ~을 충족하다, ~을 포함하다

15.

정답 (D)

해석 그 건설 프로젝트에 대한 우리의 입찰 결과는 많은 우리 이사들이 장담했던 것과 상반되었다.

해설 빈칸 뒤에 to와 what 명사절이 쓰여 있어 to가 전치사임을 알 수 있다. 따라서, 전치사 to와 어울리는 형용사가 필요하며, '입찰 결과가 이사들이 장담했던 것과 상반되었다'와 같은 의미를 구성해야 자연스러우므로 '상반된, 대조적인'을 뜻하는 (D) contrary가 정답이다.

어휘 result 결과(물) bid 입찰(액) boast ~을 장담하다, ~을 자랑하다 affordable 저렴한, 가격이 알맞은 decisive 결정적인, 결단력 있는 reluctant 꺼리는, 주저하는

UNIT 08 부사

POINT 1 대표적인 부사 자리

The recent growth in demand makes us [cautious / **cautiously**] optimistic about future product sales.
최근의 수요 증가는 앞으로의 제품 판매량과 관련해 우리를 조심스럽게 낙관적이게 만든다.

Once you sign up for our newsletter, you will [automatic / **automatically**] receive updates on the latest products and promotions.
일단 저희 소식지를 신청하시면, 최신 제품 및 판촉 행사에 관한 정보를 자동으로 받으실 것입니다.

Mr. Reynolds pursues a career [active / **actively**] in game development by working as a graphic designer.
레이놀즈 씨는 그래픽 디자이너로 근무함으로써 게임 개발 분야에서 적극적으로 경력을 추구하고 있다.

Repairway mechanics arrive [prompt / **promptly**] any time customers call for car repair service.
리페어웨이 정비사는 고객이 자동차 수리 서비스를 요청할 때는 언제든 지체 없이 도착한다.

This record is not [wide / **widely**] available because it was produced in limited quantities.
이 음반은 쉽게 구할 수 없는데, 한정된 수량으로 제작되었기 때문이다.

Martin Byden [**finally** / final] became one of the best-selling science fiction writers when he released his third novel, *Space Ghost*.
마틴 바이덴은 세 번째 소설인 <스페이스 고스트>를 발매했을 때 마침내 베스트셀러 공상 과학 작가들 중의 한 명이 되었다.

Pine Trail and Rocky Trail have been [**temporarily** / temporary] closed to hikers for repairs due to flood damage.
파인 트레일과 로키 트레일은 침수 피해로 인한 수리 작업을 위해 등산객을 대상으로 일시적으로 폐쇄되었다.

[**Fortunately** / Fortunate], the new model became a great success despite initial negative reviews from some unsatisfied customers.
다행히, 새로운 모델은 만족하지 못한 일부 고객들이 작성한 초기의 부정적인 후기에도 불구하고 훌륭한 성공작이 되었습니다.

The management of Douteck decided to [considerable / **considerably**] reduce operational expenses to improve profits.
도우텍의 경영진은 수익을 개선하기 위해 운영비를 상당히 줄이기로 결정했다.

POINT 2 특이한 부사 자리

We are currently renovating [**only** / including] the main office, but we will continue to upgrade the rest of the facilities.
저희가 현재 오직 본사만 개조하고 있지만, 나머지 시설들도 계속 업그레이드할 것입니다.

Mr. Son and his team received a big bonus for [successful / **successfully**] closing a merger deal with ANC Logistics.
손 씨와 그의 팀은 ANC 로지스틱스와의 합병 계약을 성공적으로 체결한 것에 대해 큰 보너스를 받았다.

The initial meeting with the new client went [fair / **fairly**] smoothly.
그 신규 고객과의 첫 회의는 꽤 순조롭게 진행되었습니다.

As the new product launch approached, Mr. Cabriel began to work [**quite** / enough] late almost every day.
신제품 출시 행사가 다가옴에 따라, 카브리엘 씨는 거의 매일 꽤 늦게까지 일하기 시작했다.

We regret to inform you that we are no longer able to offer free delivery services [**largely** / large] due to the rising costs.
저희가 주로 비용 상승으로 인해 더 이상 무료 배송 서비스를 제공해 드릴 수 없다는 사실을 알려 드리게 되어 유감으로 생각합니다.

The welcome reception will begin at 6 P.M., and refreshments will be served [short / **shortly**] after the opening remarks.
환영 연회는 오후 6시에 시작할 것이며, 다가가 개회사 직후에 제공될 것입니다.

POINT 3 빈출 부사 유형

By offering special promotions frequently, we successfully increased customer retention by [approximate / **approximately**] forty percent.
특별 판촉 행사를 자주 제공함으로써, 저희는 성공적으로 고객 유지율을 대략 40퍼센트 늘렸습니다.

GreenWater Inc. announced its plan to increase the use of glass bottles in an effort to [significant / **significantly**] reduce plastic waste.
그린워터 주식회사는 플라스틱 폐기물을 상당히 줄이기 위한 노력의 일환으로 유리병 사용량을 늘리겠다는 계획을 발표했다.

All survey respondents preferred a color that was [**slightly** / slight] darker than the one chosen by our professional designers.
모든 설문 조사 응답자들은 우리 전문 디자이너들에 의해 선택된 것보다 약간 더 어두운 색상을 선호했다.

Attending the leadership workshop is [**highly** / roughly] recommended for anyone looking to enhance their management skills.
리더십 워크숍에 참석하시는 것이 관리 능력을 개선하기를 바라는 모든 분께 적극 추천됩니다.

POINT 4 접속부사

In the event of rain, the sporting event scheduled for May 10 at Riverside Park will be held at the community sports complex [**instead** / indeed].

우천 시에는, 리버사이드 공원에서 5월 10일로 예정된 스포츠 행사가 지역 종합 운동장에서 대신 개최될 것입니다.

The board will discuss whether we will hire additional workers, [so that / **thus**] enabling us to meet the demand in the peak season.
이사회는 추가 직원을 고용함으로써, 우리가 성수기에 수요를 충족할 수 있게 할 것인지 논의할 것이다.

The project has a tight deadline and [**therefore** / however] requires immediate attention from all team members.
그 프로젝트는 마감 기한이 빡빡하며, 그에 따라 모든 팀원들의 즉각적인 주의를 필요로 한다.

REVIEW NOTE

1. 부사의 위치
❶ **부사** + 형용사
❷ **부사** + 타동사 + 목적어 / 타동사 + 목적어 + **부사**
❸ 자동사 + **부사**
❹ 2형식 동사 + **부사** + 형용사보어 / **부사** + 2형식 동사 + 명사보어
❺ be동사/have + **부사** + p.p.
❻ **부사** + 관사 + 명사
❼ **부사** + 동명사/분사
❽ to + **부사** + 동사원형
❾ **부사** + 전치사구
❿ **부사**, + 절/문장

2. 숫자 표현과 잘 쓰이는 부사
❶ approximately = about / roughly 대략
❷ nearly = almost 거의
❸ more than ~보다 많이
❹ less than ~보다 적게
❺ at least 적어도

3. 증가/감소 동사와 어울리는 부사
❶ considerably (= substantially / significantly) 상당히
❷ noticeably (= markedly) 눈에 띄게
❸ steadily 꾸준히
❹ gradually 점차
❺ remarkably / markedly / extremely / highly / very + 분사/형용사

기출 PRACTICE

1. (B)	2. (B)	3. (A)	4. (B)	5. (C)
6. (D)	7. (A)	8. (B)	9. (C)	10. (A)
11. (C)	12. (D)	13. (B)	14. (A)	15. (B)

1.
정답 (B)
해석 뷰티 시장 분석가들은 서비나 코즈메틱스 사의 매출이 앞으로 몇 년 동안에 걸쳐 꾸준히 증가할 것으로 예상한다.
해설 to부정사를 구성하는 to와 동사원형 increase 사이에 위치한 빈칸은 동사원형을 앞에서 수식할 부사가 필요한 자리이므로 (B) steadily가 정답이다.
어휘 analyst 분석가 expect A to do: A가 ~할 것으로 예상하다 sales 매출, 판매(량), 영업 increase 증가하다, 늘어나다 steady a. 꾸준한, 한결같은 v. ~을 견고하게 하다, ~을 안정시키다 steadily 꾸준히, 한결같이

2.
정답 (B)
해석 초정밀 온도계는 미세한 온도 변화를 측정하는 데 있어 놀라울 정도로 정확해서, 섬세한 과학 실험에 이상적이다.
해설 be동사 is와 형용사 보어 accurate 사이에 위치한 빈칸은 형용사를 앞에서 수식할 부사가 필요한 자리이므로 (B) surprisingly가 정답이다.
어휘 precision 정밀(성), 정확(성) thermometer 온도계 accurate 정확한 measure ~을 측정하다, ~을 재다 minute a. 미세한, 극미한 temperature 온도, 기온 variation 변화, 차이 make A 형용사: A를 ~하게 만들다 ideal 이상적인 sensitive 섬세한, 민감한, 과민한 surprising (사람을) 놀라게 하는 surprisingly 놀라울 정도로 surprised (사람이) 놀란 surprise ~을 놀라게 하다

3.
정답 (A)
해석 퍼지니 빌더스 사의 건축가들은 설리번 사무 단지에 대한 개조 공사 프로젝트가 완료하는 데 약 18개월이 걸릴 것이라고 추정한다.
해설 숫자 표현 eighteen 앞에 빈칸이 위치해 있으므로 '약, 대략'이라는 의미로 숫자 표현을 수식할 때 사용하는 부사 (A) approximately가 정답이다.
어휘 architect 건축가 estimate that ~라고 추정하다 renovation 개조, 보수 take ~의 시간이 걸리다 complete ~을 완료하다 eagerly 간절히, 열렬히 spaciously 널찍하게

4.

정답 (B)

해석 필요한 샘플들을 받고 거의 직후에, 우리 연구팀이 그 데이터를 분석하고 종합적인 보고서를 준비하기 시작했다.

해설 빈칸 뒤에 위치한 전치사 after와 어울리는 부사로서 after와 함께 '~ 직후에, ~ 후에 즉시'라는 의미를 나타낼 때 사용하는 (B) immediately가 정답이다.

어휘 necessary 필요한, 필수의 analyze ~을 분석하다 comprehensive 종합적인, 포괄적인 precisely 정확히 continually 끊임없이, 지속적으로 lately 최근에

5.

정답 (C)

해석 휴대전화기 카메라들이 대단히 강력해짐에 따라, 일부 영화 감독들이 블록버스터 영화를 만드는 데 그것들을 활용할 수 있게 되었다.

해설 주절이 끝나는 콤마 뒤로 빈칸과 현재분사 allowing이 이끄는 분사구문이 이어지는 구조이다. 따라서, 현재분사 allowing 앞에 위치할 수 있는 부사인 (C) thus가 정답이다.

어휘 exceptionally 대단히, 뛰어나게, 이례적으로 A allow B to do: A가 B에게 ~할 수 있게 해 주다, A로 인해 B가 ~할 수 있다 utilize ~을 활용하다 so that (목적) ~하도록, (결과) 그래서, 그래야 thus 따라서, 그러므로

6.

정답 (D)

해석 비록 구직 면접이 겨우 15분밖에 걸리지 않았지만, 홈즈 씨는 자신이 강렬하고 긍정적인 인상을 남겼다고 확신했다.

해설 동사 took과 '형용사 + 명사'로 구성된 명사구 목적어 사이에 빈칸이 위치해 있으므로 명사(구)를 수식할 수 있는 부사 (D) only가 정답이다. fifteen minutes가 동사 took의 목적어이므로 전치사는 빈칸에 쓰일 수 없다.

어휘 take ~의 시간이 걸리다 be confident that ~라고 확신하다, ~임을 자신하다 positive 긍정적인 impression 인상, 감명

7.

정답 (A)

해석 테스트 단계 중에 확인된 모든 사소한 버그들이 그 이후로 해결되었기 때문에, 우리 새 게임의 출시가 일정대로 진행될 예정이다.

해설 현재완료시제 동사 have been resolved 사이에 빈칸이 있으므로 현재완료시제 동사와 어울리면서 동사 중간에 위치할 수 있는 부사 (A) since가 정답이다. since가 접속사(~한 이후로, ~하기 때문에)나 전치사(~ 이후로) 외에 '그 이후로'를 의미하는 부사로도 쓰인다는 점을 기억해 두는 것이 좋다.

어휘 identify ~을 확인하다, ~을 발견하다 phase 단계 resolve ~을 해결하다 launch 출시, 시작, 공개 be set to do ~할 예정이다, ~할 준비가 되다 proceed 진행되다, 나아가다

8.

정답 (B)

해석 저희 티먼스 레저 주식회사가 만든 아웃도어 슈즈의 기능성은 수년 동안 일관된 상태로 유지될 수 있으며, 이는 주로 특허를 받은 저희 밑창 기술 때문입니다.

해설 '~ 때문에, ~로 인해'라는 의미로 이유를 나타내는 전치사 due to를 앞에서 수식할 수 있는 부사 (B) largely가 정답이다.

어휘 functionality 기능성 remain 형용사: ~한 상태로 유지되다, 계속 ~한 상태이다 consistent 일관된, 한결같은 due to ~ 때문에, ~로 인해 patented 특허를 받은 extremely 대단히, 매우, 극도로 largely 주로, 대체로 tightly 빠듯하게, 빡빡하게 closely 밀접하게, 면밀히, 가까이, 단단히

9.

정답 (C)

해석 비안치스 레스토랑의 주방장은 창의적이면서 맛있는 새로운 요리들을 지속적으로 소개하는 것에 대해 크게 칭찬 받고 있다.

해설 수동태 동사 is commended 사이에 빈칸이 위치해 있으므로 동사 중간에 위치해 과거분사 commended를 수식할 수 있는 부사 (C) highly가 정답이다.

어휘 commend A for B: B에 대해 A를 칭찬하다 continually 지속적으로 introduce ~을 소개하다, ~을 도입하다 both A and B: A와 B 둘 모두 creative 창의적인 closely 밀접하게, 면밀히, 가까이, 단단히 highly 크게, 대단히, 매우 effectively 효과적으로

10.

정답 (A)

해석 우리는 무선 인터넷 접속이 현재 컨벤션 센터에서 이용 불가능하다는 사실을 알게 되었으므로, 그에 따라 우리 발표를 준비해야 합니다.

해설 빈칸이 속한 so절은 무선 인터넷을 이용할 수 없다는 사실을 알게 된 것에 따른 결과로서 그에 대한 조치와 관련된 의미를 나타내야 알맞으므로 '그에 따라'라는 뜻으로 결과를 말할 때 사용하는 부사 (A) accordingly가 정답이다.

어휘 access 접속, 접근, 이용 currently 현재 unavailable 이용 불가능한 nearly 거의 primarily 주로 gradually 점차적으로

11.

정답 (C)

해석 여러분의 소프트웨어를 저희 웹사이트에 등록하시는 경우, 인증 번호가 곧 여러분께 이메일로 전송될 것입니다.

해설 주절에 쓰인 will be e-mailed와 같은 미래 시제 동사와 어울리는 부사로서 '곧, 머지 않아'를 뜻하는 (C) shortly가 정답이다.

어휘 register ~을 등록하다 authorization 인증, 승인, 허가 urgently 급히 slightly 약간, 조금 recently 최근에

12.

정답 (D)

해석 시애틀에서 사업체를 운영하는 비용은 인근 도시들보다 상당히 더 높아서, 많은 회사들이 이전하도록 초래한다.

해설 빈칸 뒤에 위치한 higher 같은 비교급 형용사를 수식해 강조할 때 사용하는 부사로서 '상당히, 훨씬' 등을 뜻하는 (D) considerably가 정답이다.

어휘 operate ~을 운영하다, ~을 가동하다, ~을 작동하다 neighboring 인근의, 이웃의 cause A to do: A가 ~하도록 초래하다 relocate 이전하다, 재배치되다 completely 완전히, 전적으로 previously 이전에, 과거에 eagerly 간절히, 열렬히

13.

정답 (B)

해석 톨레도 씨는 자신의 집과 더 가까이 있기 위해 부산 지사로의 전근을 요청했지만, 회사는 대신 서울에서의 더 높은 직책을 그에게 제안했다.

해설 but절의 주어 the company와 동사 offered 사이에 빈칸이 있으므로 주어와 동사 사이에 위치할 수 있는 부사가 필요하며, 서울에서의 더 높은 직책을 제안한 것은 부산 지사로의 전근 대신 선택 가능한 대안에 해당하므로 '대신'을 뜻하는 (B) instead가 정답이다.

어휘 request ~을 요청하다, ~을 요구하다 transfer 전근, 전학, 이적, 환승 branch 지사, 지점 close to ~와 가까운 position 직책, 일자리 moreover 더욱이, 게다가 otherwise 그렇지 않으면, 그 외에는, 달리

14.

정답 (A)

해석 일관되게 인상적인 성과를 보여 주고 있는 루 씨는 현재 임원 직책으로의 승진을 위해 고려되고 있다.

해설 빈칸 뒤에 위치한 demonstrating impressive performance가 문장의 주어 Ms. Lou를 수식하는 역할을 하는 분사구문이므로, 이 분사구문을 이끄는 분사 demonstrating을 앞에서 수식할 수 있는 부사 (A) Consistently가 정답이다.

어휘 demonstrate ~을 보여 주다, ~을 입증하다, ~을 시연하다 impressive 인상적인 performance 성과, 실적, 수행 능력, 공연 consider ~을 고려하다 promotion 승진, 홍보, 판촉 (활동) consistently 일관되게, 한결같이 consistency 일관성, 한결같음 consist (of) (~로) 구성되다, 이루어져 있다 consistent 일관된, 한결같은

15.

정답 (B)

해석 폭스 비디오 네트워크 사는 올해 3분의 1이 넘는 시청자를 잃었으며, 그 결과, 지금은 신규 가입자들에게 6개월 기간의 무료 체험 서비스를 제공하고 있다.

해설 접속사 and 뒤에 이어지는 절에 '신규 가입자들에게 6개월 기간의 무료 체험 서비스를 제공하고 있다'는 말이 쓰여 있는데, 이는 주절에 언급된 '3분의 1이 넘는 시청자를 잃은 것'에 따른 결과로서 취하는 조치에 해당한다. 따라서, '그 결과, 결과적으로'라는 의미인 (B) as a result가 정답이다.

어휘 viewership 시청자들, 시청자 수 offer A B: A에게 B를 제공하다 subscriber (서비스 등의) 가입자, 구독자 free 무료의 trial 체험, 시험 as a result 그 결과, 결과적으로 as well as ~뿐만 아니라 …도 on the contrary 그에 반해서, 대조적으로

UNIT 09 비교급

POINT 1 원급 vs. 비교급 vs. 최상급

Illusion Appliances' compact air fryers have become more [**popular** / popularity] than the larger models.
일루전 어플라이언스 사의 소형 에어 프라이어는 더 큰 모델들보다 더 인기 있는 상태가 되었다.

Ms. Calahan is responsible for distributing our resources [**more efficiently** / more efficient] to the workers at the factory.
캘러핸 씨는 공장에 있는 직원들에게 우리 자원을 더 효율적으로 배분하는 일을 책임지고 있다.

Rayon Sports has launched new running shoes that are [**lighter** / lightly] than any other sports shoes on the market.
레이언 스포츠 사는 시중에 나와 있는 다른 어떤 운동화보다 더 가벼운 새 러닝화를 출시했다.

Thanks to the great success of its new MX-10 model, Mega Electronics has been generating [**higher** / high] profits than ever before.
새로운 MX-10 모델의 엄청난 성공 덕분에, 메가 일렉트로닉스 사는 과거 그 어느 때보다 더 높은 수익을 창출해 오고 있다.

Few managers are able to handle multiple client complaints as [**efficiently** / more efficiently] as Ms. Marcott can.
마컷 씨가 할 수 있는 것만큼 효율적으로 다수의 고객 불만 사항을 처리할 수 있는 관리자는 거의 없다.

Of the six subway lines in the city, the Green Line is the [more easily / **easiest**] to take if you are heading to the stadium.
시가 보유한 6개의 지하철 노선들 중에서, 녹색 노선이 그 경기장으로 향하시는 경우에 이용하실 수 있는 가장 편리한 것입니다.

Ms. Archer was probably the [**most ambitious** / more ambitious] of all the applicants we interviewed for the regional sales manager position.
아처 씨가 아마 우리가 지역 영업부장 직책을 위해 면접을 본 모든 지원자들 중에서 가장 의욕적이었을 겁니다.

According to an article in *Business Week*, Rayfield Express is the [depending / **most dependable**] shipping company in Southeast Asia.
<비즈니스 위크>에 실린 한 기사에 따르면, 레이필드 익스프레스 사는 동남 아시아에서 가장 신뢰할 수 있는 배송 회사이다.

All the panel members have agreed that Ms. Cora Page seems to handle complex marketing tasks [**most effectively** / effective].
모든 위원단 구성원들은 코라 페이지 씨가 복잡한 마케팅 업무들을 가장 효과적으로 처리하는 것으로 보인다는 점에 동의했다.

None of the competitors in the market have the same innovative features [**as** / than] our new accounting software.
시장의 어떤 경쟁 제품도 우리의 새 회계 소프트웨어와 동일한 혁신적인 기능을 지니고 있는 것은 없습니다.

A consumer report suggests that expensive laundry detergents are not necessarily more effective [as / **than**] cheaper alternatives.
소비자 보고서에 따르면 비싼 세탁용 세제가 더 저렴한 대안들보다 반드시 더 효과적이지는 않은 것으로 나타난다.

Please be advised that visual data such as graphs and charts can make your presentation [**much** / any] easier to understand.
그래프와 차트 같은 시각자료가 발표를 훨씬 더 이해하기 쉽게 만들어 줄 수 있다는 점에 유의하시기 바랍니다.

Ms. Harriette's expertise in global marketing is [**even** / more] greater than anyone in the office expected.
해리엇 씨의 글로벌 마케팅 관련 전문 지식은 사무실 내의 모두가 예상했던 것보다 훨씬 더 훌륭했다.

Sam's Green Farm has begun to implement the [more / **very**] latest organic farming techniques.
샘즈 그린 팜은 가장 최신의 유기농 농법을 시행하기 시작했다.

Mr. Huxley agrees that the better [**informed** / information] our customers are, the easier it is for us to attract them.
헉슬리 씨는 우리 고객들이 더 잘 알고 있을수록, 우리가 그들을 끌어들이기 더 쉽다는 점에 동의한다.

Due to scheduled system maintenance, all employees should submit their timesheets no [late / **later**] than 4:00 P.M.
예정된 시스템 유지 관리 작업으로 인해, 전 직원들께서는 늦어도 오후 4시까지 각자의 근무 시간 기록표를 제출하셔야 합니다.

At SciTech, customer satisfaction is the second [**most** / more] important factor in business growth, following product quality.
사이테크 사에서는, 고객 만족도가 사업 성장에 있어 제품 품질 다음으로, 두 번째로 가장 중요한 요소이다.

This year, NextWave Electronics sold more [as / **than**] twice as many mobile phones as they did last year.
올해, 넥스트웨이브 일렉트로닉스 사는 작년에 그랬던 것보다 두 배 넘게 많은 휴대전화기를 판매했다.

Please be aware that starting July 1, the parking spaces in Building C will no [long / **longer**] be available to visitors.
7월 1일부터, C동 건물의 주차 공간들이 더 이상 방문객들을 대상으로 이용될 수 없을 것이라는 점에 유의하시기 바랍니다.

REVIEW NOTE

1. 기본 원리

원급, 비교급, 최상급은 <u>형용사</u>와 <u>부사</u>로 만들어진다.

2. 원급/비교급/최상급의 형태

❶ as + <u>원급</u> + as   ~만큼 …한/…하게

❷ <u>비교급</u> + than   ~보다 더 …한/…하게

❸ <u>최상급</u> of (all) the 복수명사   ~중에서 가장 …한/…하게

❹ <u>최상급</u> + in the country(범위)   국내에서 가장 ~한/…하게

❺ just as <u>원급</u> as   딱 ~만큼 …한/…하게

❻ twice as <u>원급</u> as   ~보다 2배만큼 …한/…하게

3. 원급/비교급/최상급 강조

❶ 원급 강조	very, extremely, highly, so, too
❷ 비교급 강조	much, even, still, far, a lot
❸ 최상급 강조	even, by far, the very

4. 비교급/최상급 관용 표현

❶ The 비교급, the <u>비교급</u>   더 ~할수록, 더 …하다

❷ no <u>later</u> than + 시간/날짜   늦어도 ~까지는

❸ Of the two 복수명사, the <u>비교급</u>
둘 중에서 더 …한

❹ the + 서수(first/second) + <u>최상급</u>
~번 째로 가장 …한

기출 PRACTICE

1. (C)	2. (A)	3. (C)	4. (D)	5. (C)
6. (B)	7. (A)	8. (B)	9. (B)	10. (C)
11. (D)	12. (B)	13. (B)	14. (B)	15. (B)

1.

정답 (C)

해석 깁슨 씨는 우리 서비스가 멀리 떨어진 지역에 사는 고객들에게 더 접근 용이하게 만드는 데 전념한다.

해설 빈칸 앞에 동명사로 쓰여 있는 동사 make는 「make + 목적어 + 목적격보어」의 구조로 쓰이므로 목적어 our services 뒤에 위치한 빈칸에 목적격보어 역할을 할 명사 또는 형용사가 필요하다. 또한, 목적어 our services의 이용 가능한 상태와 관련된 의미를 나타내야 알맞으므로 형용사 (C) more accessible이 정답이다. 'our services = accessibility'의 동격 관계가 될 수 없으므로 명사인 (B) accessibility는 오답이다.

해설 be committed to ~하는 데 전념하다 remote 멀리

떨어진 region 지역 access n. 이용, 접근, v. 이용하다, 접근하다 accessibility 이용 가능성, 접근 가능성 accessible 이용 가능한, 접근 가능한 accessibly 이용하기 쉽게, 접근하기 쉽게

2.

정답 (A)

해석 새로운 보안 시스템이 기존의 것보다 훨씬 더 주기적으로 우리 네트워크를 감시할 수 있다.

해설 to부정사로 쓰인 타동사 monitor와 목적어 our network 뒤에 위치한 빈칸은 more와 어울려 동사를 수식할 비교급 부사가 구성되어야 알맞으므로 부사 (A) regularly가 정답이다.

어휘 be able to do ~할 수 있다 monitor v. ~을 감시하다, ~을 관찰하다 even (비교급 수식) 훨씬 regularly 주기적으로, 규칙적으로 regulate ~을 규제하다 regularity 주기적임, 규칙적임 regulation 규제, 규정

3.

정답 (C)

해석 무어 씨는 경영진이 그 어느 때보다 최근의 결근 증가 문제를 더 심각하게 받아들이고 있다고 경고한 바 있다.

해설 빈칸 뒤에 위치한 than과 어울리는 비교급 부사의 형태인 (C) more seriously가 정답이다.

어휘 warn that ~라고 경고하다 management 경영(진), 관리(자) take A seriously: A를 심각하게 받아들이다, A를 진지하게 여기다 recent 최근의 rise in ~의 증가, ~의 상승 absenteeism 결근, 결석 than ever before 그 어느 때보다

4.

정답 (D)

해석 비교적 추운 날씨로 인해, 우리 겨울 의류의 판매량이 이번 시즌에 평소보다 훨씬 더 높습니다.

해설 빈칸 뒤에 위치한 비교급 형용사 higher를 앞에서 수식해 '훨씬'이라는 의미로 강조할 수 있는 부사 (D) much가 정답이다.

어휘 due to ~로 인해, ~ 때문에 relatively 비교적, 상대적으로 sales 판매(량), 매출, 영업 than usual 평소보다

5.

정답 (C)

해석 최근 설치된 이지쉐어 소프트웨어는 이전의 것보다 훨씬 더 많이 주문 처리 시간과 오류를 줄여 준다.

해설 빈칸 뒤에 위치한 비교급 부사 more를 앞에서 수식해 '훨씬, 상당히'라는 의미로 강조할 수 있는 부사 (C) considerably가 정답이다.

어휘 recently 최근 install ~을 설치하다 reduce ~을
줄이다, ~을 감소시키다 processing 처리 (과정), 가공
previous 이전의, 과거의 heavily (정도, 수량 등이) 크게,
많이, 심하게 eagerly 간절히, 열렬히 instantly 즉시,
즉각적으로

6.
정답 (B)

해석 콜린스 씨는 판촉 혜택을 고려해 볼 때 새로운 구독 서비스를
구입하는 것이 기존의 회원 자격을 갱신하는 것보다 비용이
덜 든다는 사실을 알게 되었다.

해설 빈칸 뒤에 위치한 than과 어울리는 비교급 부사의 형태인 (B)
less가 정답이다.

어휘 realize that ~임을 알게 되다, ~임을 깨닫다 subscription
(서비스 등의) 구독, 가입 renew ~을 갱신하다 existing
기존의 given ~을 고려해 (볼 때) promotional 판촉의,
홍보의 benefit 혜택, 이점 rather 다소, 좀, 오히려

7.
정답 (A)

해석 한 소비자 단체에 따르면, 그들이 테스트한 모든 세탁기들 중
에서, 아쿠아스핀 3000이 물을 가장 효율적으로 이용한다.

해설 문장 시작 부분에 위치한 of all the washing machines와
같은 「of all the + 복수명사(구)」는 최상급과 어울리는 비교
대상을 나타내는 전치사구이므로 최상급 부사의 형태인 (A)
most efficiently가 정답이다.

어휘 according to ~에 따르면 consumer 소비자 efficiently
효율적으로 efficient 효율적인 efficiency 효율(성)

8.
정답 (B)

해석 에블린은 항상 우리 지점의 다른 어떤 영업 직원보다 더 빨리
월간 목표를 달성한다.

해설 빈칸 앞뒤에 위치한 more 및 than과 어울려 비교급 형용사
또는 비교급 부사를 구성해야 하므로 원급 부사의 형태인 (B)
quickly가 정답이다.

어휘 reach ~에 도달하다, ~을 달성하다 monthly 월간의,
달마다의 sales 영업, 판매(량), 매출 representative
직원, 대리인, 대표자 branch 지사, 지점 quickly 빠르게
quicken v. 빨라지다, ~을 더 빠르게 하다

9.
정답 (B)

해석 <더 캄 워터스>는 심지어 개봉 후 6개월이나 지났음에도, 해
양 재난 영화들 사이에서 두 번째로 가장 높은 관객 숫자를 달
성했다.

해설 빈칸 앞에 위치한 the second와 어울려 '두 번째로 가장 ~
한'을 뜻하는 최상급을 구성해야 하며, 명사 viewership을
수식할 형용사가 쓰여야 하므로 최상급 형용사의 형태인 (B)
highest가 정답이다.

어휘 achieve ~을 달성하다, ~을 이루다 viewership 관객
숫자, 시청자 숫자 disaster 재난, 재해 premiere 개봉,
시사회

10.
정답 (C)

해석 저희 TMC 고객 서비스 직원들은 항상 고객께 단연코 최고
의 경험을 전해 드리기 위해 모든 노력을 기울이고 있습니다.

해설 정관사 the와 최상급 형용사 best 사이에 위치한 빈칸은 최상
급을 수식할 수 있는 부사가 필요한 자리이므로 이 역할이 가
능한 (C) very가 정답이다.

어휘 representative 직원, 대리인, 대표자 make every effort
to do ~하기 위해 모든 노력을 기울이다 exactly 정확히

11.
정답 (D)

해석 그 컨설턴트는 업무 흐름을 최적화하고 전반적인 생산성을 향
상시키기 위해 보다 전략적인 직원 채용을 시행할 것을 권장
한다.

해설 빈칸은 빈칸 뒤의 명사 staffing(직원 채용)을 수식하는 형용
사 자리이므로 형용사인 (D) strategic이 정답이다.

어휘 consultant 컨설턴트 recommend that ~할 것을
권장하다 staffing 직원 채용 implement ~을 시행하다
optimize ~을 최적화하다 workflow 업무 흐름 improve
~을 향상시키다 overall 전반적인 productivity 생산성
strategy 전략 strategically 전략적으로 strategic
전략적인

12.
정답 (B)

해석 시장 분석가들은 주요 반도체 회사들이 작년에 그랬던 것보다
더 올해 많은 손해를 겪을 것이라고 예상한다.

해설 빈칸 앞에 위치한 more는 than과 짝을 이뤄 비교를 나타내
므로 (B) than이 정답이다.

어휘 predict that ~라고 예상하다 semiconductor 반도체
suffer (고통, 질병, 손해 등) ~을 겪다, ~에 시달리다 loss
손해, 손실

13.
정답 (B)

해석 인상적인 AI 지원 기능을 특징으로 하는 새 사진 편집 소프트
웨어는 이전 모델들만큼 저렴하게 가격이 책정될 것이다.

해설 빈칸 뒤에 명사구 its predecessors가 쓰여 있어 이 명사구와 어울려 비교 대상을 나타낼 수 있는 접속사 as로 끝나는 (B) as affordably as가 정답이다.

어휘 editing 편집 feature ~을 특징으로 하다 impressive 인상적인 assistant 보조(자), 조수 function 기능 priced 가격이 책정된 predecessor 이전 모델, 전작, 전임자 as A as B: B만큼 A한[A하게] affordably 저렴하게, 가격이 알맞게

14.
정답 (B)

해석 저희 신제품이 판촉 기간 중에 매장 내에서는 절반 가격으로 판매되겠지만, 저희 온라인 매장에서는 훨씬 더 저렴한 가격에 구입하실 수 있습니다.

해설 빈칸 앞에 위치한 부사 even은 비교급과 최상급을 모두 수식할 수 있는데, but 앞에 위치한 주절에서 말하는 매장 내 가격과 온라인 가격이 비교되는 상황이다. 따라서, 비교급 형용사의 형태인 (B) lower가 정답이다.

어휘 half-priced 절반 가격으로 책정된 promotional 판촉의, 홍보의 even (비교급 강조) 훨씬

15.
정답 (B)

해석 과학자들은 인공 지능이 더 많이 발전하게 될수록, 노동력에서 인간의 능력이 더 적게 필요해질 것이라고 경고한다.

해설 빈칸이 속한 that절의 시작 부분에 쓰인 the more와 짝을 이뤄 '더 ~할수록, 더 …하다'를 뜻하는 'the 비교급, the 비교급' 표현을 구성해야 하므로 비교급 형용사의 형태인 (B) fewer가 정답이다.

어휘 the 비교급, the 비교급: 더 ~할수록, 더 …하다 advanced 발전한, 진보한 artificial intelligence 인공 지능 ability 능력 workforce 노동력, 노동 인구

UNIT 10 부사절 접속사

POINT 1 부사절 접속사의 출제 유형

Please inform the personnel manager [**as soon as** / on account of] you have finalized your travel arrangements.
출장 관련 준비를 끝마치시는 대로 인사부장님께 알려 주시기 바랍니다.

[Despite / **Although**] *the Great Dream* has higher critic scores, the Grand Prize has been awarded to *My Will* because of its massive viewership.
비록 <위대한 꿈>이 더 높은 평론가 점수를 받고 있기는 하지만, 그랜드 프라이즈는 엄청난 시청자 수 때문에 <나의 꿈>에게 수여되었다.

The meeting had to be rescheduled a day earlier [**because** / while] the client could not find an available airline ticket for the original date.
고객이 원래의 날짜로 이용 가능한 항공권을 찾을 수 없었기 때문에 회의가 하루 더 일찍 재조정되어야 했다.

Bedford Road will be closed on Tuesday [until / **while**] repaving work is taking place.
재포장 공사가 진행되는 동안 베드포드 로드가 화요일에 폐쇄될 것입니다.

[When / **While**] the contract negotiations with the Hampton Group are almost complete, we still have a few details to resolve.
햄튼 그룹과의 계약 협상이 거의 완료된 상태이기는 하지만, 우리가 여전히 해결해야 할 몇 가지 세부 사항이 있다.

POINT 2 부사절 접속사의 의미 유형별 구분

The museum's east wing will be closed [during / **while**] its lobby is being renovated.
그 박물관의 동쪽 부속건물은 그곳 로비가 개조되는 동안 폐쇄될 것이다.

A new bonus plan will be implemented next quarter [**provided that** / just as] our profit meets the projected target.
우리의 수익이 예상 목표를 충족한다면 새로운 보너스 자금이 다음 분기에 실행될 것입니다.

[In case / **Now that**] all submissions have been reviewed, the judges will soon announce the winner.
이제 모든 출품작이 검토되었으므로, 심사위원들께서 곧 수상자를 발표하실 것이다.

[**Although** / Despite] our network system is functional, we are planning a full upgrade to enhance performance and security.
비록 우리 네트워크 시스템이 정상 가동되고 있기는 하지만, 우리

는 성능과 보안을 향상시키기 위해 전체적인 업그레이드를 계획하고 있습니다.

Applications must be submitted to HR by July 10 [**so that** / given that] the selection process can begin on schedule.

심사 과정이 일정대로 진행될 수 있도록 지원서가 반드시 7월 10일까지 인사부로 제출되어야 합니다.

POINT 3 · 분사구문 관용구: 부사절 접속사 + ing/p.p./전치사구/형용사

[**Once** / Equally] submitted for consideration in the contest, entries will not be returned to participants.

일단 콘테스트에서 심사를 위해 제출되는 대로, 출품작은 참가자들께 반환되지 않을 것입니다.

All security personnel are encouraged to wear protective gear [**while** / since] on duty.

모든 보안 담당 직원들께서는 근무 중에 보호 장비를 착용하시도록 권장됩니다.

POINT 4 · wh접속사 + ever = no matter + wh접속사

[**Whenever** / Now that] you contact our service line, one of our technicians will respond quickly to help with your request.

저희 서비스 지원 전화로 연락하실 때마다, 저희 기술자들 중 한 명이 요청 사항에 대해 도움을 드리기 위해 신속히 대응해 드릴 것입니다.

REVIEW NOTE

1. 전치사와 접속사 구분

upon 전	~하자마자	provided 접	만일 ~한다면
despite 전	~에도 불구하고	as soon as 접	~하자마자
given 전	~을 고려하면	because of 전	~ 때문에
without 전	~없이	unless 접	~하지 않는다면
during 전	~ 동안	while 접	~하는 동안, ~인 반면에
so that 접	~하도록	once 접	일단 ~하는 대로

2. 분사구문 관용구

❶ when / while / before / after	+ ing
❷ once / as / than / though	+ p.p.
❸ while	+ 전치사구
❹ if	+ 형용사

기출 PRACTICE

1. (A)	2. (B)	3. (D)	4. (B)	5. (C)
6. (A)	7. (A)	8. (B)	9. (A)	10. (A)
11. (C)	12. (C)	13. (D)	14. (B)	15. (C)

1.

정답 (A)

해석 취급 및 포장에 있어 더 많은 주의를 필요로 하므로, 깨지기 쉬운 제품들은 운송하는 데 더 많은 비용이 들 수 있습니다.

해설 문장 중간에 위치한 콤마를 기준으로, 앞뒤에 주어와 동사를 포함한 절이 각각 하나씩 쓰여 있으므로 빈칸은 이 절들을 연결할 접속사가 필요한 자리이다. 따라서, 선택지에서 유일하게 접속사인 (A) Because가 정답이다.

어휘 care 주의, 관리, 돌봄 handling 취급, 처리 packaging 포장(재) fragile 취약한, 깨지기 쉬운 cost ~의 비용이 들다 transport ~을 운송하다 in fact 실제로, 사실

2.

정답 (B)

해석 비록 메가 스트림 사의 많은 직원들이 경영 교육 프로그램에 관심을 표하기는 했지만, 오직 몇 명만 등록했다.

해설 문장 중간에 위치한 콤마를 기준으로, 앞뒤에 주어와 동사를 포함한 절이 각각 하나씩 쓰여 있으므로 빈칸은 이 절들을 연결할 접속사가 필요한 자리이다. 또한, '비록 많은 직원들이 ~에 관심을 표하기는 했지만, 오직 몇 명만 등록했다'와 같은 의미를 구성해야 자연스러우므로 '비록 ~이기는 하지만'을 뜻하는 접속사 (B) Although가 정답이다. (A) As if와 (C) But은 의미가 맞지 않는 접속사이며, (D) Nevertheless는 부사이다.

어휘 express (생각 등) ~을 표현하다 interest in ~에 대한 관심 management 경영(진), 관리(진) training 교육, 훈련 enroll 등록하다 as if 마치 ~한 것처럼 nevertheless 그럼에도 불구하고

3.

정답 (D)

해석 추가 요리가 주 메뉴에 추가되었다는 사실을 고려해, 마우어스 프렌치 레스토랑은 늘어나는 수요를 수용할 수 있도록 더 많은 요리사를 고용할 것이다.

해설 문장 중간에 위치한 콤마를 기준으로, 앞뒤에 주어와 동사를 포함한 절이 각각 하나씩 쓰여 있으므로 빈칸은 이 절들을 연결할 접속사가 필요한 자리이다. 따라서, 선택지에서 접속사인 (B) Rather than과 (D) Given that 중에 정답을 골라야 하는데 '추가 요리가 메뉴에 추가된 점을 고려해 더 많은 요리사를 고용할 것'이라고 해석하는 것이 자연스러우므로 '~임을 고려해'를 뜻하는 (D) Given that이 정답이다.

어휘 additional 추가적인 add A to B: A를 B에 추가하다 hire ~을 고용하다 accommodate ~을 수용하다 increased 늘어난, 증가된 demand 수요, 요구 if so 그렇다면 rather than ~보다는, ~ 대신에 owing to ~ 때문에 given that ~임을 고려해

4.

정답 (B)

해석 기한이 지난 도서가 6월 30일까지 반납되기만 하면, 저희 윌슨 커뮤니티 도서관은 모든 연체료를 철회할 것입니다.

해설 문장 중간에 위치한 콤마를 기준으로, 앞뒤에 주어와 동사를 포함한 절이 각각 하나씩 쓰여 있으므로 빈칸은 이 절들을 연결할 접속사가 필요한 자리이다. 따라서, 선택지에서 접속사인 (B) As long as 또는 (D) As well as 중에서 정답을 골라야 하는데 특정 날짜까지 반납되는 것이 연체료의 철회에 대한 조건이므로 '~하기만 하면, ~하는 한'을 뜻하는 (B) As long as 가 정답이다.

어휘 overdue 기한이 지난 return ~을 반납하다, ~을 반품하다 by (기한) ~까지 waive ~을 철회하다, (권리 등) ~을 포기하다 along with ~와 함께 as well as ~뿐만 아니라 …도

5.

정답 (C)

해석 일단 저희 예약 시스템을 통해 확정되는 대로, 귀하께서는 여행 상세 정보를 담은 이메일을 받으실 것입니다.

해설 빈칸 뒤에 주어 없이 confirmed가 이끄는 구가 쓰여 있고, 콤마 뒤에는 주어와 동사를 포함한 절이 이어져 있다. 따라서, 빈칸에 접속사가 들어가 「접속사 + 과거분사」로 구성되는 분사구문을 만들어야 알맞으므로 이러한 구조에 쓰일 수 있는 접속사 (C) Once가 정답이다.

어휘 confirm ~을 확인하다 reservation 예약 receive ~을 받다 contain ~을 담고 있다, ~을 포함하다 details 상세 정보, 세부 사항 still 여전히, 그럼에도 불구하고 instead 대신

6.

정답 (A)

해석 TLC 제조사는 자사의 새로운 모바일 기기에 대한 수요가 예상보다 높을 경우에 대비해 추가 임시 직원을 고용할 계획이다.

해설 빈칸 앞뒤에 주어와 동사를 포함한 절이 각각 하나씩 쓰여 있으므로 빈칸은 이 절들을 연결할 접속사가 필요한 자리이다. 또한, '~에 대한 수요가 예상보다 높을 경우에 대비해 추가 임시 직원을 고용할 계획이다'와 같은 의미를 구성해야 자연스러우므로 '~할 경우에 (대비해)'를 뜻하는 접속사 (A) in case가 정답이다.

어휘 plan to do ~할 계획이다 additional 추가적인 temporary 임시의, 일시적인 demand 수요, 요구 device 기기, 장치 than expected 예상보다 whereas ~인 반면 rather than ~보다는, ~ 대신에 similarly 유사하게, 마찬가지로

7.

정답 (A)

해석 결함이 있는 상품은, 사용된 것이든 아닌 상관없이, 전액 환불을 위해 판매처로 반품될 수 있습니다.

해설 빈칸 뒤에 위치한 과거분사 used 및 or not과 어울려 분사구문을 구성할 수 있는 접속사가 필요하며, '사용된 것이든 아니든 상관없이'라는 의미를 나타내야 자연스러우므로 or not과 함께 '~이든 아니든 상관없이'를 뜻하는 접속사 (A) whether가 정답이다. (B) neither는 nor와 짝을 이뤄 사용하며, 접속사 (C) unless는 의미가 맞지 않고, (D) despite은 전치사이다.

어휘 defective 결함이 있는 merchandise 상품 return ~을 반품하다, ~을 반납하다 refund 환불(액) neither (nor와 함께) ~도 아닌 unless ~하지 않는다면 despite ~에도 불구하고

8.

정답 (B)

해석 만일 웨일즈 에너지 사가 난방 기기 당일 설치 서비스를 제공한다면, 이 서비스의 편리함은 추가 비용에 대한 가치가 충분히 있을 것이다.

해설 문장 중간에 위치한 콤마를 기준으로, 앞뒤에 주어와 동사를 포함한 절이 각각 하나씩 쓰여 있으므로 빈칸은 이 절들을 연결할 접속사가 필요한 자리이다. 따라서, 선택지에서 유일하게 접속사인 (B) Provided that이 정답이다. (A) Except for와 (C) Despite은 전치사이며, (D) If so는 접속사 If와 부사 so로 구성되어 이미 하나의 절에 해당하는 구조가 만들어진 표현이므로 빈칸에 들어갈 수 없다.

어휘 same-day 당일의 installation 설치 heating unit 난방 기기 convenience 편리함 well worth + 명사: ~에 대한 가치가 충분히 있는 extra 추가의, 별도의 except for ~을 제외하고 provided that 만일 ~한다면 despite ~에도 불구하고 if so 그렇다면

9.

정답 (A)

해석 고객 서비스를 요청하실 때 고객 계정 번호와 개인 정보를 준비해 주시기 바랍니다.

해설 「Please + 동사원형」으로 시작하는 명령문 구조의 주절 뒤로 빈칸과 분사 calling이 이끄는 구가 쓰여 있으므로 「접속사 + 현재분사」로 구성되는 분사구문을 만들 수 있는 접속사 (A) when이 정답이다.

어휘 have A ready: A를 준비하다 account 계정, 계좌 call for ~을 요청하다 during ~ 동안 although 비록 ~이기는 하지만

10.

정답 (A)

해석 지출 비용에 대해 환급 받으실 수 있도록, 모든 영수증이 출장에서 복귀하신 후 7일 이내에 제출되어야 한다는 점에 유의하시기 바랍니다.

해설 빈칸 앞에는 동사원형 Be로 시작하는 명령문 구조의 주절이, 빈칸 뒤에는 주어와 동사를 포함한 또 다른 절이 쓰여 있으므로 빈칸은 이 절들을 연결할 접속사가 필요한 자리이다. 또한, '지출 비용에 대해 환급 받을 수 있도록 ~되어야 한다는 점에 유의하시기 바랍니다'와 같은 의미를 구성해야 자연스러우므로 '~하도록'을 뜻하는 접속사 (A) so that이 정답이다. 접속사 (B) considering과 (C) given that은 의미가 맞지 않으며, (D) in case of는 전치사이다.

어휘 Be advised that ~라는 점에 유의하십시오 receipt 영수증 submit ~을 제출하다 reimburse ~에게 환급해 주다 expense 지출 (비용), 경비 so that ~하도록 considering ~을 고려하면 given that ~임을 고려하면 in case of ~의 경우에

11.

정답 (C)

해석 이번 분기의 업계 분석 보고서에 나타나 있는 것처럼, 핸슨 자동차 주식회사가 중국에서 선도적인 자동차 회사로 떠오르고 있다.

해설 빈칸 뒤에 주어 없이 indicated가 이끄는 구가 쓰여 있고, 콤마 뒤에는 주어와 동사를 포함한 절이 이어져 있다. 따라서, 빈칸에 접속사가 들어가 「접속사 + 과거분사」로 구성되는 분사구문을 만들어야 하며, indicated in과 어울려 '~에 나타나 있는 것처럼'을 의미할 때 사용하는 접속사 (C) As가 정답이다. 접속사 (A) While은 「접속사 + 과거분사」로 구성되는 분사구문에 쓰일 수는 있지만 의미가 맞지 않으며, (B) Similarly는 부사이다. 접속사 (D) Until은 분사구문에 쓰이지 않는다.

어휘 indicate ~을 나타내다, ~을 가리키다 quarter 분기 analysis 분석 emerge (새롭게) 떠오르다, 생겨나다, 드러나다 leading 선도적인, 앞서 가는 while ~하는 동안,

~인 반면에 similarly 유사하게, 마찬가지로 until ~할 때까지

12.

정답 (C)

해석 공사장 인부들은 근무 중인 동안 반드시 모든 안전 규정을 준수하고 보호 장비를 착용해야 한다.

해설 빈칸 뒤에 전치사구 on duty가 쓰여 있으므로 전치사구와 함께 사용할 수 있는 접속사로서 '~하는 동안'을 뜻하는 (C) while이 정답이다.

어휘 adhere to ~을 준수하다, ~을 고수하다 regulation 규정, 규제 equipment 장비 on duty 근무 중인, 일하는 중인 instead 대신 since ~한 이후로, ~하기 때문에

13.

정답 (D)

해석 신임 편집장 짐 로저스 씨를 고용한 이후로, 출판사 위즈덤 북은 인공 지능 기술로 자사의 초점을 계속 변경해 오고 있다.

해설 빈칸 뒤에 주어 없이 hiring이 이끄는 구가 쓰여 있고, 콤마 뒤에는 주어와 동사를 포함한 절이 이어져 있다. 따라서, 빈칸에 접속사가 들어가 「접속사 + 현재분사」로 구성되는 분사구문을 만들어야 하므로 이러한 구조에 어울리는 접속사 (D) Since가 정답이다.

어휘 hire ~을 고용하다 editor 편집자 firm 회사, 업체 shift A to B: A를 B로 변경하다 focus 초점, 중점 artificial intelligence 인공 지능 despite ~에도 불구하고 as much as ~만큼 많이, (양보) ~이기는 하지만

14.

정답 (B)

해석 그 회사는 자사의 모든 제품에 대해 종합적인 품질 보증 서비스를 제공하는 반면, 경쟁사들은 오직 엄선된 제품에 대해 제한적인 보상 서비스를 제공한다.

해설 빈칸 앞뒤에 주어와 동사를 포함한 절이 각각 하나씩 쓰여 있으므로 빈칸은 이 절들을 연결할 접속사가 필요한 자리이다. 또한, 빈칸 앞뒤의 절들이 품질 보증 서비스와 관련 한 회사와 경쟁사들 사이에 존재하는 차이점을 말하는 대조적인 내용이므로 '~인 반면에'라는 의미로 대조를 나타낼 때 사용하는 접속사 (B) whereas가 정답이다. (A) unlike는 전치사이며, 접속사 (C) as far as와 (D) in order that은 의미가 맞지 않는다.

어휘 comprehensive 종합적인, 포괄적인 warranty 품질 보증(서) competitor 경쟁사, 경쟁자 limited 제한적인 coverage (보험 등의) 보상 select a. 엄선된, 선별된 unlike ~와 달리 whereas ~인 반면에 as far as ~하는 한, ~만큼 멀리 in order that ~하기 위해서

15.

정답 (C)

해석 그 낡은 프린터의 작동 상태가 아무리 엉망이라도, 필요할 때
는 여전히 깨끗한 사본을 만들어낼 수 있다.

해설 빈칸 뒤에 「부사 + 주어 + 동사」로 이어지는 절이 쓰여 있어
이러한 구조의 절과 어울려 '아무리 ~하더라도'라는 의미를
나타낼 때 사용하는 접속사 (C) However가 정답이다. (A)
Rather와 (D) Usually는 부사이며, 접속사 (B) In case는 형
용사가 도치된 절을 이끌 수 없다.

어휘 poorly 형편없이, 엉망으로 function 가동되다, 기능하다
manage to do ~해낼 수 있다, 어떻게든 ~하다 when
necessary 필요할 때 rather 다소, 오히려, 좀, 약간 in
case (that) ~할 경우에 (대비해) usually 일반적으로,
평소에

UNIT 11 명사절 접속사

POINT 1 명사절 접속사 기본 사항

Trek Sports Co. will determine [**whether** / that] it will
continue with its current marketing strategy after
reviewing the latest market research.
트렉 스포츠 주식회사는 최근 시장 조사 자료를 검토한 후에 현재
의 마케팅 전략을 지속할지 결정할 것이다.

A panel of judges will decide [**who** / whose] is best
qualified for the post.
심사 위원단에서 누가 그 자리에 가장 적격인지 결정할 것입니다.

POINT 2 명사절의 구조

A government survey indicates [**that** / what]
employees prefer flexible working hours over
additional pay.
정부 설문 조사에 따르면 직원들이 추가 수당보다 탄력적인 근무
시간을 선호하는 것으로 나타난다.

Our technicians are asked to determine [**what** /
that] makes the NovaTone so popular among music
enthusiasts.
저희 기술자들은 무엇이 노바톤을 음악 애호가들 사이에서 그렇게
인기 있게 만드는지 밝혀 달라고 요청 받습니다.

Blue Horizon Café's outdoor seating is [what / **where**]
it truly stands out from the competitors.
블루 호라이즌 카페의 옥외 좌석 공간은 진정으로 경쟁업체들보다
두드러지는 장소이다.

POINT 3 명사절 접속사 + to부정사

Employees of Markinson Design Studio can decide
[that / **whether**] to work in the office or from home.
마킨슨 디자인 스튜디오의 직원들은 사무실에서 근무할지, 아니면
집에서 근무할지 결정할 수 있다.

All staff must participate in tomorrow's brainstorming
session and demonstrate [what / **how**] to promote the
upcoming sales drive.
전 직원들께서는 반드시 내일 아이디어 회의 시간에 참여해 다가오
는 판매 활동을 촉진할 방법을 설명해 주셔야 합니다.

POINT 4 명사절 접속사 that

The assembly manual for the furniture indicates [so
/ **that**] the back panel should be secured before
attaching the side panels.
그 가구의 조립 설명서에는 후면 패널이 측면 패널들을 부착하기
전에 고정되어야 하는 것으로 나타나 있다.

The production manager is confident [of / **that**] his
team will meet the deadline of the product launch.
생산 관리 책임자는 자신의 팀이 제품 출시 마감 기한을 맞출 것이
라고 확신하고 있다.

The e-mail serves as [compensation / **confirmation**]
that we have successfully received your payment.
이 이메일은 저희가 귀하의 결제 비용을 성공적으로 수납했다는 확
인서의 역할을 합니다.

POINT 5 「wh + ever」 형태의 명사절 접속사

Ms. Evans assured us that she will provide [**whatever**
/ whoever] is necessary for the success of the project.
에반스 씨는 자신이 그 프로젝트의 성공에 필요한 무엇이든 제공해
줄 것이라고 우리에게 보장해 주었다.

[**Whoever** / Whichever] attends the book fair will be eligible for a special networking session with several renowned writers.

그 도서 박람회에 참석하시는 분은 누구든 몇몇 유명한 작가들과 함께 하는 특별 교류 시간에 참가할 자격이 있을 것입니다.

REVIEW NOTE

1. 명사절 접속사

명사절 접속사	명사절 접속사 뒤에 이어지는 절의 구조
❶ who, whom	+ 불완전한 절
❷ whose, which	명사 + 불완전한 절
❸ that	+ 완전한 절
❹ what, which	+ 불완전한 절
❺ when, where, why, how	+ 완전한 절
❻ whether, if	+ 완전한 절 * whether는 or 또는 or not과 잘 쓰인다.

2. 명사절 접속사 + to부정사

whether	
where	
what	+ to부정사
how	

3. 「wh + ever」 명사절 접속사

whoever	+ 불완전한 절	~하는 사람은 누구든 = anyone who ~
whatever	+ 불완전한 절	~하는 것은 무엇이든 = anything that ~
whichever	+ 불완전한 절	~하는 어떤 것이든 = any one of which ~

기출 PRACTICE

1. (A)	2. (A)	3. (C)	4. (A)	5. (C)
6. (D)	7. (D)	8. (A)	9. (A)	10. (B)
11. (C)	12. (B)	13. (D)	14. (D)	15. (B)

1.
정답 (A)

해석 모든 손님들께 사진 촬영이 고대 동굴 투어 중에 허용되지 않는다는 사실을 알려 주시기 바랍니다.

해설 빈칸 앞에 위치한 동사 inform은 「inform + 목적어 + that 절」의 구조로 쓰여 '~에게 …라는 사실을 알리다'라는 의미를 나타내므로 빈칸 뒤에 위치한 절을 이끌 수 있는 명사절 접속사 (A) that이 정답이다.

어휘 take a photo 사진을 촬영하다 ancient 고대의 cave 동굴 unless ~하지 않는다면 then 그때, 그런 다음, 그렇다면

2.
정답 (A)

해석 현재, 웨스트헤이븐 글라스웍스는 파인포드 세큐리티 사와의 유지 보수 계약을 갱신할 것인지 결정하고 있다.

해설 빈칸 이하 부분이 타동사 is determining의 목적어 역할을 해야 하며, 빈칸 뒤에 위치한 to부정사와 어울리는 단어가 필요하므로 '~할 것인지'를 뜻하는 「whether + to부정사」를 구성하는 접속사 (A) whether가 정답이다.

어휘 currently 현재 determine ~을 결정하다 renew ~을 갱신하다 maintenance 유지 보수, 시설 관리 contract 계약(서) either (A or B): (A 또는 B) 둘 중의 하나

3.
정답 (C)

해석 홀리아 오피스 파크의 행정 관리자는 계속되는 공사에 의해 초래되는 불편함을 줄이는 데 필요한 무엇이든 할 것이라고 우리에게 다짐했다.

해설 타동사 do와 to부정사 to reduce 사이에 위치한 빈칸과 is needed가 타동사 do의 목적어 역할을 할 명사절을 구성해야 알맞으므로 빈칸은 명사절 접속사 자리이다. 또한, '필요한 무엇이든'이라는 의미를 나타내야 자연스러우므로 '~하는 것은 무엇이든'을 뜻하는 명사절 접속사 (C) whatever가 정답이다.

어휘 administrator 행정 관리자 assure A that: A에게 ~라고 보장하다, A에게 ~라고 장담하다 reduce ~을 줄이다, ~을 감소시키다 inconvenience 불편함 cause ~을 초래하다 ongoing 계속되는 whoever ~하는 사람은 누구든

4.
정답 (A)

해석 <뉴스 업데이트>의 구독자로서, 저는 최신 정치 및 경제 동향을 잘 알고 있다는 확신을 갖게 되었습니다.

해설 빈칸 앞에 위치한 confident는 that이 이끄는 명사절과 어울려 '~임을 확신하는'이라는 의미를 나타내므로 명사절 접속사 (A) that이 정답이다.

어휘 subscriber (서비스 등의) 구독자, 가입자 be aware of ~을 알고 있다 latest 최신의 political 정치적인 economic 경제의 trend 동향, 추세

5.

정답 (C)

해석 각 학위에 대해 어느 강의들이 필수적인지 명시되어 있는 강의 일람표를 참고하시기 바랍니다.

해설 빈칸 뒤에 명사 classes와 동사 are required로 이어지는 절이 쓰여 있으므로 명사를 수식함과 동시에 절을 이끌 수 있는 명사절 접속사 (C) which가 정답이다.

어휘 refer to ~을 참고하다 specify ~을 명시하다 required 필수의, 필요한 degree 학위

6.

정답 (D)

해석 그로튼 영화사를 인수하는 사람은 누구든 아마 연예계에서 가장 수익성 좋은 투자들 중 하나를 하게 될 것이다.

해설 빈칸과 acquires the Grotten Film Studio가 조동사 will 앞에서 문장 전체의 주어 역할을 하는 명사절을 구성해야 알맞으므로 빈칸은 명사절 접속사 자리이다. 또한, 동사 acquires 앞에서 주어 역할을 해야 하며, '~을 인수하는 사람은 누구든 가장 수익성 좋은 투자들 중 하나를 하게 될 것이다'를 의미해야 자연스러우므로 '~하는 사람은 누구든'을 뜻하는 명사절 접속사 (D) Whoever가 정답이다.

어휘 acquire ~을 인수하다, ~을 획득하다 lucrative 수익성 좋은 investment 투자(금) industry 업계, 산업

7.

정답 (D)

해석 직원들께서는 소속 부서장님께 마감 기한 일정을 재조정해야 하는지 충분히 일찍 알려 주시기 바랍니다.

해설 타동사 know와 부사구 early enough 뒤에 위치한 빈칸과 they have to reschedule the deadline이 타동사 know 의 목적어 역할을 할 명사절을 구성해야 하므로 빈칸은 명사절 접속사 자리이다. 또한, 이 명사절이 '마감 기한 일정을 재조정해야 하는지'를 의미해야 자연스러우므로 '~인지 (아닌지)'를 뜻하는 명사절 접속사 (D) whether가 정답이다.

어휘 be recommended to do ~하도록 권장되다 let A know: A에게 알리다 supervisor 부서장, 상사, 감독 reschedule ~의 일정을 재조정하다 deadline 마감 기한 either (A or B): (A 또는 B) 둘 중의 하나

8.

정답 (A)

해석 레일리 일렉트로닉스의 경영진은 중요 부품의 부족 문제로 인

해 언제 자사의 새 태블릿 PC라인을 출시할 것인지 확신하지 못한다.

해설 빈칸 뒤에 주어와 동사를 포함한 절이 쓰여 있어 '~인지 확신하지 못하다'를 뜻하는 「is not sure + 명사절」을 구성해야 알맞다. 또한, 빈칸 뒤에 「주어 + 타동사 + 명사 목적어」로 이어지는 구성이 완전한 절이 쓰여 있으므로 완전한 절을 이끄는 명사절 접속사 (A) when이 정답이다. (D) what은 불완전한 절을 이끄는 명사절 접속사이다.

어휘 management 경영(진), 관리(진) release ~을 출시하다, ~을 발매하다 due to ~로 인해, ~ 때문에 shortage 부족 component 부품 either (A or B): (A 또는 B) 둘 중의 하나

9.

정답 (A)

해석 커뮤니티 트레이닝 센터는 구직 활동에 도움이 필요하신 분은 누구든 저희 공공 직업 훈련 강좌에서 환영 받을 것임을 보장해 드립니다.

해설 동사 guarantees의 목적어 역할을 하는 that절에서 빈칸은 needs assistance with job seeking과 will be 이하의 주어 역할을 해야 하며, '구직 활동에 도움이 필요하신 분은 누구든'이라는 의미를 구성해야 자연스러우므로 '~하는 사람은 누구든'을 뜻하는 명사절 접속사 (A) whoever가 정답이다.

어휘 guarantee that ~임을 보장하다 assistance 지원, 도움 job seeking 구직 활동 public 공공의, 대중의

10.

정답 (B)

해석 우리 마케팅부에 의해 실시된 최근 설문 조사는 우리 신제품의 인기가 젊은 성인들 사이에서 빠르게 상승해 오고 있다는 점을 확인해 주었다.

해설 빈칸 앞에 과거시제로 쓰여 있는 타동사 confirm은 that이 이끄는 명사절을 목적어로 취해 '~임을 확인해 주다'라는 의미를 나타내므로 명사절 접속사 (B) that이 정답이다.

어휘 recent 최근의 conduct ~을 실시하다 division (회사 등의) 부, 국, 과 confirm ~을 확인해 주다 popularity 인기 grow 상승하다, 증가하다 while ~하는 동안, ~인 반면에

11.

정답 (C)

해석 저희는 둔화된 주택 시장을 재활성화하고 지역 경제를 개선하기 위해 저희가 할 수 있는 것을 개괄적으로 설명하는 귀하의 제안서에 매우 깊은 인상을 받았습니다.

해설 빈칸과 we can do가 빈칸 앞에 현재분사로 쓰인 타동사 outline의 목적어 역할을 할 명사절을 구성해야 알맞다. 또한, we can do가 타동사 do의 목적어가 빠진 불완전한 절이므로

불완전한 절을 이끄는 명사절 접속사 (C) what이 정답이다.

어휘 be impressed by ~에 깊은 인상을 받다 proposal
제안(서) outline ~을 개괄적으로 설명하다 reactivate
~을 재활성화하다 improve ~을 개선하다, ~을 향상시키다
local 지역의, 현지의

12.

정답 (B)

해석 운영 위원회는 누가 올해의 직원으로 인정 받을 것인지 결정하
지 위해 금요일에 모일 것이다.

해설 빈칸 이하 부분은 to부정사로 쓰인 타동사 decide의 목적어
역할을 할 명사절을 구성해야 하며, 빈칸 뒤에 주어 없이 조동
사 will로 시작하는 불완전한 절이 쓰여 있으므로 불완전한 절
을 이끄는 명사절 접속사 (B) who가 정답이다.

어휘 operation 운영, 가동, 영업 committee 위원회 decide
~을 결정하다 recognize ~을 인정하다

13.

정답 (D)

해석 인터뷰 내용에 따르면, 요한센 씨는 자신의 분야에서 권위 있
는 평생 공로상을 받을 것이라고는 확신하지 못하고 있다.

해설 빈칸 뒤에 that이 이끄는 절이 쓰여 있어 이 that절과 어울
리는 형용사가 필요하다. '~인지 확신하지 못하다, ~임을 의
심하다'를 뜻하는 「be doubtful + that절」을 구성하는 (D)
doubtful이 정답이다.

어휘 according to ~에 따르면 receive ~을 받다
prestigious 권위 있는 field 분야 practical 현실적인,
실용적인 random 무작위의 available 이용 가능한, 구입
가능한

14.

정답 (D)

해석 저희 배송 트럭들은 여러분의 배송품이 어디 있는지 정확히 보
여 드릴 수 있는 GPS 추적 장치를 지니고 있어, 고객들을 위
한 정확한 배송 정보를 보장해 드립니다.

해설 타동사 show와 부사 exactly 뒤에 위치한 빈칸과 your
package is는 show의 목적어 역할을 할 명사절을 구성해야
알맞다. 또한, 완전한 절 your package is(「주어 + 자동사」
의 1형식 구조)를 이끌 수 있는 명사절 접속사가 필요하며, '배
송품이 어디 있는지'를 의미해야 알맞으므로 이러한 구조 및
의미에 어울리는 명사절 접속사 (D) where가 정답이다.

어휘 carry ~을 지니다, ~을 나르다, ~을 휴대하다 tracker 추적
장치 exactly 정확히 ensure ~을 보장하다 accurate
정확한

15.

정답 (B)

해석 다가오는 워크숍 중에, 저희 전문 팀이 효과적인 영업 발표를
준비하고 진행하는 방법을 설명해 드릴 것입니다.

해설 빈칸 뒤에 위치한 to부정사와 어울리는 명사절 접속사가 빈칸
에 필요하며, '발표를 준비하고 진행하는 방법'을 의미해야 알
맞으므로 '~하는 방법'을 뜻하는 「how + to do」를 구성하는
(B) how가 정답이다.

어휘 upcoming 다가오는 explain ~을 설명하다 prepare
~을 준비하다 deliver (연설 등) ~을 하다 effective
효과적인 sales 영업, 판매(량), 매출

UNIT 12 등위접속사 / 상관접속사

POINT 1 등위접속사는 키워드 및 의미 연결 관계 파악

The uniforms that were delivered were the wrong
sizes, [so / but] we had to return them.
배송된 유니폼의 사이즈가 맞지 않아서 우리는 그것들을 반품해야
했다.

If you are seeking a venue for a corporate event [or /
yet] an informal gathering, the Ivy Hotel has a room to
meet your needs.
기업 행사 또는 격식 없는 모임을 위한 행사장을 찾고 계시는 경우,
아이비 호텔에 여러분의 요구 사항을 충족해 드릴 공간이 있습니다.

POINT 2 상관접속사는 1초 문제: 해석 금지!

AdventureTrail travel guides come in [almost / both]
print and digital formats.
어드벤처트레일 여행 가이드북은 인쇄 형태와 디지털 형태 둘 다
나온다.

New customers of Skyview Bank must contact
customer service [either / besides] by phone or
e-mail to verify their identity.
스카이뷰 은행의 신규 고객들은 신분을 증명하기 위해 반드시 전화
또는 이메일 둘 중 하나로 고객 서비스부에 연락해야 한다.

REVIEW NOTE

1. 등위접속사

❶ and
❷ but (= yet)
❸ or
❹ so
❺ as well as
❻ rather than

2. 상관접속사

❶ both A and B   A와 B 둘 모두
❷ not only A but also B   A뿐만 아니라 B도
❸ A and B alike   A와 B 둘 다 마찬가지로
❹ either A or B   A 또는 B 둘 중 하나
❺ not A but B   A가 아니라 B
❻ neither A nor B   A와 B 둘 다 아닌

기출 PRACTICE

1. (B)	2. (D)	3. (D)	4. (C)	5. (C)
6. (B)	7. (C)	8. (B)	9. (A)	10. (A)
11. (C)	12. (C)	13. (D)	14. (C)	15. (A)

1.

정답 (B)

해석 뉴먼 인베스트먼트 계약 건을 성공적으로 체결함으로써, 휴즈 씨는 자신이 경험 많은 협상가이면서 전략가임을 보여 주었다.

해설 빈칸 앞뒤에 나란히 위치한 두 명사 negotiator와 strategist 를 연결할 등위접속사가 필요하며, '경험 많은 협상가이자 전략가임을 보여 주었다'와 같은 의미를 구성해야 자연스러우므로 '~와, ~이면서, 그리고' 등을 뜻하는 등위접속사 (B) and 가 정답이다.

어휘 by (방법) ~함으로써, ~해서 successfully 성공적으로 close a deal 계약을 체결하다 demonstrate that ~임을 보여 주다, ~임을 증명하다 experienced 경험 많은 negotiator 협상가 strategist 전략가

2.

정답 (D)

해석 요즘, 점점 더 많은 회사들이 잠재적 유지 보수 비용으로 인해 장비를 구입하는 것이 아니라 임대하고 있다.

해설 빈칸 앞뒤에 나란히 위치한 두 동사구 lease equipment와 buy it를 연결할 등위접속사가 필요하며, '구입하는 것이 아니라 임대하고 있다'와 같은 의미를 구성해야 자연스러우므로 '~가 아니라'를 뜻하는 등위접속사 (D) rather than이 정답이다.

어휘 lease ~을 임대하다 equipment 장비 due to ~로 인해, ~ 때문에 potential 잠재적인 maintenance 유지 보수, 시설 관리 on account of ~ 때문에

3.

정답 (D)

해석 고성능이지만 비싸지 않은 기계의 추가가 대부분의 우리 생산 시설에서 전반적인 생산성을 향상시켜 왔다.

해설 등위접속사 yet은 「A yet B」의 구조로 'A하지만 B한'이라는 의미로 상반된 내용을 연결한다. 따라서, high-powered와 함께 '고성능이지만 비싸지 않은'이라는 의미를 구성해야 자연스러우므로 '비싸지 않은'을 뜻하는 형용사 (D) inexpensive 가 정답이다.

어휘 addition 추가(되는 것) high-powered 고성능의 A yet B: A하지만 B한 machinery 기계(류) improve ~을 향상시키다, ~을 개선하다 productivity 생산성 production 생산, 제작 facility 시설(물) cautious 조심스러운, 신중한 undecided 결정되지 않은, 미정의 incomplete 불완전한, 미완성의 inexpensive 비싸지 않은

4.

정답 (C)

해석 발표가 종료될 때, 참석자들께서는 편하실 때 시도해 보실 수 있도록 샘플들을 댁으로 가져가시는 것뿐만 아니라 설문 조사 양식도 작성하시도록 요청 받으실 것입니다.

해설 빈칸 앞뒤에 나란히 위치한 두 개의 to부정사구 to fill out a survey form과 take our samples home(반복 요소인 to는 생략)을 연결할 수 있는 등위접속사 (C) as well as가 정답이다.

어휘 presentation 발표(회) attendee 참석자 be asked to do ~하도록 요청 받다 fill out ~을 작성하다 survey 설문 조사(지) form 양식, 서식 at one's convenience ~가 편할 때 so that (목적) ~하도록, (결과), 그래서, 그래야 for instance 예를 들어

5.

정답 (C)

해석 해마다, ABM 광고 대행사의 직원들은 자신만의 업무 공간을 선택하거나 배정된 곳에 남아 있을 수 있는 선택권을 제공 받는다.

해설 빈칸 앞뒤에 나란히 위치한 두 개의 to부정사구 to choose their own workspace와 remain at an assigned one(반복 요소인 to는 생략)을 연결할 수 있는 등위접속사가 필요하

다. 또한, option을 수식하는 to부정사로서 '자신만의 업무 공간을 선택하거나 배정된 곳에 남아 있을 수 있는'을 의미해야 알맞으므로 '~이나, 또는, 아니면'을 뜻하는 등위접속사 (C) or가 정답이다.

어휘 choose ~을 선택하다 remain 남아 있다, 여전히 ~이다 assign ~을 배정하다, ~을 할당하다

6.

정답 (B)

해석 샘슨 사의 새 휴대전화기는 최신 칩을 특별히 포함하고 있진 않지만, 그런데도 시중에 나와 있는 다른 기기들과 경쟁할 정도로 충분히 빠르다.

해설 빈칸 앞뒤에 주어와 동사를 포함한 절이 하나씩 각각 쓰여 있고, 선택지가 모두 접속사이므로 의미가 알맞은 것을 찾아야 한다. '~은 최신 칩을 특별히 포함하고 있진 않지만, 다른 기기들과 경쟁할 정도로 충분히 빠르다'와 같은 의미를 나타내야 자연스러우므로 '하지만, 그러나' 등을 뜻하는 등위접속사 (B) but이 정답이다.

어휘 feature v. ~을 특별히 포함하다 latest 최신의 still 그런데도 enough to do (형용사 뒤에서) ~할 정도로 충분히 compete with ~와 경쟁하다 device 기기, 장치

7.

정답 (C)

해석 놀란 씨는 등산하는 동안 아름다운 경치 사진을 촬영하는 것을 즐기므로, 항상 성능보다 카메라의 크기와 무게를 우선시한다.

해설 빈칸 앞뒤에 주어와 동사를 포함한 절이 하나씩 각각 쓰여 있고, 선택지가 모두 접속사이므로 의미가 알맞은 것을 찾아야 한다. '아름다운 경치 사진을 촬영하는 것을 즐기므로, ~보다 카메라의 크기와 무게를 우선시한다'와 같은 의미를 구성해야 자연스러우므로 '~이므로, 그래서' 등을 뜻하는 등위접속사 (C) so가 정답이다.

어휘 take a photo of ~을 사진 촬영하다 scenery 경치, 풍경 while -ing ~하는 동안 prioritize ~을 우선시하다 over (비교) ~보다 performance 성능 while ~하는 동안, ~인 반면에

8.

정답 (B)

해석 켈리스 다이닝 클럽은 지금 자택 배달 시스템을 도입해야 하며, 그렇지 않으면 배달을 기반으로 하는 더 작은 매장들에게 시장 점유율을 잃을 수 있다.

해설 빈칸 앞뒤에 주어와 동사를 포함한 절이 하나씩 각각 쓰여 있고, 선택지가 모두 접속사이므로 의미가 알맞은 것을 찾아야 한다. '지금 자택 배달 시스템을 도입해야 하며, 그렇지 않으면

시장 점유율을 잃을 수 있다'와 같은 의미를 구성해야 자연스러우므로 '그렇지 않으면'을 뜻하는 등위접속사 (B) or가 정답이다.

어휘 introduce ~을 도입하다, ~을 소개하다 market share 시장 점유율 A-based: A를 기반으로 하는

9.

정답 (A)

해석 웨스트필드 텔레콤 사는 전화와 이메일 둘 모두를 이용해 고객 불만 사항을 처리한다.

해설 빈칸 뒤에 두 명사 phone과 e-mail이 and로 연결되어 있어 'A와 B 모두'를 뜻하는 상관접속사 「both A and B」를 구성해야 알맞으므로 (A) both가 정답이다.

어휘 handle ~을 처리하다, ~을 다루다 complaint 불만, 불평 by (방법) ~을 이용해, ~을 통해 either (A or B): (A 또는 B) 둘 중의 하나 whether ~인지 (아닌지), ~와 상관없이

10.

정답 (A)

해석 판매량이 현재의 속도로 지속적으로 늘어나는 경우, 에덴 코즈메틱스 사는 올해 수익 목표를 초과할 수 있을 뿐만 아니라, 상당한 시장 점유율도 얻을 수 있을 것이다.

해설 빈칸 뒤에 surpass가 이끄는 동사구가 쓰여 있고, 그 뒤로 but과 또 다른 동사 gain이 이끄는 동사구가 쓰여 있다. 따라서, but과 짝을 이뤄(also는 생략된 상태) 'A뿐만 아니라 B도'라는 의미로 상관접속사를 구성하는 (A) not only가 정답이다.

어휘 continue to do 지속적으로 ~하다 grow 늘어나다, 증가하다 current 현재의 rate 속도, 요금, 비율, 등급 surpass ~을 초과하다 revenue 수익, 수입 gain ~을 얻다 significant 상당한 market share 시장 점유율 in case (that) ~할 경우에 (대비해) as well ~도, 또한

11.

정답 (C)

해석 테스트 그룹이 제공한 의견에 따르면 우리의 새 전략 게임이 지닌 줄거리와 그래픽 둘 모두 우리의 장기적인 팬들의 마음을 끌지 못할 것으로 나타난다.

해설 빈칸 앞에 위치한 neither와 짝을 이뤄 'A도 B도 아닌'을 뜻하는 상관접속사 「neither A nor B」를 구성하는 (C) nor가 정답이다.

어휘 feedback 의견 indicate that ~임을 나타내다 plot 줄거리 strategy 전략 appeal to ~의 마음을 끌다

12.

정답 (C)

해석 고객들께서 우리 러닝머신의 다양한 스피드 선택권을 마음에 들어 하시기는 하지만, 여전히 작동 중에 소음 감소 필요성이 존재한다고 느끼고 계십니다.

해설 빈칸 앞뒤에 주어와 동사를 포함한 절이 하나씩 각각 쓰여 있고, 선택지가 모두 접속사이므로 의미가 알맞은 것을 찾아야 한다. '마음에 들어 하기는 하지만, 여전히 작동 중에 소음 감소 필요성이 존재한다고 느끼다'와 같은 의미를 나타내야 자연스러우므로 '하지만, 그러나' 등을 뜻하는 등위접속사 (C) but이 정답이다.

어휘 treadmill 러닝머신 reduce ~을 감소시키다 operation 작동, 가동, 운영

13.

정답 (D)

해석 새로운 근무 정책이 직원들과 관리자들 모두에게 똑같이 유익하므로, 모두를 위해 더욱 균형 잡힌 업무 환경을 보장해 주고 있다.

해설 빈칸 앞에 두 개의 명사 staff와 managers가 'A and B'의 구조로 연결되어 있으므로 이 구조와 어울려 'A와 B 둘 모두 마찬가지로'를 의미하는 「A and B alike」를 구성하는 (D) alike가 정답이다.

어휘 policy 정책, 방침 benefit ~에게 유익하다 ensure ~을 보장하다 balanced 균형 잡힌 instead 대신

14.

정답 (C)

해석 여러 후보자들 중에서, 유 씨 또는 성 씨 둘 중 한 사람이 관리직으로의 승진에 가장 적합한 것으로 보입니다.

해설 빈칸 앞에 두 개의 명사 Mr. Yoo와 Ms. Sung이 'A or B'의 구조로 연결되어 있으므로 이 구조와 어울려 'A 또는 B 둘 중의 하나'를 의미하는 「either A or B」를 구성하는 (C) either가 정답이다.

어휘 several 여럿의, 몇몇의 candidate 후보자, 지원자 appear to do ~하는 것으로 보이다, ~하는 것 같다 suitable 적합한, 알맞은 promotion 승진, 홍보, 판촉, 촉진 whoever ~하는 사람은 누구든

15.

정답 (A)

해석 신중한 고려 끝에, 브라운 씨는 윌로우 앤 체임버스 법률 회사가 아니라 프레스티지 법무 그룹의 임원직을 수락했다.

해설 빈칸 앞뒤에 두 개의 회사명에 해당하는 명사구가 나란히 쓰여 있어 이 명사구들을 연결할 등위접속사가 필요하며, '윌로우 앤 체임버스 법률 회사가 아니라 프레스티지 법무 그룹의

임원직을 수락했다'를 의미해야 알맞으므로 '~가 아니라'를 뜻하는 등위접속사 (A) rather than이 정답이다.

어휘 careful 신중한 consideration 고려 accept ~을 수락하다, ~을 받아들이다 executive 임원의, 이사의 moreover 더욱이, 게다가 instead 대신 so that (목적) ~하도록, (결과) 그래서, 그래야

UNIT 13 전치사

POINT 1 전치사 기본 출제 포인트

Mr. Chen has been responsible for managing finances [while / **during**] his 20-year career at Mancini Footwear Co.
첸 씨는 만치니 풋웨어 주식회사에서 보낸 20년 동안의 경력 중에 재무 관리를 책임져 왔다.

[For / **As**] CEO of Gourmet Food Chain, Ms. Ramon will announce its merger with Norman Holdings next week.
고메 푸드 체인의 대표 이사로서, 레이먼 씨는 다음 주에 노먼 홀딩스와의 합병을 발표할 것이다.

The mayor plans to meet with local reporters [**following** / under] the town hall meeting.
시장님께서 시청 회의 후에 지역 기자들과 만나실 계획입니다.

POINT 3 최빈출 시간/장소/위치 전치사

We offer free estimates for renovation projects, and our representatives will contact you [**within** / around] 24 hours of your request.
저희는 개조 공사 프로젝트에 대해 무료 견적서를 제공해 드리며, 저희 직원들이 귀하의 요청 후 24시간 이내에 귀하께 연락 드릴 것입니다.

[**Throughout** / Along] the office relocation period, all staff are required to arrive 30 minutes early to ensure a smooth and efficient transition.
사무실 이전 기간 전체에 걸쳐, 전 직원은 순조롭고 효율적인 전환을 보장할 수 있도록 30분 일찍 도착해야 합니다.

Blue Mountain Chemicals has announced plans to invest [on / **in**] next-generation renewable energy, including wearable solar technology.
블루 마운틴 케미컬즈 사는 착용 가능한 태양열 기술을 포함한, 차세대 재생 가능 에너지에 투자하겠다는 계획을 발표했다.

POINT 4 기타 빈출 전치사

These days, one of the best ways to advertise your business is [about / **through**] generating positive reviews on social media.
요즘, 여러분의 업체를 광고하는 최고의 방법들 중 하나는 소셜 미디어에서 긍정적인 후기를 만들어내는 것을 통해서입니다.

A heated debate has been going on for hours [**over** / during] the proposed revision of the recruitment policies.
채용 정책 변경 제안에 관한 열띤 토론이 몇 시간째 계속 되어 오고 있다.

An informational meeting [**for** / to] all marketing staff will be held today at 1:00 P.M. in the main conference room.
모든 마케팅 직원을 대상으로 하는 설명회가 본관 대회의실에서 오늘 오후 1시에 개최될 것입니다.

Employees who plan to resign [of / **from**] their position are recommended to submit the request 30 days before their intended departure date.
직책에서 사직할 계획인 직원들은 의도된 사직 날짜보다 30일 전에 요청서를 제출하시도록 권장됩니다.

Since the introduction of the new package tracking system, the rate of items missing in transit has dropped [with / **by**] an impressive 35 percent.
새로운 배송품 추적 시스템의 도입 이후로, 운송 중에 분실되는 제품의 비율이 인상적인 수준인 35퍼센트만큼 하락해 왔다.

기출 PRACTICE

1. (A)	**2.** (A)	**3.** (B)	**4.** (D)	**5.** (A)
6. (C)	**7.** (B)	**8.** (B)	**9.** (A)	**10.** (B)
11. (A)	**12.** (D)	**13.** (C)	**14.** (D)	**15.** (A)

1.

정답 (A)

해석 웨스트우드 민속 박물관은 웨스트우드 전통 마을에서, 윌로우브룩 기차역 맞은편에 편리하게 위치해 있다.

해설 빈칸 뒤에 기차역을 뜻하는 명사구 the Willowbrook train station이 쓰여 있어 이곳과의 위치 관계를 나타낼 전치사가 필요하므로 '~ 맞은편에'를 뜻하는 (A) opposite이 정답이다. (D) across 뒤에는 건너야 하는 대상을 나타내는 명사가 목적어로 쓰인다.

어휘 be located in ~에 위치해 있다 conveniently 편리하게 except ~을 제외하고 throughout (기간) ~ 전체에 걸쳐, (장소) ~ 전역에서 across ~을 가로질러, ~을 건너

2.

정답 (A)

해석 제한적인 예산에도 불구하고, 헤일리 씨는 우리가 계획대로 주요 언론 매체를 통해 전국적인 광고 캠페인을 진행해야 한다고 주장했다.

해설 빈칸 뒤에 위치한 명사구 the limited budget이 '제한적인 예산'을 뜻하므로 '제한적인 예산에도 불구하고, 헤일리 씨는 계획대로 ~을 진행해야 한다고 주장했다'와 같은 의미를 구성해야 자연스럽다. 따라서, '~에도 불구하고'를 뜻하는 전치사 (A) Despite이 정답이다.

어휘 limited 제한적인 budget 예산 insist that ~라고 주장하다 proceed with ~을 진행하다 nationwide 전국적인 advertising 광고 (활동) media outlet 언론 매체 as planned 계획대로

3.

정답 (B)

해석 세이버리 테이블은 본점의 성공 후에 시내 지역에 지점을 하나 개장할 것이다.

해설 빈칸 뒤에 명사구 the success of its main location이 쓰여 있으므로 빈칸은 명사구를 목적어로 취할 전치사 자리이다. 또한, '본점의 성공 후에 시내 지역에 지점을 하나 개장할 것이다'와 같은 의미를 구성해야 자연스러우므로 '~ 후에'를 뜻하는 전치사 (B) following이 정답이다. (A) therefore는 부사, (C) because는 접속사이며, (D) toward는 의미가 맞지 않는 전치사이다.

어휘 branch 지점, 지사 district 지역, 구역 success 성공 location 지점, 위치 therefore 따라서, 그러므로 toward (위치 등) ~ 쪽으로, ~을 향해, (목적 등) ~을 위해

4.

정답 (D)

해석 결함 발생률이 사상 최고 수준에 도달한 것으로 인해 종합적

인 점검에 대한 필요성이 현재 고려되고 있다.

해설 빈칸 뒤에 위치한 the defect rates reaching the highest level ever는 「의미상 주어(the defect rates) + 동명사(reaching)」로 구성된 동명사구에 해당한다. 따라서, 이 동명사구를 목적어로 취할 전치사가 빈칸에 필요하며, 결함 발생률이 사상 최고 수준에 도달한 것이 종합적인 점검에 대한 필요성이 고려되는 원인으로 볼 수 있으므로 '~로 인해'라는 의미로 원인을 나타내는 전치사 (D) due to가 정답이다. (A) as far as와 (C) because는 접속사이며, (B) regarding은 의미가 맞지 않는 전치사이다.

어휘 comprehensive 종합적인, 포괄적인 inspection 점검, 검사 currently 현재 consider ~을 고려하다 defect 결함, 흠 rate 비율, 요금, 등급, 속도 reach ~에 도달하다, ~에 이르다 as far as ~하는 한 regarding ~와 관련해

5.

정답 (A)

해석 결함이 있는 제품을 교환하고자 하시는 경우, 귀하의 기기 뒷면 하단 오른쪽 구석에 있는 일련 번호를 입력하시기 바랍니다.

해설 빈칸 앞뒤에 각각 쓰여 있는 명사구 the serial number와 the back of your device 사이의 위치 관계를 나타낼 전치사가 필요하며, '기기 뒷면에'를 의미해야 알맞으므로 '(표면 등) ~에'를 뜻하는 (A) on이 정답이다.

어휘 exchange ~을 교환하다 defective 결함이 있는 device 기기, 장치

6.

정답 (C)

해석 우리의 새 게임 소프트웨어에 대한 저작권 소송이 오락물과 기술을 전문으로 하는 한 법률 회사에 의해 가장 잘 처리될 것이다.

해설 빈칸 앞에 현재분사로 쓰여 있는 동사 specialize는 전치사 in과 어울려 '~을 전문으로 하다'라는 의미를 나타내므로 (C) in이 정답이다.

어휘 copyright 저작권, 판권 lawsuit 소송 against ~에 대한, ~을 상대로 handle ~을 처리하다, ~을 다루다

7.

정답 (B)

해석 한 가지 중요한 프로젝트를 최종 확정하기 위해 늦게까지 남았던 몇몇을 제외하고, 대부분의 직원들이 악천후로 인해 일찍 퇴근했다.

해설 빈칸 뒤에 위치한 대명사 a few를 목적어로 취할 전치사가 빈칸에 필요하며, 늦게까지 남아 있던 몇몇 사람을 의미하므로 일찍 퇴근하지 않은 직원들임을 알 수 있다. 따라서, 제외 대상을 나타낼 전치사가 필요하므로 '~을 제외하고'를 뜻하는 (B)

except for가 정답이다.

어휘 due to ~로 인해, ~ 때문에 inclement weather 악천후 finalize ~을 최종 확정하다 in case of ~의 경우에 equally 똑같이, 동등하게

8.

정답 (B)

해석 에밀리스 케이터링 서비스 사의 정책에 따르면, 저희는 메뉴 선택 사항들에 대한 하룻밤 사이의 변경을 수용하지 않습니다.

해설 빈칸 뒤에 위치한 명사구 the policies를 목적어로 취할 전치사가 필요하며, policies(정책들)가 특정 변경 사항을 수용하지 않는다는 사실을 밝히는 일종의 근거에 해당하므로 '~에 따르면'이라는 의미로 정보 출처 등을 말할 때 사용하는 전치사 (B) According to가 정답이다. (C) Although는 접속사이므로 가장 먼저 오답 소거해야 한다.

어휘 policy 정책, 방침 accept ~을 수용하다 overnight 하룻밤 사이의 selection 선택 사항, 선택 (가능한 것들) except for ~을 제외하고 although 비록 ~이기는 하지만 instead of ~ 대신

9.

정답 (A)

해석 인사부에서 건강 문제로 인해 다음 주에 직책에서 사임하는 허먼 씨를 위해 송별회를 준비하고 있다.

해설 빈칸 앞에 미래진행시제로 쓰여 있는 동사 resign은 전치사 from과 어울려 '~에서 사임하다, ~에서 물러나다'라는 의미를 나타내므로 (A) from이 정답이다.

어휘 prepare ~을 준비하다 farewell party 송별회 position 직책, 일자리 due to ~로 인해 issue 문제, 사안

10.

정답 (B)

해석 MJ 엔터테인먼트 사는 일과 삶의 균형과 관련해 직원들이 더 나은 결정을 내리는 데 도움을 줄 일련의 회사 전체적인 워크숍을 계획하고 있다.

해설 빈칸 뒤에 위치한 명사구 work-life balance를 목적어로 취할 전치사가 빈칸에 필요하며, better decisions와의 의미 관계로 볼 때 '일과 삶의 균형과 관련된 더 나은 결정'을 뜻해야 자연스러우므로 '~와 관련된, ~에 관한'을 뜻하는 전치사 (B) regarding이 정답이다.

어휘 a series of 일련의 company-wide 회사 전체적인 help A do: A가 ~하는 데 도움을 주다 make a decision 결정을 내리다 whether ~인지 (아닌지), ~와 상관없이 through ~을 통해, ~을 통과해, ~을 거쳐 around ~쯤, ~ 무렵, 약, 대략

11.

정답 (A)

해석 탄산 음료에 대한 대체품을 찾지 못하면, 심지어 아이들도 당뇨병과 비만 같은 성인병에 취약해질 수 있다.

해설 빈칸 앞에 위치한 substitutes는 전치사 for와 어울려 '~을 대체하다, ~에 대한 대체(품)'을 뜻하는 동사 또는 명사로 쓰이므로 (A) for가 정답이다.

어휘 without -ing ~하지 않으면, ~하지 않고 carbonated 탄산이 든 beverage 음료 vulnerable to ~에 취약한, ~에 걸리기 쉬운 disease 질병 diabetes 당뇨병 obesity 비만

12.

정답 (D)

해석 4월 한 달 동안 내내, 무료 오일 점검 및 타이어 위치 조정 서비스가 스타 모터스 프리미엄 회원권 소지자들께 이용 가능합니다.

해설 빈칸 뒤에 위치한 the month of April과 같은 기간 명사구와 어울려 '~ 동안 내내'라는 의미로 쓰이는 전치사 (D) Throughout이 정답이다.

어휘 free 무료의 check 점검 alignment 조정, 정렬 available 이용 가능한 holder 소지자, 보유자 including ~을 포함해 along (길 등) ~을 따라 while ~하는 동안, ~인 반면에 throughout (기간) ~ 동안 내내, (장소) ~ 전역에 걸쳐

13.

정답 (C)

해석 저희 케이먼 일렉트로닉스 고객 서비스 직원들은 어떤 고객 문의 사항이든 영업일로 이틀 내에 대응하는 데 전념하고 있습니다.

해설 빈칸 뒤에 위치한 two business days처럼 숫자 표현을 포함한 기간 명사구를 목적어로 취할 수 있는 전치사로서 '~ 이내에'를 뜻하는 (C) within이 정답이다. (D) during은 기간의 의미를 포함하는 명사(구)를 목적어로 취한다.

어휘 representative n. 직원, 대표자 be committed to -ing ~하는 데 전념하다 respond to ~에 대응하다, ~에 답변하다 inquiry 문의

14.

정답 (D)

해석 사무 공간 배치를 디자인할 때, 반드시 마케팅팀이 의사 소통을 향상시키기 위해 제품 개발팀 근처에 위치하도록 하시기 바랍니다.

해설 빈칸 앞에 위치한 형용사 adjacent는 전치사 to와 어울려 '~ 근처에 있는, ~와 인접한'이라는 의미를 나타내므로 (D) to가 정답이다.

어휘 layout 배치(도) ensure (that) 반드시 ~하도록 하다, ~임을 보장하다 be located 위치해 있다 improve ~을 향상시키다, ~을 개선하다

15.

정답 (A)

해석 로사 팍스 씨는 세 명의 승진 후보자에 속해 있으며, 경험과 리더십 능력을 바탕으로 볼 때 가장 적격이다.

해설 빈칸 뒤에 '세 명의 후보자들'을 뜻하는 명사구 the three candidates가 쓰여 있어 로사 팍스 씨가 그 중 한 사람임을 의미해야 알맞다. 따라서, '~에 속해 있는, ~ 중에 (있는)'이라는 뜻으로 쓰이는 전치사 (A) among이 정답이다.

어휘 candidate 후보자, 지원자 promotion 승진, 촉진, 홍보 qualified 적격인, 자격이 있는 based on ~을 바탕으로 (볼 때) until ~까지 between (A and B): (A와 B) 사이에

UNIT 14 to부정사

POINT 1 to부정사의 세 가지 기능

Mr. Anderson wants [fill / **to fill**] the assistant manager position as soon as possible.

앤더슨 씨는 가능한 한 빨리 그 차장 직책을 충원하기를 원한다.

The team held a meeting to figure out the best way [reduce / **to reduce**] costs without compromising quality.

그 팀은 품질을 해치지 않고 비용을 줄일 최선의 방법을 파악하기 위해 회의를 열었다.

Please contact my assistant, Mr. White, [reschedule / **to reschedule**] your appointment if you need to make any changes.

어떤 것이든 변경하실 필요가 있을 경우에는 예약 일정을 재조정하기 위해 제 비서인 화이트 씨에게 연락하십시오.

POINT 2 빈출 「동사 + to부정사」

Mr. Owens prefers [**to lease** / lease] a car rather than buy one due to high maintenance costs.

오웬스 씨는 높은 유지 비용으로 인해 자동차를 구입하는 대신 임대하는 것을 선호한다.

POINT 3 빈출 「동사 + 목적어 + to부정사」

Our powerful detergent allows customers [eliminate / **to eliminate**] any lingering stains with just one use.
강력한 저희 세제는 고객들께 단 1회 사용만으로 계속 남아 있는 어떤 얼룩이든 제거하실 수 있게 해 드립니다.

Each patron of the Williams Theater is permitted [**to bring** / bring] up to two guests for free on Wednesdays.
윌리엄스 극장의 각 고객은 매주 수요일에 무료로 최대 2명의 손님을 동반하고 오도록 허용된다.

POINT 4 빈출 「명사 + to부정사」

Mr. Kein is considering a job closer to home to have more time [spending / **to spend**] with his family.
케인 씨는 가족과 보낼 시간을 더 많이 갖기 위해 집과 더 가까운 일자리를 고려하고 있다.

The SkyLight Studio hired a creative film director [**to manage** / managing] documentary projects on nature.
스카이라이트 스튜디오는 자연에 관한 다큐멘터리 프로젝트들을 관리할 창의적인 영화 감독을 한 명 고용했다.

POINT 5 목적을 나타내는 용법에 자주 출제되는 동사

You must request to cancel your ticket at least 24 hours in advance [as well as / **in order to**] avoid a cancellation fee.
취소 수수료를 피하시려면 반드시 최소 24시간 전에 미리 티켓을 취소하도록 요청하셔야 합니다.

[Having received / **To receive**] discounts with this voucher, please present valid identification at the counter to verify your identity.
이 쿠폰으로 할인을 받으시려면, 신분을 증명하실 수 있도록 카운터에서 유효 신분증을 제시하시기 바랍니다.

Sign up [enjoying / **to enjoy**] our music streaming service free for up to 6 months, after which you can cancel at any time.
최대 6개월 동안 무료로 저희 음악 스트리밍 서비스를 즐기실 수 있도록 신청하시기 바라며, 그 후에 언제든지 취소하실 수 있습니다.

Our latest smartwatch comes with a variety of colorful wristband sets [**to suit** / suit] the tastes of our young adult customers.
저희 최신 스마트 워치는 젊은 성인 고객들의 취향을 충족해 드리기 위해 다채로운 색상의 다양한 손목밴드 세트를 포함합니다.

This letter is [confirm / **to confirm**] that your reservation at the SunBeach Hotel has been moved a week later, from July 10 to July 17.
이 편지는 귀하의 선비치 호텔 예약이 7월 10일에서 7월 17일로 일주일 미뤄졌음을 확인해 드리기 위한 것입니다.

POINT 6 빈출 「be + 형용사 + to부정사」

To apply for our special loan program, please be sure [submitting / **to submit**] all the required documents listed on our Web site.
저희 특별 대출 프로그램을 신청하시려면, 저희 웹 사이트에 기재된 모든 필수 서류를 꼭 제출해 주시기 바랍니다.

REVIEW NOTE

1. 「동사 + to부정사」

expect to do	hope to do
intend to do	prefer to do
promise to do	strive to do

2. 「동사 + 목적어 + to부정사」

allow A to do	advise A to do
be expected to do	be permitted to do
be reminded to do	cause A to do

3. 「be동사 + 형용사 + to부정사」

be available to do	be eligible to do
be hesitant to do	be likely to do
be pleased to do	be proud to do
be sure to do	be enough to do

1. (C)	2. (A)	3. (D)	4. (A)	5. (A)
6. (B)	7. (C)	8. (A)	9. (D)	10. (D)
11. (B)	12. (C)	13. (A)	14. (C)	15. (C)

1.

정답 (C)

해석 나이트 워치 감시 시스템은 침입자의 얼굴에 대한 상세 이미지를 포착하기 위해, 안면 인식을 포함한 고급 기술을 특징으로 한다.

해설 문장에 이미 동사 features가 있어 빈칸은 동사 자리가 아니므로 to부정사가 쓰여야 알맞다. 또한, 빈칸 뒤에 위치한 명사구 detailed images를 목적어로 취할 수 있는 능동태여야 하므로 (C) to capture가 정답이다.

어휘 surveillance 감시 feature v. ~을 특징으로 하다 advanced 고급의, 발전된 including ~을 포함해 recognition 인식, 인정 detailed 상세한 intruder 침입자 capture ~을 포착하다, ~을 담아 내다

2.

정답 (A)

해석 저희는 저희 상품과 서비스를 개선하는 데 도움이 될 것으로 생각하기 때문에 귀하의 의견을 환영합니다.

해설 빈칸 뒤에 위치한 명사구 our goods and services를 목적어로 취함과 동시에 동사 help 뒤에서 '~하는 데 도움이 되다'를 뜻하는 「help + 동사원형」의 구조를 이룰 동사원형이 빈칸에 쓰여야 알맞으므로 (A) improve가 정답이다.

어휘 opinion 의견 goods 상품 improve ~을 개선하다, ~을 향상시키다

3.

정답 (D)

해석 히긴스 씨는 자신의 노트북 컴퓨터에 대해 연장된 품질 보증 서비스를 구입하는 것을 소홀히 했기 때문에, 수리하는 데 300달러가 들었다.

해설 빈칸 뒤에 to부정사가 쓰여 있으므로 to부정사와 결합할 수 있는 동사가 필요하며, 300달러의 비용이 든 원인으로 '품질 보증 서비스를 구입하는 것을 소홀히 했다'와 같은 의미를 구성해야 알맞으므로 '~을 소홀히 하다'를 뜻하는 neglect의 과거형 (D) neglected가 정답이다.

어휘 extend ~을 연장하다 warranty 품질 보증(서) repair 수리 cost A B: A에게 B의 비용이 들게 하다 reject ~을 거절하다 benefit ~에게 유익하다 consider ~을 고려하다 neglect ~을 소홀히 하다, ~을 게을리 하다

4.

정답 (A)

해석 이사회는 성수기 중에 예상되는 이례적인 수요를 충족하기 위해 생산량을 두 배로 늘리자는 최 씨의 요청을 승인했다.

해설 동사 approved의 목적어로서 승인 대상이 될 수 있으면서 빈칸 뒤에 위치한 to부정사와 어울리는 명사가 필요하므로 to부정사와 함께 '~하자는 요청'이라는 의미를 나타내는 명사 (A) request가 정답이다.

어휘 executive committee 이사회 approve ~을 승인하다 double v. ~을 두 배로 늘리다 meet (요구 등) ~을 충족하다 exceptional 이례적인, 뛰어난 demand 수요, 요구 expect ~을 예상하다 peak season 성수기 request 요청 creation 창작(물) response 대응, 반응, 답변 permit n. 허가증

5.

정답 (A)

해석 리버맨 씨는 한결같이 소속 팀의 저조한 생산성에 대한 원인이 제한적인 시간 및 하급 직원 교육 기회라고 여기고 있다.

해설 빈칸 앞에 위치한 명사 opportunity는 to부정사의 수식을 받아 '~할 기회'라는 의미를 나타내므로 (A) to train이 정답이다.

어휘 consistently 한결같이, 일관되게 attribute A to B: A에 대한 원인이 B라고 여기다 limited 제한적인 opportunity 기회 train ~을 교육하다

6.

정답 (B)

해석 귀하의 다음 번 방문을 위해 예약하시는 일을 용이하게 하시려면, 저희 온라인 예약 시스템을 이용하시기 바랍니다.

해설 문장 중간에 위치한 콤마 뒤에 동사원형으로 시작하는 명령문이 쓰여 있어 빈칸은 동사 자리가 아니다. 또한, 빈칸 뒤에 위치한 동명사구 making a reservation for your next visit과 함께 온라인 예약 시스템을 이용하는 목적을 나타내야 알맞으므로 '~하려면, ~하기 위해'라는 의미로 목적을 나타내는 to부정사 (B) To facilitate이 정답이다.

어휘 make a reservation 예약하다 booking 예약 facilitate ~을 용이하게 하다, ~을 촉진하다

7.

정답 (C)

해석 여러분의 지원서가 정확히 제출될 수 있도록 꼭 모든 안내 사항을 신중히 살펴 보시고 그 과정의 모든 단계를 완료하시기 바랍니다.

해설 빈칸 앞에 위치한 be sure는 to부정사와 결합해 '꼭 ~하다'라는 의미를 나타내므로 (C) to review가 정답이다.

어휘 instructions 안내, 설명, 지시 carefully 신중히

complete ~을 완료하다 process 과정 so that (목적)
~하도록, (결과) 그래서, 그래야 application 지원(서),
신청(서) submit ~을 제출하다 correctly 정확히 review
~을 살펴 보다, ~을 검토하다

8.
정답 (A)

해석 현재의 불확실한 시장 상황을 고려해, GM 제조사는 상당한
투자를 하기를 주저하고 있다.

해설 빈칸 뒤에 위치한 to부정사의 수식을 받을 수 있는 형용사가
필요하므로 to부정사와 함께 '~하기를 주저하는'이라는 의미
를 나타내는 형용사 (A) hesitant가 정답이다.

어휘 given ~을 고려해 (볼 때) current 현재의 uncertain
불확실한 significant 상당한, 많은, 중요한 investment
투자(금) competent 유능한 worthy 가치 있는, ~을 받을
만한 generous 넉넉한, 후한, 너그러운

9.
정답 (D)

해석 우리는 주말 자선 행사 중에 성공적으로 2백만 달러를 모금했
으며, 이는 몇몇 프로젝트에 자금을 제공할 수 있을 정도로 딱
충분하다.

해설 빈칸 뒤에 위치한 to부정사의 수식을 받을 수 있는 형용사가
필요하므로 to부정사와 함께 '~할 정도로 충분한'이라는 의미
를 나타내는 형용사 (D) enough가 정답이다.

어휘 successfully 성공적으로 raise ~을 모금하다 charity
자선 단체 fund v. ~에 자금을 제공하다 previous 이전의,
과거의 severe 극심한, 가혹한

10.
정답 (D)

해석 저희 브라이트웨이브 미디어는 충성스러운 고객 여러분의 구
독 기간을 6개월 연장해 드리는, 특별 제공 서비스를 알려 드
리게 되어 기쁩니다.

해설 빈칸 뒤에 위치한 to부정사의 수식을 받을 수 있는 형용사가
필요하므로 to부정사와 함께 '~해서 기쁜'이라는 의미를 나타
내는 형용사 (D) pleased가 정답이다.

어휘 extend ~을 연장하다 subscription (서비스 등의) 구독,
가입 responsible 책임지고 있는 concerned 우려하는,
걱정하는 creative 창의적인

11.
정답 (B)

해석 로얄 누들은 고객들의 발전하는 입맛과 선호도에 어울리도록
매운 맛의 새로운 메뉴 선택 사항들을 도입할 것이다.

해설 빈칸 앞에 이미 문장의 동사 introduce가 있으므로 빈칸은 동

사 자리가 아니다. 또한, '고객들의 발전하는 입맛과 선호도에
어울리도록 ~을 도입할 것이다'와 같이 목적을 나타내야 알맞
으므로 '~하도록, ~하기 위해'라는 의미로 목적을 나타낼 때
사용하는 to부정사 (B) to suit이 정답이다.

어휘 introduce ~을 도입하다, ~을 소개하다 evolving (점점)
발전하는, 진화하는 preference 선호(도), 선호 사항 suit
~에 어울리다, ~에 적합하다

12.
정답 (C)

해석 이 이메일은 오직 귀하의 결제 금액이 수납되었음을 확인해 드
리기 위한 것이지만, 다른 어떤 질문이든 있으실 경우에 언제
든지 저희에게 연락하셔도 좋다는 점에 유의하시기 바랍니다.

해설 빈칸 앞에 이미 해당 절의 동사 is가 있으므로 빈칸은 동사 자
리가 아니다. 또한, 빈칸 뒤에 위치한 that절과 어울려 '~임을
확인하기 위한 것이다'를 뜻하는 'be to confirm that'을 구
성해야 알맞으므로 to부정사 (C) to confirm이 정답이다.

어휘 note that ~임에 유의하다, ~임에 주목하다 feel free to
do 언제든지 ~해도 좋습니다, 마음껏 ~하시기 바랍니다
contact ~에게 연락하다 confirm ~을 확인해 주다

13.
정답 (A)

해석 마이어스 케이터링 서비스 사는 메뉴를 다양화하기 위해 노력
하는 주방장을 지원하기 위해 두 명의 요리사를 고용했다.

해설 빈칸 앞에 이미 문장의 동사 hired가 있으므로 빈칸은 동사 자
리가 아니다. 또한, '주방장을 지원하기 위해 두 명의 요리사를
고용했다'와 같이 고용 목적을 나타내는 의미를 구성해야 자연
스러우므로 '~하도록, ~하기 위해'라는 뜻으로 목적을 나타낼
때 사용하는 to부정사 (A) to assist가 정답이다.

어휘 hire ~을 고용하다 in one's effort to do ~하기
위해 노력하는, ~하기 위한 노력에 있어 diversify ~을
다양화하다 assist ~을 지원하다, ~을 돕다 assistant
보조, 조수, 비서

14.
정답 (C)

해석 반드시 기밀 정보가 잠겨진 파일 캐비닛에 안전하게 보관되도
록 해 주시기를 전 직원들께 상기시켜 드립니다.

해설 빈칸 앞에 위치한 are reminded와 어울려 '~하도록 상기되
다'를 뜻하는 「be reminded + to부정사」를 구성해야 알맞
으므로 (C) to ensure가 정답이다.

어휘 classified 기밀의, (주제별로) 분류된 securely 안전하게
store ~을 보관하다, ~을 저장하다 ensure (that) 반드시
~하도록 하다, ~임을 보장하다

15.

정답 (C)

해석 직원들은 위험을 감수하고 혁신적인 접근법을 시도해 보기 위한 동기 부여가 필요한데, 이는 생산성 증가로 이어질 수 있기 때문이다.

해설 동사 need 뒤에 위치한 빈칸은 목적어 역할을 할 to부정사 또는 명사(구)가 쓰일 수 있는 자리인데, 빈칸 뒤에 위치한 to부정사의 수식을 받을 수 있는 것은 명사이므로 '동기 부여' 등을 뜻하는 명사 (C) motivation이 정답이다.

어휘 take risks 위험을 감수하다 innovative 혁신적인 approach 접근(법) lead to ~로 이어지다 increased 증가된, 늘어난 motivate 동기를 부여하다

UNIT 15 동명사

POINT 1 빈출 동명사 자리

Hammond Inc. reduced paper use by [**implementing** / implementation] a policy for reports and meetings to be held online.
해먼드 주식회사는 업무 보고 및 회의가 온라인에서 진행되는 정책을 시행함으로써 종이 사용량을 줄였다.

Long-distance commuters need to [**consider** / aim] renting a place near their workplace to reduce travel time and improve work-life balance.
장거리 통근자들은 이동 시간을 줄이고 일과 삶의 균형을 향상시킬 수 있도록 직장 근처에 거처를 한 곳 임대하는 것을 고려해 봐야 한다.

[Attend / **Attending**] the seminar is not required, but it will certainly provide valuable insights and enhance your understanding of your job.
세미나에 참석하는 것이 필수는 아니지만, 분명 소중한 통찰력을 제공해 주고 여러분의 직무에 대한 이해를 향상시켜 줄 것입니다.

POINT 2 동명사 자리의 대표적 오답 유형

As a way of [**appreciating** / appreciation] your continued use of our products, we will offer you an exclusive discount on your next purchase.
저희 제품에 대한 지속적인 이용에 감사 드리기 위한 방법으로, 귀하의 다음 번 구매에 대해 독점적 할인을 제공해 드릴 것입니다.

By [**relocating** / relocated] headquarters to a rural area, we will not only reduce rental expenses but also promote an eco-friendly work environment.
본사를 시골 지역으로 이전함으로써, 우리는 임대 비용을 감소시킬 뿐만 아니라 친환경적인 업무 환경도 촉진하게 될 것입니다.

Computer security experts [nominate / **recommend**] changing passwords every two weeks and avoiding the auto-login function.
컴퓨터 보안 전문가들은 2주마다 비밀번호를 변경하고 자동 로그인 기능을 피하도록 권한다.

POINT 3 동명사 관용구: 전치사 in의 생략

At Global Trading Co., new employees spend a year [**learning** / learned] to analyze market trends.
글로벌 트레이딩 사에서 신입 직원들은 1년을 시장 트렌드를 분석하는 법을 배우는 일에 쓴다.

If you have any [information / **difficulty**] assembling the desk, please contact our customer service center.
책상을 조립하시는 데 어떤 어려움이든 있으실 경우, 저희 고객 서비스 센터에 연락 주시기 바랍니다.

기출 PRACTICE

1. (C)	2. (A)	3. (B)	4. (B)	5. (D)
6. (D)	7. (A)	8. (D)	9. (B)	10. (D)
11. (C)	12. (B)	13. (D)	14. (C)	15. (D)

1.

정답 (C)

해석 저희 레먼 컨설팅 그룹은 어떤 보안 문제든 감지될 때마다 하루 내로 저희 소프트웨어를 업데이트함으로써 고객 만족을 우선시하고 있습니다.

해설 전치사 by와 명사구 our software 사이에 위치한 빈칸은 이 명사구를 목적어로 취함과 동시에 전치사의 목적어 역할을 할 수 있는 동명사 자리이므로 (C) updating이 정답이다.

어휘 prioritize ~을 우선시하다 satisfaction 만족(도) whenever ~할 때마다, 언제든 ~할 때 issue 문제, 사안 detect ~을 감지하다

50

2.

정답 (A)

해석 최근의 굿윌 코즈메틱스 소식지는 연구 개발 부문에 대한 투자를 늘리는 것의 중요성을 강조하고 있다.

해설 전치사 of와 명사 investment 사이에 위치한 빈칸은 이 명사를 목적어로 취함과 동시에 전치사의 목적어 역할을 할 수 있는 동명사 자리이므로 (A) increasing이 정답이다.

어휘 recent 최근의 emphasize ~을 강조하다 investment 투자(금) research 연구, 조사 development 개발, 발전 increase ~을 늘리다, ~을 증가시키다

3.

정답 (B)

해석 지역 사회와 긍정적인 관계를 확립하는 것이 신뢰를 구축하고 장기적인 성장을 지탱하기 위한 좋은 출발점이다.

해설 빈칸과 동사 is 사이에 명사구 a positive relationship with the local community가 쓰여 있으므로 이 명사구를 목적어로 취하면서 문장의 주어 역할을 할 동명사가 빈칸에 쓰여야 알맞으므로 (B) Establishing이 정답이다.

어휘 positive 긍정적인 relationship 관계 local 지역의, 현지의 community 지역 사회, 지역 공동체 support ~을 지탱하다, ~을 지원하다 long-term 장기적인 growth 성장, 증가 establish ~를 확립하다, ~을 설립하다 establishment 확립, 설립(물), 시설

4.

정답 (B)

해석 레베카 씨는 돈독한 비즈니스 관계를 형성하기 위한 노력의 일환으로 업계 동료들과 교류하는 데 자신의 시간 대부분을 소비하고 있다.

해설 빈칸 앞에 현재진행형으로 쓰여 있는 동사 spend는 「spend + 시간 + -ing」의 구조로 쓰여 '~하는 데 …의 시간을 소비하다'라는 의미를 나타내므로 동명사 (B) socializing이 정답이다.

어휘 industry 업계 peer 동료, 또래, 동등한 입장에 있는 사람 in an effort to do ~하기 위한 노력의 일환으로 relationship 관계

5.

정답 (D)

해석 모든 방문객들께서는 건물의 어떤 부분이든 들어가시기 전에 반드시 프론트 데스크에서 먼저 출입 확인을 받으신 다음, 출입증을 수령하셔야 합니다.

해설 전치사 before와 명사구 any part of the building 사이에 위치한 빈칸은 이 명사구를 목적어로 취함과 동시에 전치사의 목적어 역할을 할 수 있는 동명사가 쓰여야 알맞은 자리이므로 (D) entering이 정답이다.

어휘 check in 출입 확인을 받다, (탑승, 투숙 등의) 수속을 밟다 receive ~을 받다 entry pass 출입증

6.

정답 (D)

해석 시 의회는 엄격한 조치를 시행하는 것이 공공의 안전에 필수적이라는 데 동의하면서, 새로운 교통 법규에 대해 만장일치로 찬성 투표했다.

해설 빈칸이 속한 that절에서 접속사 that과 동사 is 사이에 위치한 빈칸 및 명사구 strict measures가 that절의 주어 역할을 해야 한다. 따라서, 명사구를 목적어로 취함과 동시에 주어 역할이 가능한 동명사 (D) implementing이 정답이다.

어휘 council 의회 unanimously 만장일치로 vote for ~에 찬성 투표하다 traffic regulation 교통 법규 agree that ~라는 데 동의하다 strict 엄격한 measure 조치, 수단 necessary 필수적인 implement ~을 시행하다 implementation 시행

7.

정답 (A)

해석 로빈슨 씨와 그의 심사위원단이 은퇴하는 운영부장 조 에반스 씨의 후임이 될 후보자들을 평가하기 시작할 것이다.

해설 빈칸 뒤에 위치한 명사 candidates를 목적어로 취함과 동시에 동사 begin의 목적어 역할을 할 동명사가 빈칸에 쓰여야 알맞으므로 (A) evaluating이 정답이다.

어휘 panel (심사, 토론 등의) 위원단 candidate 후보자, 지원자 replace ~의 후임이 되다, ~을 대체하다 retire 은퇴하다 operation 운영, 영업, 가동, 조작 evaluate ~을 평가하다 evaluation 평가(서)

8.

정답 (D)

해석 우리 K-라이트 소프트웨어의 대대적인 업데이트 직후에, 이전의 버전에 문제가 생기는 것을 피하는 방법에 관한 문의에 압도되어 왔습니다.

해설 빈칸 뒤에 위치한 명사 issues를 목적어로 취함과 동시에 to부정사로 쓰인 동사 avoid의 목적어 역할을 할 동명사가 빈칸에 쓰여야 알맞으므로 (D) having이 정답이다.

어휘 shortly after ~ 직후에 massive 대대적인, 엄청난 be overwhelmed by ~에 압도되다 inquiry 문의 how to do ~하는 방법 avoid ~을 피하다 issue 문제, 사안 previous 이전의

9.

정답 (B)

해석 에든버러 연극제에서 공연한 이후로, 배우 크리스 맥과이어는 무대에서의 역동적인 존재감으로 찬사를 받아 왔다.

해설 전치사 since와 어울려 '~한 이후로'를 뜻하는 「since + -ing」를 구성해야 알맞으므로 동명사 (B) performing이 정답이다. 명사인 (A) performance가 '공연'을 의미할 때는 셀 수 있는 명사의 단수형이므로 부정관사 a를 함께 사용해야 한다.

어휘 since ~한 이후로 receive ~을 받다 acclaim 찬사, 칭찬 dynamic 역동적인 presence 존재(감) performance 공연, 연주(회), 성과, 실력, 수행 (능력) perform 공연하다, 연주하다, 수행하다 performable 공연할 수 있는, 연주할 수 있는, 수행할 수 있는

10.

정답 (D)

해석 해외 출장에서 복귀한지 일주일이 지난 후에도, 먼로 씨는 여전히 낮 시간에 업무에 집중하는 데 어려움을 겪고 있다.

해설 빈칸 앞에 현재진행형으로 쓰여 있는 동사 have는 have difficulty와 함께 '~하는 데 어려움을 겪다'를 뜻하는 「have difficulty + -ing」를 구성해야 알맞으므로 동명사 (D) concentrating이 정답이다.

어휘 oversea 해외의 concentrate on ~에 집중하다 concentration 집중

11.

정답 (C)

해석 흄 씨의 책임은 보고서를 준비하는 것에서부터 프로젝트 일정을 조정하는 것까지, 고객 계정을 관리하는 일을 포함한다.

해설 전치사 to와 명사구 project schedules 사이에 위치한 빈칸은 이 명사구를 목적어로 취함과 동시에 전치사의 목적어 역할을 할 수 있는 동명사가 쓰여야 알맞은 자리이므로 (C) coordinating이 정답이다. 사람 명사 (D) coordinator는 project schedules와 복합명사를 구성하지도 않고, 의미도 어울리지 않는다.

어휘 responsibility 책임(감) include ~을 포함하다 account 계정, 계좌 coordinate ~을 조정하다, ~을 편성하다 coordinator 조정 담당자, 편성 담당자

12.

정답 (B)

해석 최근의 고객 의견은 우리 모바일 기기들의 기본 저장 용량을 확장할 필요성을 분명히 보여 줍니다.

해설 전치사 for와 명사구 the basic storage capacity 사이에 위치한 빈칸은 이 명사구를 목적어로 취함과 동시에 전치사의 목적어 역할을 할 수 있는 동명사가 쓰여야 알맞은 자리이므로 (B) expanding이 정답이다.

어휘 recent 최근의 feedback 의견 clearly 분명히, 확실히 illustrate ~을 보여 주다 storage 저장, 보관 capacity 용량, 수용력 device 기기, 장치 expand ~을 확장하다, ~을 확대하다 expansion 확장, 확대

13.

정답 (D)

해석 채용 전문가들은 이력서에 과거의 성과를 기재하기보다 앞으로의 잠재성을 설명하도록 권한다.

해설 빈칸 뒤에 동명사 demonstrating이 쓰여 있으므로 동명사를 목적어로 취할 수 있는 동사 (D) recommended가 정답이다.

어휘 recruitment 채용, 모집 expert 전문가 demonstrate ~을 설명하다, ~을 시연하다 potential n. 잠재성 rather than ~라기보다, ~가 아니라 achievement 성과, 업적, 달성 résumé 이력서 note ~에 유의하다, ~에 주목하다 nominate ~을 후보로 지명하다 designate ~을 지정하다

14.

정답 (C)

해석 저희는 현재 계약 및 외부 위탁 프로젝트를 관리해 보신 경험을 지니고 계신 분을 찾고 있습니다.

해설 빈칸 앞에 위치한 명사 experience는 동명사와 어울려 '~해본 경험'을 의미하므로 (C) managing이 정답이다.

어휘 currently 현재 seek ~을 찾다, ~을 구하다 individual n. 사람, 개인 contract 계약(서) outsource ~을 외부에 위탁하다 management 관리, 경영(진)

15.

정답 (D)

해석 그 서비스 기사는 중고 전화기를 구입하는 게 깨진 화면을 새로운 것으로 교체하는 것보다 비용이 덜 들 것이라는 결론을 내렸다.

해설 전치사 than과 명사구 the broken screen 사이에 위치한 빈칸은 이 명사구를 목적어로 취함과 동시에 전치사의 목적어 역할을 할 수 있는 동명사가 쓰여야 알맞은 자리이므로 (D) replacing이 정답이다.

어휘 conclude that ~라는 결론을 내리다 used 중고의 cost ~의 비용이 들다 broken 깨진, 고장 난, 망가진 replace (A with B) (A를 B로) 교체하다 replacement 교체(품), 대체(물), 후임

UNIT 16 분사

POINT 1 분사의 형용사 역할

The speech delivered by [leader / **leading**] marketing expert Cathy Raymond was so impressive that management plans to invite her for another presentation.

손꼽히는 마케팅 전문가 캐시 레이먼드 씨가 진행한 연설이 너무 인상적이어서 경영진이 또 한 번의 발표를 위해 초청할 계획이다.

ABM Incubating is dedicated to supporting [emerged / **emerging**] ventures by providing resources to help them thrive in a competitive market.

ABM 인큐베이팅은 경쟁적인 시장에서 번성하도록 도울 수 있는 자원을 제공함으로써 떠오르는 벤처 기업들을 지원하는 데 헌신적이다.

Any ideas for improving the [**surrounding** / surrounded] environment of our headquarters are welcome and should be directed to Mr. Hatfield.

우리 본사의 주변 환경을 개선할 수 있는 어떤 아이디어든 환영하며, 하트필드 씨에게 전달되어야 합니다.

We have implemented a thorough selection process to find the most [**qualified** / qualifying] candidates for each position.

저희는 각 직책에 대해 가장 뛰어난 자격을 지닌 후보자를 찾기 위해 철저한 선별 과정을 시행했습니다.

Employees planning a business trip over three days must submit [**anticipated** / anticipating] expenses to get approval from the head of the division.

3일 넘게 출장을 계획하고 있는 직원께서는 반드시 예상 경비를 제출하셔서 소속 부서장님으로부터 승인 받으시기 바랍니다.

Any [**dedicated** / dedicating] member can save $20 by renewing their membership a month before it expires.

어느 헌신적인 회원이든 만료되기 한 달 전에 회원 자격을 갱신하셔서 20달러를 절약하실 수 있습니다.

Thousands of [**satisfied** / satisfying] customers have shared positive reviews of our new AH-500B printer model on social media.

수천 명의 만족한 고객들께서 소셜 미디어에 우리의 새 AH-500B 프린터 모델에 대한 긍정적인 후기를 공유해 주셨습니다.

Despite [disappointed / **disappointing**] sales of its new vehicle, Onyx Motors remains optimistic about future growth with upcoming models.

새로운 차량의 실망스러운 판매량에도 불구하고, 오닉스 모터스는 곧 출시될 모델들과 함께 앞으로의 성장에 대해 여전히 낙관적인 상태이다.

Attached is an estimate [detailed / **detailing**] the costs of materials, labor, and the renovation timeline.

첨부된 것은 자재비와 인건비, 그리고 개조 공사 진행 일정을 상세히 설명해 드리는 견적서입니다.

Anyone [**interested** / interesting] in attending the upcoming conference in Seoul should contact Mr. Shin to inquire about the qualifications.

서울에서 곧 열릴 컨퍼런스에 참석하시는 데 관심이 있으신 분은 누구든 신 씨께 연락하셔서 자격 요건에 관해 문의하시기 바랍니다.

POINT 2 분사의 부사 역할: 분사구문

[**Commenting** / Comments] on the game software's bugs, the head developer assured the CEO that all the issues can be resolved within a week.

그 게임 소프트웨어의 버그에 관해 발언하시면서, 선임 개발 담당자께서는 모든 문제가 일주일 내로 해결될 수 있다고 대표 이사님을 안심시키셨습니다.

Employees who receive recurring inquiries from the same customer should consult their supervisors when [**formulating** / to formulate] responses.

동일 고객으로부터 반복적인 문의를 받는 직원께서는 답변을 말씀하실 때 소속 부서장님과 상의해야 합니다.

[**Once** / Still] submitted for consideration, entries will not be returned to artists, regardless of the contest results.

일단 심사를 위해 제출되면, 출품작은 대회 결과와 상관없이, 미술가들께 반환되지 않을 것입니다.

[**Having received** / Receiving] Mr. Phillis's application at the last minute, the panel promptly made their decision.

마지막 순간에 필리스 씨의 지원서를 받은 후, 그 위원단은 신속하게 결정을 내렸다.

POINT 3 빈출 「분사 + 명사」 표현

Mr. Hwang's book on corporate leadership has had a [**lasting** / lasted] effect on some of the world's leading entrepreneurs.

기업 리더십에 관한 황 씨의 저서는 몇몇 전 세계에서 손꼽히는 기업가들에게 오래 지속되는 영향을 미쳐 왔다.

REVIEW NOTE

1. 분사의 기본

| 분사가 명사와 능동 관계일 때 **현재분사** 사용 |
| 분사가 명사와 수동 관계일 때 **과거분사** 사용 |

❶ [**demanding** / demanded] manager

❷ [**surrounding** / surrounded] area

❸ [experiencing / **experienced**] staff

2. 감정동사의 분사

| -ed분사(감정을 받는, 느끼는) + 주로 **사람** |
| -ing분사(감정을 주는, 일으키는) + 주로 **사물** |

❶ [**disappointing** / disappointed] results

❷ [satisfying / **satisfied**] customers

3. 명사를 뒤에서 꾸며주는 분사

| 명사 + **현재분사** + 명사 |
| 명사 + **과거분사** + 전치사 + 명사 |

❶ an estimate detailing the cost of the project

❷ anyone interested in attending the workshop

4. 외우면 1초컷 분사

❶ dedicated staff

❷ fascinating book

❸ leading manufacturer

❹ detailed information

❺ qualified employees

❻ desired effect

❼ participating locations

❽ attached form

기출 PRACTICE

1. (C)	2. (D)	3. (A)	4. (B)	5. (C)
6. (D)	7. (C)	8. (B)	9. (A)	10. (C)
11. (D)	12. (A)	13. (B)	14. (D)	15. (D)

1.

정답 (C)

해석 인사부는 병가 및 연장 휴가 둘 모두를 요청하는 데 있어 선호되는 과정을 상세히 설명하는 새로운 정책을 발표했다.

해설 정관사 the와 명사 process 사이에 위치한 빈칸은 명사를 수식할 단어가 필요한 자리이다. 또한, process(과정)는 사람에 의해 선호되는 대상이므로 '~을 선호하다'를 뜻하는 타동사 prefer의 과거분사가 쓰여 수동의 의미를 나타내야 알맞다. 따라서, (C) preferred가 정답이다.

어휘 human resources 인사(부), 인적 자원 policy 정책 detail ~을 상세히 설명하다 process (처리) 과정 request ~을 요청하다 both A and B: A와 B 둘 모두 sick leave 병가 extend ~을 연장하다 prefer ~을 선호하다 preferably 선호하여 preferability 선호함, 더 좋음

2.

정답 (D)

해석 소셜 미디어 전문가들은 잘 선택된 이미지가 광고되는 제품에 대한 상세한 설명보다 더 오래 지속되는 영향을 미친다고 말한다.

해설 부정관사 a와 형용사 more 뒤에 빈칸과 명사 impact가 이어져 있으므로 more와 함께 명사를 수식할 단어가 필요하다. 따라서, 선택지에 제시된 분사들 중 하나를 골라야 하는데, 자동사 last의 현재분사만 명사를 수식할 수 있으므로 (D) lasting이 정답이다.

어휘 expert 전문가 well-chosen 잘 선택된 leave an impact 영향을 미치다 detailed 상세한 description 설명, 묘사 advertise ~을 광고하다 last v. 지속되다 lastly 마지막으로

3.

정답 (A)

해석 실력이 뛰어난 요리사 제이미 박 씨께서 이번 주말에 한해 자신의 레스토랑에서 고객들께 친필 사인이 담긴 최신 요리책을 증정하실 예정입니다.

해설 문장의 동사 will be giving 앞에 위치한 주어 chef Jamey Park을 수식할 단어가 빈칸에 필요하므로 사람명사를 수식해 '실력이 뛰어난, 숙달한' 등을 의미하는 과거분사 (A) Accomplished가 정답이다.

어휘 autographed 자필로 서명된 latest 최신의 accomplished 실력이 뛰어난, 숙달한 accomplish ~을 성취하다, ~을 달성하다 accomplishment 업적, 성취, 달성

4.

정답 (B)

해석 세미나가 행사장의 제한적인 이용 시간으로 인해 지연될 수 없으므로, 모든 참석자들께 지정된 시간에 도착하시도록 권해 드립니다.

해설 정관사 the와 명사 time 사이에 위치한 빈칸은 명사를 수식할 단어가 필요한 자리이다. 또한, 행사 시간을 나타내는 time은 사람에 의해 지정되는 대상이므로 '~을 지정하다'를 뜻하는 타동사 designate의 과거분사가 쓰여 수동의 의미를 나타내야 알맞다. 따라서, (B) designated가 정답이다.

어휘 attendee 참석자 be recommended to do ~하도록 권장되다 arrive 도착하다 delay ~을 지연시키다 due to ~로 인해, ~ 때문에 venue 행사장, 개최 장소 limited 제한적인 availability 이용 가능성 designate ~을 지정하다, ~을 지명하다 designation 지정, 지명

5.

정답 (C)

해석 이 특별 쿠폰이 11월 30일까지 유효하며, 전국의 모든 린다 홈 어플라이언스 가맹점에서 상품으로 교환될 수 있다는 점을 기억하시기 바랍니다.

해설 형용사 any 뒤에 빈칸과 명사구 Lynda Home Appliances location이 이어져 있으므로 any와 함께 명사구를 수식할 단어가 필요하다. 따라서, 선택지에 제시된 분사들 중 하나를 골라야 하는데, 자동사 participate의 현재분사만 명사를 수식할 수 있으므로 (C) participating이 정답이다.

어휘 voucher 쿠폰, 상품권 valid 유효한 redeem (쿠폰 등) ~을 상품으로 교환하다 location 지점, 매장 nationwide 전국에서 participation 참여, 참가 participant 참가자 participate 참여하다, 참가하다

6.

정답 (D)

해석 그 실험실 직책에 대한 후보자는 반드시 화학 분야에서의 고급 학위를 소지하고 있거나 관련 분야에서 최소 3년의 경력을 보유하고 있어야 합니다.

해설 부정관사 an과 명사 degree 사이에 위치한 빈칸은 명사를 수식할 단어가 필요한 자리이다. 또한, degree(학위)는 사람에 의해 더 높은 수준으로 발전되는 대상이므로 '~을 발전시키다' 등을 뜻하는 타동사 advance의 과거분사가 쓰여 수동의 의미를 나타내야 알맞다. 따라서, (D) advanced가 정답이다.

어휘 candidate 후보자, 지원자 laboratory 실험실 position 직책, 일자리 hold ~을 소지하다, ~을 보유하다, ~을 유지하다 degree 학위 chemistry 화학 at least 최소한, 적어도 related 관련된 field 분야 advancement 발전, 진보, 승진, 진출 advance v. 진보하다, 나아가다, 승진하다, ~을 발전시키다, ~을 나아가게 하다, ~을 승진시키다 a.

사전의, 선불의 n. 진보, 진전, 발전 advanced 고급의, 발전된, 진보한, 승진된

7.

정답 (C)

해석 저희 킴스 파워 짐은 현재 개인 맞춤형 운동 프로그램을 고안해 본 경험을 지닌 자격 있는 트레이너를 찾고 있습니다.

해설 동사 is seeking과 명사 목적어 trainers 사이에 위치한 빈칸은 명사 목적어를 수식할 단어가 필요한 자리이다. 또한, 트레이너는 어떤 기준에 의해 자격을 얻게 되는 것이므로 '~에게 자격을 주다'를 뜻하는 타동사 qualify의 과거분사가 쓰여 수동의 의미를 나타내야 알맞다. 따라서, (C) qualified가 정답이다.

어휘 currently 현재 seek ~을 찾다, ~을 구하다 personalized 개인에게 맞춰진 workout 운동 qualify 자격이 있다, ~에게 자격을 주다 qualified 자격 있는, 적격인 qualification 자격 (요건), 자격증

8.

정답 (B)

해석 여러 분석가들은 만족한 고객들이 작성한 압도적으로 많은 제품 후기가 실제로 소비자들을 현혹할 수 있다는 우려를 표명했다.

해설 전치사 from과 명사 목적어 customers 사이에 위치한 빈칸은 명사 목적어를 수식할 단어가 필요한 자리이다. 또한, 고객은 어떤 원인에 의해 만족을 느끼게 되는 것이므로 '~을 만족시키다'를 뜻하는 타동사 satisfy의 과거분사가 쓰여 수동의 의미를 나타내야 알맞다. 따라서, (B) satisfied가 정답이다.

어휘 analyst 분석가 express (생각 등) ~을 표현하다 concern 우려, 걱정 overwhelming 압도적인 a number of 많은 (수의) review 후기, 평가 mislead ~을 현혹하다, ~을 오해하게 하다 consumer 소비자 satisfy ~을 만족시키다 satisfied (사람이) 만족한 satisfaction 만족(도) satisfying (사람을) 만족시키는

9.

정답 (A)

해석 이번 시간이 끝날 무렵에 추첨 행사가 있을 것이라는 점을 기억하시고, 행사에 참여하시는 모든 분은 최대 300달러의 상금을 받으실 수 있는 자격이 있습니다.

해설 and절의 주어 everyone과 동사 is 사이에 빈칸이 위치해 있어 또 다른 동사 attend는 분사 또는 to부정사의 형태로 쓰여 everyone을 뒤에서 수식하는 역할을 해야 한다. 또한, everyone이 참석하는 행위를 하는 주체에 해당하는데, 이는 「명사 + -ing 분사(구)」의 구조로 나타내므로 현재분사 (A) attending이 정답이다.

어휘 **be aware that** ~임을 알고 있다 **drawing** 추첨 **toward**
~ 무렵에 **session** (특정 활동을 위한) 시간 **be eligible to**
do ~할 자격이 있다, ~할 수 있다 **prize** 상(금), 상품 **up to**
최대 ~의 **attend** 참석하다

10.

정답 (C)

해석 해럴슨 씨는 주요 텔레비전 방송사들과 함께 여러 대중 매체
캠페인을 성공적으로 조직해 왔으며, 그 때문에 홍보부장 직책
에 완벽하다.

해설 주어와 동사, 명사구 목적어, 그리고 with 전치사구로 이어지
는 주절이 끝나는 콤마 뒤에 빈칸이 이어지는 구조이므로 빈칸
은 동사 자리가 될 수 없다. 따라서, 동사 make가 분사의 형
태로 쓰여 분사구문을 이끌어야 하며, 빈칸 뒤에 위치한 대명
사 him을 목적어로 취하려면 현재분사의 형태로 쓰여야 하므
로 (C) making이 정답이다.

어휘 **organize** ~을 조직하다, ~을 마련하다 **media campaign**
대중 매체 캠페인 **make A 형용사:** A를 ~하게 만들다
position 직책, 일자리 **public relations officer** 홍보부장

11.

정답 (D)

해석 회사의 온라인 강좌 플랫폼에서 각자의 전문 지식을 선보이는
데 관심이 있으신 직원들께서는 로저스 씨께 연락해 등록하셔
야 합니다.

해설 빈칸 뒤에 위치한 전치사 in과 어울릴 수 있으면서 Employees
같은 사람명사를 뒤에서 수식해 '~에 관심이 있는'이라는 의미
를 나타내는 과거분사 (D) interested가 정답이다.

어휘 **showcase** ~을 선보이다 **expertise** 전문 지식 **contact**
~에게 연락하다 **register** 등록하다 **interest** n. 관심(사),
흥미 v. ~의 관심을 끌다 **interesting** (사람을) 흥미롭게
하는 **interested** (사람이) 관심을 가진, 흥미를 느낀

12.

정답 (A)

해석 워크숍 중에, 경험 많은 회계 전문가들께서 업계 동향을 이야
기해 드리고 재무 전략을 향상시키는 최고의 관행을 공유해 드
릴 것입니다.

해설 조동사 will 앞에 위치한 명사구 주어 accounting specialists
를 앞에서 수식할 단어가 필요하므로 '경험 많은'이라는 의미
로 사람명사를 수식하는 과거분사 (A) experienced가 정답이
다.

어휘 **accounting** 회계(부) **specialist** 전문가 **industry** 업계
trend 동향, 추세 **practice** 관행, 관례, 연습, 실습, 실행
improve ~을 향상시키다, ~을 개선하다 **strategy** 전략
experienced 경험 많은

13.

정답 (B)

해석 예기치 못하게 아주 많은 페스티벌 등록 숫자에 놀란, 주최측
은 더 널찍한 행사장으로 옮기는 것을 고려하고 있다.

해설 빈칸과 by 전치사구 뒤로 주어와 동사를 포함한 절이 쓰여져
있으므로 빈칸에 surprise의 분사가 들어가 주절을 수식하는
분사구문을 구성해야 알맞다. 분사구문을 이끄는 분사는 문장
의 주어와 의미 관계를 확인해 알맞은 것을 골라야 하는데, '주
최측(주최자들)'을 뜻하는 the organizers가 by 전치사구에
쓰인 원인에 의해 놀란 것이므로 '(사람이) 놀란'을 뜻하는 과
거분사 (B) Surprised가 정답이다.

어휘 **the large number of** 아주 많은 (수의) **unexpectedly**
예기치 못하게, 뜻밖에 **registration** 등록 **organizer**
주최자, 조직자 **consider -ing** ~하는 것을 고려하다
spacious 널찍한 **venue** 행사장, 개최 장소 **surprise**
~을 놀라게 하다 **surprised** (사람이) 놀란 **surprising**
(사람을) 놀라게 하는

14.

정답 (D)

해석 해외 지점에서 5년 간의 근무를 완료한 쇼 씨는 직무 순환 프
로그램에 따라 본사로의 전근 자격을 얻게 되었다.

해설 빈칸과 명사구 five years of service at the overseas
location 뒤로 콤마와 함께 문장의 주어가 이어지는 구조이
므로 동사 complete의 분사가 빈칸에 들어가 주어를 수식하
는 분사구문을 구성해 전근 자격을 얻게 된 이유를 나타내야
알맞다. 또한, 문장의 동사로 쓰인 과거시제 동사 became보
다 더 이전의 과거 시점에 완료한 것을 나타내야 전근을 위한
조건을 충족했음을 의미할 수 있으므로 문장의 동사보다 더
이전의 과거에 있었던 일을 나타낼 때 사용하는 완료형 (D)
Having completed가 정답이다.

어휘 **service** 근무, 재직, 복무 **overseas** 해외의 **location**
지점, 위치 **eligible for** ~에 대한 자격이 있는 **transfer**
전근, 전학, 이적, 환승 **headquarters** 본사 **job rotation**
직무 순환 **complete** ~을 완료하다

15.

정답 (D)

해석 비판론자들은 무모한 개발로 인해, 그 역사적인 도시에서 잘 보
존된 상태로 남아 있는 문화적 보물이 거의 없다고 주장했다.

해설 주어 few cultural treasures와 동사 have been preserved
사이에 위치한 빈칸과 in 전치사구는 주어를 뒤에서 수식하는
역할을 해야 알맞다. 따라서, 빈칸에 remain의 분사가 쓰여 분
사구를 구성해야 하는데, 자동사 remain은 현재분사의 형태
로만 명사를 수식할 수 있으므로 (D) remaining이 정답이다.

어휘 **critic** 비판론자, 비평가 **argue that** ~라고 주장하다 **due**
to ~로 인해, ~ 때문에 **reckless** 무모한 **development**

개발, 발전 few 거의 없는 treasure 보물 historic
역사적인 preserve ~을 보존하다 remain 남아 있다,
여전히 ~한 상태이다 remainder 나머지

UNIT 17 관계사

POINT 1 관계대명사는 선행사와
격 확인이 중요

Customers [**who** / whose] used our services here at
Julie's Pet Café unanimously agree that their pets
received superb care and attention.
여기 줄리스 펫 카페에서 저희 서비스를 이용하셨던 고객들께서는
반려동물이 최상의 관리와 관심을 받았다는 데 만장일치로 동의하
고 계십니다.

The Monroe Group, [whose / **which**] has over 300
locations nationwide, announced a plan to expand
globally.
전국적으로 300곳이 넘는 지점을 보유하고 있는, 먼로 그룹은 세계
적으로 확장할 계획을 발표했다.

Mr. Anderson is leading a football team [what / **that**] is
expected to win the national championship this year.
앤더슨 씨는 올해 전국 선수권 대회에서 우승할 것으로 예상되는
축구 팀을 이끌고 있다.

Hainan Auto acquired the engine maker Victoria
Manufacturing last week, the aim of [**which** / whose]
is to enhance its competitiveness through cost
reduction.
하이난 오토 사는 지난주에 엔진 제조 업체인 빅토리아 제조회사를
인수했는데, 그 목적은 비용 절감을 통해 경쟁력을 강화하는 것이
다.

The Grand Beach Hotel has more than 250 rooms,
most of [that / **which**] offer stunning ocean views.
그랜드 비치 호텔은 250개가 넘는 객실을 보유하고 있으며, 그 대
부분은 아주 멋진 바다 경관을 제공한다.

POINT 2 관계대명사의 수량 표현

Working from home will save considerable time for
long-distance commuters, most of [**whom** / which]
travel over 100 miles round-trip.
재택 근무하는 것은 장거리 통근자들에게 상당한 시간을 절약해 줄
것이며, 그들 대부분은 왕복 100마일 넘게 이동하고 있다.

HY Electronics produces two million mobile phones
annually, more than half of [whom / **which**] are sold in
North America.
HY 일렉트로닉스는 연간 2백만 대의 휴대전화기를 생산하고 있으
며, 그 절반이 넘는 것이 북미 지역에서 판매되고 있다.

We will launch several marketing campaigns
nationwide this year, two of [them / **which**] will start
next month.
저희는 올해 전국적으로 여러 마케팅 캠페인을 시작할 것이며, 그
중 두 가지는 다음 달에 시작될 것입니다.

POINT 3 전치사 + 관계대명사

We will hold a meeting every Monday, during
[there / **which**] participants will review last week's
performance.
우리는 매주 월요일에 회의를 개최할 것이며, 그 시간 중에 참가자
들이 지난주의 성과를 살펴 볼 것입니다.

We do not guarantee free service for devices
damaged by improper use for [**which** / whom] they
were not intended.
저희는 의도되지 않은 부적절한 사용에 의해 손상된 기기에 대해서
는 무료 서비스를 보장해 드리지 않습니다.

Section B of the building, [from / **in**] which the
Marketing Department is located, will experience a
brief blackout today for a routine checkup.
그 건물에서 마케팅부가 위치해 있는 B 구역은 일상적인 점검으로
인해 오늘 잠시 동안의 정전을 겪게 될 것이다.

POINT 4 목적격 관계대명사의 생략

Mr. Toledo wants to display the Employee of the Year medal [**he** / him] received 10 years ago in honor of his undefeated sales record.

톨레도 씨는 깨지지 않는 판매 기록을 기리기 위해 10년 전에 받은 올해의 직원 메달을 진열해 놓기를 원한다.

POINT 5 관계부사

We decided to postpone the client meeting until next week, [**when** / which] more stable data on our quarterly performance will be available.

우리는 다음 주까지 고객 회의를 연기하기로 결정했으며, 그때 우리 분기 성과에 대한 더 안정적인 데이터가 이용 가능할 것입니다.

Ms. Olivia Lauren started a small venture in the city of Rockville, [**where** / who] she first dreamed of becoming a global entrepreneur.

올리비아 로렌 씨는 록빌 시에서 작은 벤처 기업을 시작했는데, 그곳에서 그녀는 세계적인 기업가가 되는 꿈을 처음 꾸었다.

The second Sunday of every month is [**when** / what] the restaurant provides free meals for low-income residents.

매달 둘째 일요일은 그 레스토랑이 저소득층 주민들을 위해 무료 식사를 제공하는 때이다.

POINT 6 관계부사 = 전치사 + 관계대명사

Overnight delivery service applies only to residents of the metropolitan area, in [**which** / where] we operate our own delivery network.

야간 배송 서비스는 오직 저희가 자체 배송 네트워크를 운영하고 있는 대도시 권역의 주민께만 적용됩니다.

The 20th anniversary of the Gold Retail Group was marked by a grand ceremony, [**where** / which] many renowned musicians were invited to perform.

골드 리테일 그룹의 20주년이 성대한 축하 행사로 기념되었으며, 그곳에서 많은 유명 음악가들이 공연하도록 초청되었다.

REVIEW NOTE

1. 관계사의 기본

선행사	주격	소유격	목적격
사람	who	whose	whom
사물	which	of which	which
사람/사물	that	X	that
뒤에 이어지는 구조	+ 동사 주어 빠진 불완전한 절	+ 명사 (대명사 x) 완전한 절	+ 주어 + 타동사 목적어 빠진 불완전한 절

2. 관계대명사의 용법

❶ 관계대명사 that은 **콤마**나 **전치사** 뒤에 쓸 수 없다.

❷ 관계대명사 수량 표현
    사물 선행사일 때 → 수량 표현 + of + which
    사람 선행사일 때 → 수량 표현 + of + whom

❸ 목적격 관계대명사는 **생략** 가능하며,
    목적격 관계대명사 + **주어** + **동사**의 형태로 나온다.

3. 관계부사

선행사	관계부사	선행사	관계부사
시간 time	when	이유 reason	why
장소 place	where	방법 way	how

❶ 관계대명사 다음에는 **불완전한** 절 / 관계부사 다음에는 **완전한** 절

❷ 관계부사는 전치사 뒤에 사용될 수 **없다**.

기출 PRACTICE

1. (B)	2. (D)	3. (C)	4. (A)	5. (D)
6. (B)	7. (D)	8. (B)	9. (C)	10. (B)
11. (C)	12. (C)	13. (B)	14. (D)	15. (A)

1.

정답 (B)

해석 출장 비용 환급을 원하시는 직원들께서는 반드시 복귀 후 영업일로 5일 내에 모든 영수증을 제출하셔야 합니다.

해설 사람명사 Employees와 동사 want 사이에 빈칸이 있으므로 사람명사를 수식하면서 동사 앞에 위치할 수 있는 주격 관계대명사 (B) who가 정답이다. 소유격 관계대명사 (A) whose 뒤에는 명사가 쓰여야 하며, (C) those와 (D) whoever는 명사(선행사)를 수식하지 않는다.

어휘 **reimbursement** 비용 환급 **submit** ~을 제출하다
receipt 영수증 **whoever** ~하는 사람은 누구든

2.

정답 (D)

해석 스포츠 음료 거대 기업 C&H는 인기가 젊은 성인들 사이에서 높아지고 있는, 배우 조슈아 앤더슨이 자사 브랜드를 광고할 것이라고 발표했다.

해설 빈칸 뒤에 명사 popularity와 동사 is growing으로 이어지는 절이 쓰여 있으므로 명사를 수식할 수 있으면서 이 절을 이끄는 접속사의 역할을 할 수 있는 소유격 관계대명사 (D) whose가 정답이다.

어휘 **announce that** ~라고 발표하다 **popularity** 인기 **grow** 높아지다, 증가하다 **endorse** (유명인이) ~을 광고하다

3.

정답 (C)

해석 윌슨 씨는 고객들의 의견을 남아 있는 문제들을 해결할 것으로 예상되는 기술자들에게 전달했다.

해설 사람명사 technicians와 동사 are expected 사이에 빈칸이 있으므로 사람명사를 수식하면서 동사 앞에 위치할 수 있는 주격 관계대명사 (C) that이 정답이다. 소유격 관계대명사 (A) whose 뒤에는 명사가 쓰여야 하며, (B) what은 명사(선행사)를 수식하지 않는다. (D) they는 접속사의 기능이 없으므로 빈칸 뒤에 이어지는 불완전한 절을 이끌 수 없다.

어휘 **direct** ~을 전달하다, ~을 보내다 **feedback** 의견 **be expected to do** ~할 것으로 예상되다 **resolve** ~을 해결하다 **remaining** 남아 있는 **issue** 문제, 사안

4.

정답 (A)

해석 알렉산드라 베넷은 매달 세미나를 실시하며, 그곳에서 그녀는 직원 관리 전략에 관한 팁을 제공한다.

해설 빈칸 뒤에 주어 she와 동사 offers, 목적어 tips, 그리고 on 전치사구로 이어지는 완전한 절이 쓰여 있으므로 완전한 절을 이끌 수 있는 「전치사 + 관계대명사」인 (A) in which가 정답이다. 목적격 관계대명사인 (B) whom은 불완전한 절을 이끌며, (C) in order to는 접속사가 아니다.

어휘 **conduct** ~을 실시하다, ~을 수행하다 **monthly** 매달의, 월간의 **strategy** 전략 **in order to do** ~하기 위해, ~하려면

5.

정답 (D)

해석 총무부의 레이먼 씨는 자신이 오늘 발표 후에 분실한 중요한 문서 하나를 찾고 있다.

해설 주어와 자동사 is searching, 그리고 for 전치사구로 이어지는 완전한 구조의 주절 뒤에 빈칸과 또 다른 동사 misplaced가 이어지는 구조이다. 따라서, 빈칸에 주격 인칭대명사가 들어가 그 앞에 목적격 관계대명사(that)가 생략된 구조를 만들어야 알맞으므로 (D) she가 정답이다.

어휘 **seach for** ~을 찾다, ~을 검색하다 **misplace** ~을 분실하다, ~을 둔 곳을 잊다 **presentation** 발표(회)

6.

정답 (B)

해석 홀랜드 씨는 특별 프로젝트 팀을 하나 책임지고 있으며, 그 궁극적인 사명은 부서들 사이에서 협력의 효율과 효과를 향상시키는 것이다.

해설 전치사 of 뒤에 목적어로 쓰일 수 있으면서, 그 뒤에 동사 is부터 시작되는 불완전한 절을 이끄는 접속사의 역할이 가능한 관계대명사 (B) which와 (C) whom 중에서 정답을 골라야 하며, 선행사 a special task force가 사물에 해당하므로 (B) which가 정답이다.

어휘 **be responsible for** ~을 책임지고 있다 **task force** 특별 프로젝트 팀 **ultimate** 궁극적인, 최후의 **mission** 사명 **enhance** ~을 향상시키다, ~을 강화하다 **efficiency** 효율(성) **effectiveness** 효과(성) **cooperation** 협력, 협동

7.

정답 (D)

해석 팀 오브라이언 대표 이사는 팀워크와 협업을 향상시키기 위해 자신이 계획하고 조직한 팀 단합 워크숍을 이끌 예정이다.

해설 빈칸 뒤에 위치한 주어 he 뒤에 두 개의 타동사 planned와 organized가 and로 연결되어 있고 그 뒤에 공통된 목적어가 빠진 불완전한 구조이므로, 동사의 목적어가 없는 불완전한 절을 이끄는 목적격 관계대명사 (D) that이 정답이다.

어휘 **be set to do** ~할 예정이다 **lead** ~을 이끌다 **organize** ~을 조직하다, ~을 주최하다, ~을 마련하다 **enhance** ~을 향상시키다, ~을 강화하다 **collaboration** 협업, 공동 작업

8.

정답 (B)

해석 본 씨는 여러 임시직 직원들을 보유하게 되어 매우 기뻤으며, 그들 중 대부분은 해당 직무에 대해 자격도 갖추고 있고 경험도 풍부하다.

해설 전치사 of 뒤에 목적어로 쓰일 수 있으면서, 그 뒤에 동사 are부터 시작되는 불완전한 절을 이끄는 접속사의 역할이 가능한 관계대명사 (B) whom이 정답이다.

어휘 **temporary** 임시의, 일시적인 **qualified** 자격을 갖춘, 적격인 **well-experienced** 경험이 풍부한

9.

정답 (C)

해석 다음 달에, 우리는 회사 전체를 대상으로 하는 "효율성 증진" 워크숍을 개최할 것이며, 워크숍 중에 각 부서가 비용을 절감하고 자원을 아낄 수 있는 전략을 발표할 것이다.

해설 전치사 during 뒤에 빈칸이 위치해 있으므로 전치사의 목적어 역할이 가능한 관계대명사 (C) which가 정답이다. 관계부사 (A) when과 주격/목적격 관계대명사 (B) that, 주격 관계대명사 (D) who는 모두 전치사 뒤에 쓰일 수 없다.

어휘 hold ~을 개최하다 companywide 회사 전체적인 boost ~을 증진하다, ~을 촉진하다 efficiency 효율(성) present ~을 발표하다, ~을 제시하다 strategy 전략 reduce ~을 줄이다, ~을 감소시키다 resource 자원, 재원, 자산

10.

정답 (B)

해석 다섯 대의 시제품이 최종 테스트 단계에 있으며, 그 중 세 대가 내년에 있을 국제 무역 박람회에서 소개될 것이다.

해설 전치사 of 뒤에 목적어로 쓰일 수 있으면서, 그 뒤에 조동사 will부터 시작되는 불완전한 절을 이끄는 접속사의 역할이 가능한 관계대명사 (B) which가 정답이다. (A) them과 (C) those는 접속사의 기능이 없으며, (D) whichever는 선행사를 수식하는 역할을 하지 않는다.

어휘 prototype 시제품, 원형 introduce ~을 소개하다, ~을 도입하다 trade show 무역 박람회 phase 단계 whichever ~하는 어느 것이든

11.

정답 (C)

해석 파크스마트는 이용자들에게 지역 주차장 이용 가능성에 관한 실시간 정보를 제공해 주는 새 모바일 애플리케이션이다.

해설 빈칸 앞에 위치한 선행사 a new mobile application이 사물에 해당하는 명사구이고, 빈칸 뒤에 동사 provides부터 시작하는 불완전한 절이 쓰여 있으므로, 사물 선행사를 수식하면서 불완전한 절을 이끌 수 있는 주격 관계대명사 (C) that이 정답이다.

어휘 provide A with B: A에게 B를 제공하다 real-time 실시간의 local 지역의, 현지의 parking 주차(장) availability 이용 가능성

12.

정답 (C)

해석 쿡 씨는 렌디스에서 신입 직원들을 위한 환영 파티를 개최하기로 결정했는데, 그곳에서 그는 중요 고객들과 자주 회의를 개최한다.

해설 콤마(,) 뒤에 빈칸이 있고, 그 뒤에 주어와 동사(has), 명사 목

적어, 그리고 with 전치사구로 이어지는 완전한 절이 쓰여 있으므로, 콤마(,) 뒤에 위치할 수 있으면서 완전한 절을 이끌 수 있는 관계부사 (C) where가 정답이다.

어휘 decide to do ~하기로 결정하다 frequently 자주, 빈번히

13.

정답 (B)

해석 고객 의견을 듣고 그것을 시행하는 것이 시나 그룹이 현재의 시장 점유율을 얻은 방법이다.

해설 be동사 is 뒤로 주어와 동사(has gained), 그리고 명사구 목적어로 이어지는 완전한 절이 쓰여 있으므로 완전한 절을 이끌 수 있는 관계부사 (B) how와 (C) where, 그리고 (D) when 중에서 정답을 골라야 한다. 또한, '고객 의견을 듣고 그것을 시행하는 것'은 현재의 시장 점유율을 얻은 방법에 해당하므로 방법을 나타내는 관계부사 (B) how가 정답이다.

어휘 feedback 의견 implement ~을 시행하다 gain ~을 얻다 current 현재의 market share 시장 점유율

14.

정답 (D)

해석 11월의 네 번째 금요일인 블랙 프라이데이는 판매량이 정점에 이르는 시기로서, 일년 중 최고의 할인 혜택을 제공한다.

해설 be동사 is 뒤로 주어와 동사(reach), 그리고 명사구 목적어로 이어지는 완전한 절이 쓰여 있으므로 완전한 절을 이끌 수 있는 관계부사 (B) where와 (D) when 중에서 정답을 골라야 한다. 그런데, 11월의 네 번째 금요일인 블랙 프라이데이는 하나의 시점에 해당하므로 때를 나타내는 관계부사 (D) when이 정답이다.

어휘 sales 판매(량), 매출, 영업 reach ~에 이르다, ~에 도달하다 peak 정점, 절정, 최고조

15.

정답 (A)

해석 저희 공석에 지원할 자격이 되려면, 물리치료사분들은 환자들을 성공적으로 치료해 본 최소 3년의 경력을 보유하고 계셔야 합니다.

해설 전치사 in 뒤에 빈칸이 있고 그 뒤에는 주어와 동사(have treated), 명사 목적어, 그리고 부사로 이어지는 완전한 절이 쓰여 있다. 따라서, 전치사와 함께 완전한 절을 이끌 수 있는 「전치사 in + which」를 구성하는 (A) which가 정답이다. 관계부사 (B) where는 전치사 뒤에 쓰일 수 없고, (C) what은 불완전한 절을 이끈다. (D) there는 접속사의 기능이 없다.

어휘 be eligible for ~에 대한 자격이 있다 opening 공석 physical therapist 물리치료사 at least 최소한, 적어도 treat ~을 치료하다, ~을 처치하다 patient 환자

UNIT 18 가정법 / 도치

POINT 1 가정법의 시제

If Mr. Choi had not reconfirmed the reservation at the last minute, he [**would** / will] have missed his flight due to a booking error.
최 씨가 마지막 순간에 예약을 재확인하지 않았다면, 그는 예약 오류로 인해 항공편을 놓쳤을 것이다.

If AMTech's proposal [**were** / is] more creative, they could stand out from the competition in the bid to upgrade the city's infrastructure.
AMTech의 제안이 더 창의적이라면, 도시 인프라를 업그레이드하기 위한 입찰 경쟁에서 두각을 나타낼 수 있을 것이다.

If the missing item [became / **becomes**] available, you will be notified immediately through our automated notification system.
현재 없는 그 제품이 이용 가능해지게 되면, 저희 자동 알림 메시지 시스템을 통해 즉시 통보 받으실 것입니다.

If a client [wished / **wishes**] to receive samples of our products, please conduct a simple test first to ensure they have no defects.
고객께서 우리 제품 샘플을 받기를 바라시면, 결함이 없음을 확실히 하기 위해 간단한 테스트를 먼저 실시하십시오.

If you [would / **should**] have any questions or concerns, please feel free to contact me at 555-3456 at any time.
어떤 질문이나 우려 사항이든 있으시면, 부담 갖지 마시고 언제든지 555-3456번으로 제게 연락 주시기 바랍니다.

POINT 2 가정법의 도치

Had Dave Brothers not received the Gold Music Award last year, the popular rock band [had received / **would have received**] other awards.
데이브 브라더스가 작년에 골드 뮤직 어워드를 받지 못했다면, 그 인기 록 밴드는 다른 상들을 받았을 것이다.

[Had / **Should**] your personal information change, please update it on our membership Web site at your earliest convenience.
귀하의 개인 정보가 변경되면, 가급적 빨리 저희 회원 웹사이트에서 업데이트하시기 바랍니다.

POINT 3 주어와 보어의 도치: 과거분사, 전치사구

[**Attached** / Attaching] to this e-mail is a list of our locations that you can find in your area.
이 이메일에 첨부된 것은 계신 지역에서 찾으실 수 있는 저희 지점 목록입니다.

[**Enclosed** / Enclosing] are the survey results from the consulting firm on what our customers want most from our products.
동봉해 드린 것은 우리 고객들이 우리 제품에서 가장 많이 원하시는 것에 관한 컨설팅 회사의 설문 조사 결과입니다.

[**Underneath** / Despite] the writing desk in your room is a safe deposit box to securely store your valuables.
귀하의 방 책상 밑에 있는 것은 귀중품을 안전하게 보관하실 수 있는 금고입니다.

POINT 4 부정 부사의 도치

[Even / **Seldom**] are customers of Westside Cleaning satisfied with the service, though most are content with the cost.
웨스트사이드 클리닝의 고객들이 좀처럼 서비스에는 만족하지 못하지만, 대부분 그 가격에는 만족하고 있다.

[Simply / **Hardly**] has the recent controversy surrounding author Salina Webbs on social media had an impact on the sales of her new book.
소셜 미디어에서 작가 샐리나 웹스를 둘러싼 최근의 논란은 그녀의 신작 도서 판매량에 거의 영향을 미치지 않았다.

[Nevertheless / **Not only**] has the supplier raised their prices recently, but they have also provided us with defective goods.
공급 업체에서 최근 자사의 가격을 인상했을 뿐만 아니라, 우리에게 결함 제품을 제공하기까지 했습니다.

REVIEW NOTE

1. 가정법의 시제

구분	If절의 동사	주절의 동사
과거완료	had p.p.	would/should/could/might + have p.p.
과거	과거시제 동사(-ed/were)	would/should/could/might + 동사원형
현재	현재시제 동사	will/can/should/may + 동사원형 (please)+ 동사원형 [안내]
미래	should + 동사원형	will/can/should/may + 동사원형 (please)+ 동사원형 [안내]

2. 가정법의 도치

구분	If절의 동사	주절의 동사
과거완료	Had + 주어 + p.p.	would/should/could/might + have p.p.
과거	과거시제 동사/Were + 주어	would/should/could/might + 동사원형
미래	Should + 주어 + 동사원형	will/can/should/may + 동사원형 (please)+ 동사원형 [안내]

3. 기타 도치

❶ 강조를 위해 문장의 맨 앞으로 이동하는 과거분사
attached
enclosed
included

❷ 강조를 위해 문장의 맨 앞으로 도치되는 부정 부사
seldom
hardly (= rarely)
not only

기출 PRACTICE

1. (C)	2. (B)	3. (A)	4. (C)	5. (D)
6. (B)	7. (C)	8. (B)	9. (C)	10. (D)
11. (B)	12. (B)	13. (A)	14. (A)	15. (D)

1.
정답 (C)

해석 휴즈 씨가 며칠 더 일찍 마케팅부에서 설문 조사 결과를 받았다면, 내년에 대해 더 희망찬 전망을 발표할 수 있었을 것이다.

해설 If절의 동사가 가정법 과거완료를 나타내는 had p.p.일 때, 주절의 동사로 「would/should/could/might + have p.p.」를 사용하므로 could have p.p.(~할 수 있었을 것이다)를 구성하는 (C) could가 정답이다.

어휘 receive ~을 받다 survey 설문 조사(지) result 결과 promising 촉망되는, 유망한 outlook 전망

2.
정답 (B)

해석 누구든 사내 공석에 지원하기를 바라신다면, 우리 웹 사이트를 방문하셔서 구직 지원 페이지에서 등록하시기 바랍니다.

해설 주절 「please + 명령형」과 어울리는 if절 동사 시제는 현재형 또는 「should + 동사원형」이다. 선택지의 현재시제 (A) wish와 (B) wishes 중에서 조건절의 anyone이 단수이므로 단수 동사인 (B) wishes가 정답이다.

어휘 apply for ~에 지원하다, ~을 신청하다 internal 내부의 opening 공석 register 등록하다 application 지원(서), 신청(서)

3.
정답 (A)

해석 지불 비용이 영업일로 5일 내에 수납되지 않는다면, 해당 계정은 연체료 대상이 될 것입니다.

해설 주절의 동사가 「will + 동사원형」일 때 If절에 가정법 현재를 나타내는 현재시제 동사를 함께 사용하며, 주어 payment와 수일치된 (A) is가 정답이다.

어휘 payment 지불 (비용) receive ~을 받다 account 계정, 계좌 be subject to ~의 대상이 되다

4.
정답 (C)

해석 어떤 이유로든 사직하시게 되면, 계획된 퇴직 날짜보다 최소 30일 전에 소속 부서장님께 알리셔야 한다는 점에 유의하십시오.

해설 주절이 「please + 동사원형」일 때 If절의 동사로 「should + 동사원형」을 함께 사용하므로 (C) should가 정답이다.

어휘 resign 사직하다, 사임하다 be advised to do ~하다는 점에 유의하십시오 notify ~에게 알리다 supervisor 부서장, 책임자, 감독 at least 최소한, 적어도 departure 떠남, 출발, 이탈

5.

정답 (D)

해석 귀하의 주택 계약을 같은 임대료로 연장하는 데 관심이 있으시다면, 임대 계약 만료 3개월 전에 저희에게 알려주시기 바랍니다.

해설 주절의 「please + 명령형」과 어울리는 if절 동사 시제는 현재형 또는 「should + 동사원형」이다. 그러므로 현재시제인 (D) are가 정답이다.

어휘 extend ~을 연장하다 lease 임대 계약(서) rent 임대료 inform ~에게 알리다 at least 최소한, 적어도 expiration 만료, 만기

6.

정답 (B)

해석 제조사에서 그 엔진의 결함을 알았다면, 그것을 즉각 바로잡을 수 있도록 제품 출시 일정을 다시 잡았을 것이다.

해설 문장 시작 부분에 쓰인 Had the manufacturer been은 가정법 과거완료의 If절 If the manufacturer had been에서 If가 생략되고 had와 주어가 자리를 바꾼 도치 구조이다. 따라서, 가정법 과거완료의 주절에 쓰이는 「would/should/could/might + have p.p.」 형태의 동사가 필요하므로 (B) would have rescheduled가 정답이다.

어휘 manufacturer 제조사 be aware of ~을 알고 있다 glitch 결함 reschedule ~의 일정을 조정하다 launch 출시, 공개, 시작 fix ~을 바로잡다, ~을 고치다 promptly 즉각, 즉시

7.

정답 (C)

해석 배송품에 동봉된 것은 조절 가능한 식탁을 조립하는 데 필요한 설명서입니다.

해설 과거분사 Enclosed로 시작하는 문장은 「Enclosed + be동사 + 주어」와 같은 도치 구조여야 하므로 be동사 are 뒤에 위치한 빈칸에 주어 역할을 할 수 있는 명사가 필요하다. 또한, 복수동사 are와 수 일치되어야 하므로 복수명사 (C) instructions가 정답이다.

어휘 enclosed 동봉된 assemble ~을 조립하다 adjustable 조절 가능한 instructions 설명(서), 안내(서), 지시 instruct ~에게 가르치다, ~에게 지시하다

8.

정답 (B)

해석 2층 카운터 뒤쪽에 다양한 사무용품이 담긴 대형 선반이 있다.

해설 빈칸 뒤에 「명사구 + is + 명사구」의 구조로 쓰여 있다. 그러므로 빈칸 바로 뒤에 위치한 명사구를 목적어로 취할 전치사가 빈칸에 들어가 명사구 주어와 is 앞뒤로 자리를 바꾼 도치 구조를 만들어야 알맞다. 또한, 선반의 위치와 관련해 '카운터 뒤쪽에'를 의미해야 자연스러우므로 '~ 뒤쪽에'를 뜻하는 전치사 (B) Behind가 정답이다.

어휘 various 다양한 supplies 용품, 물품 while ~하는 동안, ~인 반면 between ~ 사이에

9.

정답 (C)

해석 그 일정 선택 사항들이 귀하의 마음에 들지 않는다면, 저희 진행 책임자에게 연락하셔서 귀하께서 필요로 하시는 부분에 더 잘 어울리도록 조정하실 수 있습니다.

해설 빈칸 뒤에 명사구 the schedule options와 be동사의 동사원형 be가 이어져 있다. 따라서, 「If + 주어 + should + 동사원형」에서 If가 생략되고 주어와 should가 도치된 「Should + 주어 + 동사원형」의 구조를 만들어야 알맞으므로 (C) Should가 정답이다.

어휘 preferable 마음에 드는, 고를 만한 contact ~에게 연락하다 coordinator 진행 책임자, 조정 담당자 have A p.p.: A를 ~되게 하다 adjust ~을 조정하다, ~을 조절하다 suit ~에 어울리다, ~에 적합하다 despite ~에도 불구하고 although 비록 ~하기는 하지만

10.

정답 (D)

해석 이 이메일에 첨부된 것은 귀하의 목적지와 숙소, 그리고 예정된 활동들을 개괄적으로 설명해 드리는 상세 여행 일정표입니다.

해설 빈칸과 to 전치사구 뒤로 be동사 is와 명사구 a detailed travel itinerary가 이어지는 구조이다. 따라서, 과거분사 Attached와 주어가 자리를 바꾼 「Attached + be동사 + 주어」의 도치 구조를 만들어야 알맞으므로 (D) Attached가 정답이다.

어휘 detailed 상세한, 자세한 itinerary 일정(표) outline ~을 개괄적으로 설명하다 destination 목적지 accommodation 숙소, 숙박 시설 attach ~을 첨부하다

11.

정답 (B)

해석 귀하의 음식 선호 사항을 공유해 주시면, 귀하께 적합한 것을 저희 메뉴에서 찾으시도록 도와 드릴 수 있습니다.

해설 If절의 동사가 현재시제일 때, 주절의 동사로 가능성을 나타내는 조동사 can을 포함한 「can + 동사원형」을 사용할 수 있으므로 (B) can help가 정답이다.

어휘 share ~을 공유하다 preference 선호 (사항) help A do: A가 ~하는 것을 돕다 suit ~에게 적합하다, ~에게 어울리다

12.

정답 (B)

해석 저희 제휴 여행사들 중 한 곳을 통해 예약하신다면, 반드시 저희에게 해당 여행사의 참여 코드를 알려 주시기 바랍니다.

해설 If절이 끝나는 콤마 뒤에 위치한 빈칸 이하 부분은 주절을 구성해야 한다. 그런데, 주어 없이 make 같은 동사로 하나의 절을 구성하려면 동사원형으로 시작하는 명령문 구조가 되어야 하므로 (B) make가 정답이다.

어휘 book 예약하다 affiliated 제휴된, 가맹된 make sure that 반드시 ~하도록 하다 participating 참여하는

13.

정답 (A)

해석 구치 씨의 전문 지식과 헌신이 아니었다면, 우리는 브람스 인터내셔널 사와의 합병 계약을 성공적으로 마무리짓지 못했을 것이다.

해설 주절의 동사 wouldn't have closed는 가정법 문장의 주절에 쓰이는 would have p.p.의 형태이다. 따라서, '~가 아니었다면'이라는 의미로 가정법 문장을 구성할 때 사용하는 (A) If not for가 정답이다. 최근의 가정법은 동사 시제보다는 접속사, 대명사 또는 어휘 등 비가정법 요소로 출제되는 경향이 있다. 또한 전치사 자리에 조건절 접속사를 대신하는 관용표현이 출제된 바 있으므로 잘 기억해 두자.

어휘 expertise 전문 지식 dedication 헌신, 전념 close a deal 계약을 마무리짓다 merger 합병, 통합 even though 비록 ~하기는 하지만 in addition to ~뿐만 아니라, ~ 외에도 full of ~로 가득한

14.

정답 (A)

해석 로페즈 씨의 고객들은 투자 전략과 관련된 최근의 문제들이 발생하기 전까지는 그에 관해 좀처럼 불만을 제기하지 않았다.

해설 빈칸 뒤에 「had + 주어 + p.p.」의 순서로 도치된 구조가 쓰여 있으므로 주어와 조동사가 자리를 바꾼 도치 구조를 이끄는 부정 부사 (A) Seldom이 정답이다.

어휘 complain 불만을 제기하다 recent 최근의 issue 문제, 사안 investment 투자(액) strategy 전략 arise 발생하다, 생기다

15.

정답 (D)

해석 우리의 새 NMP-5 모델이 국제 혁신상을 수상했을 뿐만 아니라, 역대 최고점을 받기까지 했다.

해설 빈칸 뒤에 「has + 주어 + p.p.」의 순서로 도치된 구조가 쓰여 있으므로 콤마 뒤에 위치한 but 그리고 also와 짝을 이루면서 주어와 조동사가 자리를 바꾼 도치 구조를 이끄는 부정 부사 (D) Not only가 정답이다.

어휘 win an award 상을 받다 receive ~을 받다 whether ~인지 (아닌지), ~와 상관없이 in addition 추가로, 게다가 nevertheless 그럼에도 불구하고 not only A, but also B: A뿐만 아니라 B도

부록 가장 많이 낚이는 문제 30

정답

1. (B)	2. (A)	3. (D)	4. (B)	5. (C)
6. (A)	7. (B)	8. (B)	9. (A)	10. (A)
11. (C)	12. (C)	13. (A)	14. (C)	15. (B)
16. (C)	17. (B)	18. (C)	19. (B)	20. (C)
21. (D)	22. (C)	23. (A)	24. (D)	25. (B)
26. (A)	27. (C)	28. (A)	29. (C)	30. (B)

1.

정답 (B) .

해석 소비 습관 설문 조사에서, 많은 사람들이 요즘 더 저렴한 제품을 구입하는 경향이 있다고 말한다.

해설 전치사 in과 of 사이에 위치한 빈칸은 in의 목적어 역할을 할 명사 또는 동명사가 필요한 자리이다. survey는 셀 수 있는 명사 또는 타동사로 쓰이는데, 빈칸 앞에 부정관사 a가 없어 단수명사로 쓰일 수 없고, 빈칸 뒤에는 목적어 없이 전치사 of만 위치해 있어 동명사로 쓰일 수 없다. 따라서, 복수명사의 형태로 빈칸에 들어가야 알맞으므로 (B) surveys가 정답이다.

어휘 spending 소비, 지출 tend to do ~하는 경향이 있다 survey n. 설문 조사(지) v. ~에게 설문 조사하다

2.

정답 (A)

해석 우리가 건물 설계도에 대한 변경 사항들과 관련해 고객과 곧 이야기 나누는 것이 중요합니다.

해설 빈칸 앞뒤에 각각 위치한 It is 및 that절과 어울려 '~하는 것이 중요하다'라는 의미를 나타내는 「It is important that절」 구조의 가주어/진주어 문장을 구성해야 알맞으므로 형용사 (A) important가 정답이다.

어휘 blueprint 설계도, 청사진 importance 중요성

3.

정답 (D)

해석 그 새로운 자동차 모델은 회수되어야 했는데, 엔지니어들이 브

레이크 패드에 결함이 있다는 사실을 알았기 때문이었다.

해설 be동사 were 뒤에서 보어 역할을 할 단어가 필요하며, 자동차가 회수되는 이유로서 엔지니어들이 알게 된 브레이크 패드 상태를 나타낼 형용사가 쓰여야 알맞으므로 (D) defective가 정답이다. 명사 (A) defects와 (C) defection은 that절의 주어 the brake pads와 동격이 아니므로 보어로 쓰일 수 없다.

어휘 recall (결함 제품) ~을 회수하다 find that ~라는 사실을 알다 defect 결함 defectively 불완전하게 defection 의무 불이행, 태만, 변절 defective 결함이 있는

4.

정답 (B)

해석 굿 하트 자선 재단의 일원으로서, 여러분께서는 모금 방법을 상세히 설명해 드리는 매우 유익한 소식지를 받으실 것입니다.

해설 빈칸은 바로 앞에 위치한 부사 very의 수식을 받음과 동시에 명사 newsletter를 수식할 형용사가 필요한 자리이므로 (B) informative가 정답이다.

어휘 receive ~을 받다 detail ~을 상세히 설명하다 how to do ~하는 방법 raise money 모금하다 inform ~에게 알리다 informative 유익한, 유용한 정보를 주는 informer 정보 제공자, 통지자

5.

정답 (C)

해석 하딩 씨는 주말마다 주기적으로 근무할 수 있는 누구든 찾기 위해 구직 지원서들을 샅샅이 살펴 봤다.

해설 빈칸 뒤에 관계대명사 who가 이끄는 절이 쓰여 있으므로 who절의 수식을 받을 수 있는 대명사 (C) anyone이 정답이다.

어휘 search through ~을 샅샅이 살펴 보다, ~을 꼼꼼히 찾아 보다 application 지원(서), 신청(서) form 양식, 서식 regularly 주기적으로, 규칙적으로

6.

정답 (A)

해석 많은 국내 업체들이 유럽에서 오는 관광객들에게 점점 더 많이 의존하고 있다.

해설 빈칸 앞에 현재진행형으로 쓰여 있는 동사 become은 형용사 보어 또는 명사 보어와 함께 사용하는데, 빈칸 바로 앞에 위치한 부사 increasingly의 수식을 받을 수 있는 형용사가 쓰여야 알맞으므로 (A) reliant가 정답이다.

어휘 local 국내의, 지역의, 현지의 become 형용사: ~한 상태가 되다 increasingly 점점 더 (많이) reliant (on) (~에) 의존하는, (~을) 신뢰하는 rely (on) (~에) 의존하다, (~을) 신뢰하다 reliance (on) (~에 대한) 의존, 신뢰

7.

정답 (B)

해석 교정 담당 직책에 대한 지원자들은 영어 분야에서 고급 자격 요건을 갖추고 있어야 합니다.

해설 빈칸과 for 전치사구 뒤로 동사 are required가 쓰여 있어 빈칸에 문장의 주어 역할을 할 단어가 필요하므로 명사 (B) Applicants가 정답이다.

어휘 proofreader (도서 등의) 교정 담당자 position 직책, 일자리 be required to do ~해야 하다, ~할 필요가 있다 advanced 고급의, 발전된, 진보한 qualification 자격 (요건), 자격증 apply 지원하다, 신청하다 applicant 지원자, 신청자 applicable 적용할 수 있는, 해당되는

8.

정답 (B)

해석 안전상의 우려로 인해 썬더 베이 놀이 공원은 어쩔 수 없이 수리 작업을 위해 가장 인기 있는 놀이 기구를 폐쇄해야 했다.

해설 명사구 주어 Safety concerns 뒤로 빈칸과 또 다른 명사구 Thunder Bay Amusement Park, 그리고 to close가 이끄는 to부정사구만 쓰여 있으므로 빈칸이 문장의 동사 자리임을 알 수 있다. 또한, 빈칸 뒤에 위치한 명사구 Thunder Bay Amusement Park를 목적어로 취할 수 있는 능동태 동사가 필요하므로 과거시제 능동태 동사의 형태인 (B) forced가 정답이다.

어휘 concern 우려, 걱정 ride 놀이 기구, (차량 등의) 타고 가기 repair 수리 A force B to do: A로 인해 B가 어쩔 수 없이 ~하다, A가 B에게 ~하도록 강요하다

9.

정답 (A)

해석 그 대표자들이 컨퍼런스의 기조 연설 시간에 참석할 수 없었기 때문에, 그들은 종합적인 내용의 노트를 받았다.

해설 정관사 the와 조동사 could 사이에 위치한 빈칸은 the의 수식을 받을 수 있는 명사 주어가 쓰여야 하는 자리이므로 복수 명사의 형태인 (A) representatives가 정답이다.

어휘 attend ~에 참석하다 keynote speech 기조 연설 be provided with ~을 제공 받다 comprehensive 종합적인, 포괄적인 representative n. 대표자, 직원 represent ~을 대표하다, ~을 표현하다, ~에 해당하다 representational (미술) 재현적인, 구상주의의

10.

정답 (A)

해석 매더스 씨는 그 모바일 애플리케이션의 특별한 기능들에 대한 시연회로 발표를 끝맺을 것이다.

해설 주어 Mr. Mathers와 빈칸 뒤로 명사구 the presentation이

있고, 그 뒤로 with와 of가 이끄는 전치사구들만 있으므로 빈칸에 문장의 동사가 쓰여야 한다. 또한, 빈칸 뒤에 위치한 명사구 the presentation을 목적어로 취할 수 있는 능동태 동사가 필요하므로 미래시제 능동태 동사의 형태인 (A) will close가 정답이다.

어휘 **presentation** 발표(회) **demonstration** 시연(회), 시범 **unique** 특별한, 독특한 **feature** 기능, 특징

11.
정답 (C)

해석 베르겐 축구 경기장은 1931년에 함부르크 출신의 한 유명 건축가에 의해 설계되었다.

해설 빈칸 앞에 위치한 부정관사 a와 형용사 renowned의 수식을 받을 수 있는 가산명사 단수형이 필요하므로 (C) architect가 정답이다. (A) architecture는 셀 수 없는 명사이다.

어휘 **renowned** 유명한 **architecture** 건축학, 건축술, 건축 양식 **architectural** 건축학의, 건축술의 **architect** 건축가

12.
정답 (C)

해석 시스코 IT 솔루션즈 사가 설치한 바이러스 방지 소프트웨어가 신뢰할 수 있는 것으로 판명되었다.

해설 '~하는 것으로 판명되다, ~하는 것으로 드러나다'를 뜻하는 「prove to be 형용사」의 구조를 만들어야 하므로 형용사 (C) reliable이 정답이다.

어휘 **install** ~을 설치하다 **prove to be 형용사**: ~한 것으로 판명되다, ~한 것으로 드러나다 **rely (on)** (~을) 신뢰하다, (~에) 의존하다 **reliable** 신뢰할 수 있는, 의존할 수 있는 **reliably** 신뢰할 수 있게

13.
정답 (A)

해석 주식 시장 전문가들은 미라지 일렉트로닉스의 주가가 지속적으로 오를 것으로 예측했다.

해설 명사구 주어 Stock market experts 뒤로 빈칸과 that절이 이어져 있으므로 빈칸에 주절의 동사가 쓰여야 한다. 또한, 주어 Stock market experts가 복수명사구이므로 단/복수 수 일치와 상관없이 사용할 수 있는 과거시제 동사 (A) predicted가 정답이다.

어휘 **stock** 주식(= share) **expert** 전문가 **value** 가치, 값어치 **continue to do** 지속적으로 ~하다 **increase** 오르다, 증가하다 **predict** ~을 예측하다 **predictable** 예측할 수 있는 **predictably** 예측대로

14.
정답 (C)

해석 그 실내 디자이너가 제안한 변화는 작은 것이지만 직원 생산성을 상당히 향상시켜 줄 수 있다.

해설 정관사 The와 빈칸 뒤에 명사가 아닌 suggested와 by 전치사구가 이어져 있으므로 빈칸이 The의 수식을 받는 명사 자리이다. 또한, '변화'는 사람이 제안하는 것이므로 suggested는 동사가 아니라 빈칸에 주어로 쓰일 명사를 뒤에서 수식하는 과거분사에 해당한다. 따라서, 과거분사 suggested가 이끄는 분사구 뒤에 위치한 are가 주절의 동사임을 알 수 있으므로 복수동사 are와 수 일치되는 복수명사 (C) changes가 정답이다.

어휘 **suggest** ~을 제안하다, ~을 권하다 **significantly** 상당히, 많이 **improve** ~을 향상시키다 **productivity** 생산성

15.
정답 (B)

해석 휠러 씨께서 유해 배출물 줄이기에 관한 귀하의 기사를 보셨으며, 목요일에 귀하와 함께 하는 잠재적 협업을 간절히 논의하고 싶어 하십니다.

해설 주어와 빈칸 뒤로 명사구 your article과 on 전치사구가 쓰여 있고 그 뒤로 접속사 and가 이끄는 절이 이어지는 구조이다. 따라서, 빈칸에 주절의 동사가 쓰여야 알맞으며, 주어 Ms. Wheeler가 3인칭 단수이므로 수 일치가 되는 동사의 형태인 (B) has seen이 정답이다.

어휘 **reduce** ~을 줄이다, ~을 감소시키다 **harmful** 유해한 **emission** 배출(물) **be eager to do** ~하기를 간절히 바라다 **potential** 잠재적인 **collaboration** 협업, 공동 작업

16.
정답 (C)

해석 비행기에서 내리시기 전에 반드시 모든 개인 물품을 챙겨 놓으시기 바랍니다.

해설 전치사 또는 접속사로 쓰이는 before 뒤에 대명사 you와 빈칸, 그리고 명사구 the airplane이 이어지는 구조이다. 따라서, before 이하 부분이 「주어 + 동사 + 목적어」로 이어지는 절을 구성해야 알맞으며, 주어인 2인칭 대명사 you와 수 일치되는 동사의 형태인 (C) leave가 정답이다.

어휘 **make sure (that)** 반드시 ~하도록 하다, ~임을 확실히 해 두다 **collect** ~을 가져 가다, ~을 모으다 **belongings** 개인 물품, 소지품

17.
정답 (B)

해석 그 복사기가 위치 이동 과정 중에 약간 손상되기는 했지만, 여전히 가동되는 상태이다.

해설 be동사 is와 부사 still 뒤에 빈칸이 위치해 있으므로 be동사 뒤에 위치하는 보어로 쓰일 수 있으면서 부사의 수식을 받을 수 있는 형용사 (B) functional이 정답이다.

어휘 slightly 약간, 조금 damaged 손상된 relocation (위치) 이전, 재배치 process 과정 function n. 기능, 행사, 의식 v. 기능하다, 가동되다 functional 가동되는, 기능하는 functionally 기능적으로

18.
정답 (C)

해석 홈 젠에서 제조하는 커튼은 모든 사람의 취향에 어울리는 아주 다양한 디자인으로 이용 가능하다.

해설 빈칸 앞 부분에 이미 문장의 동사 are가 쓰여 있어 빈칸이 동사 자리가 아니다. 따라서, 또 다른 동사 suit이 준동사의 형태로 쓰여야 하므로 선택지에서 유일하게 준동사의 형태인 to부정사 (C) to suit이 정답이다.

어휘 manufacture ~을 제조하다 available 이용 가능한 a wide variety of 아주 다양한 taste 취향, 기호, 입맛 suit ~에 어울리다, ~에 적합하다

19.
정답 (B)

해석 단열재 설치 작업 후로, 고객들께서 자택이 훨씬 더 따뜻하다고 알려 주셨습니다.

해설 빈칸 뒤에 비교급 형용사 warmer가 쓰여 있으므로 '훨씬'이라는 의미로 비교급을 강조하는 부사 (B) considerably가 정답이다. much나 even, far 외에 considerably나 significantly, a lot 같은 부사들도 비교급을 강조하는 역할을 한다는 것을 기억해 두는 것이 좋다.

어휘 insulation 단열재, 단열 처리 installation 설치 deeply 깊이, 크게, 대단히, 진심으로 considerably 상당히, 많이, (비교급 강조) 훨씬 heavily (수량, 정도 등) 심하게, 많이, 세게 voluntarily 자원해서, 자발적으로

20.
정답 (C)

해석 센트럴 애비뉴에 위치한 팝 버거 지점은 저희 지점들 중에서 가장 바쁜 곳으로서, 매달 거의 1만 명의 고객들께 서비스를 제공해 드리고 있습니다.

해설 선택지는 모두 부사인데 현재분사 serving과 명사구 목적어 10,000 customers 사이에 빈칸이 위치한 구조이다. 따라서, '거의'라는 의미로 10,000 같은 숫자 표현 앞에 쓰이는 부사 (C) nearly가 정답이다.

어휘 branch 지점, 지사(= location) serve ~에게 서비스를 제공하다 quite 상당히, 꽤

21.
정답 (D)

해석 신선한 해산물이 대단히 잘 상하기 때문에, 일단 냉장고에서 꺼낸지 20분이 넘으면 저희 시장으로 반품될 수 없습니다.

해설 be동사 is와 형용사 보어 perishable 사이에 위치한 빈칸은 형용사를 수식할 부사가 필요한 자리이므로 '대단히, 매우' 등의 의미로 형용사를 앞에서 수식해 강조하는 부사 (D) highly가 정답이다.

어휘 perishable 잘 상하는, 부패성의 return ~을 반품하다, ~을 반환하다 once 일단 ~하면, ~하는 대로 remove ~을 꺼내다, ~을 제거하다, ~을 없애다

22.
정답 (C)

해석 최근 한 연구에 따르면 혼합형 근무 조치를 허용하는 것이 직원들 사이의 정신 건강 문제를 급격히 감소시켜 준다는 사실이 밝혀졌다.

해설 빈칸에 쓰일 부사는 바로 뒤에 위치한 reduce처럼 수량이나 정도의 증감과 관련된 동사를 수식할 수 있는 것이어야 하므로 '급격히'라는 의미로 증감 동사를 수식하는 역할이 가능한 (C) drastically가 정답이다.

어휘 recent 최근의 hybrid 혼합의, 혼성의 arrangement 조치, 조정, 처리, 마련, 배치, 정리 reduce ~을 감소시키다 issue 문제, 사안 strictly 엄격하게, 엄밀하게 formerly 이전에, 과거에 intensely 격렬히, 강하게, 심하게

23.
정답 (A)

해석 공연을 시작하기 위해, 그 가수는 무대 위에서 동반하는 밴드 구성원들 각자를 소개했다.

해설 빈칸 바로 뒤에 동사원형 start가 쓰여 있으므로 동사원형과 어울려 to부정사를 구성하는 to를 포함한 (A) in order to가 정답이다. (B) Due to와 (C) Thanks to, 그리고 (D) Owing to는 모두 전치사이다.

어휘 performance 공연, 연주(회) introduce ~을 소개하다, ~을 도입하다 bandmate 밴드 구성원 accompany ~을 동반하다 onstage 무대 위에서 in order to do ~하기 위해, ~하려면 due to ~로 인해, ~ 때문에 thanks to ~ 덕분에, ~ 때문에(= owing to)

24.
정답 (D)

해석 곰리 주식회사는 미국과 캐나다 전역에 걸쳐 자사의 시장 점유율을 높이기를 바라고 있다.

해설 빈칸 뒤에 to부정사 to increase가 쓰여 있으므로 to부정사를 목적어로 취하는 동사 (D) hopes가 정답이다. (A) suggests

와 (B) postpones, 그리고 (C) minds는 모두 동명사를 목적어로 취한다.

어휘 increase ~을 높이다, ~을 증가시키다 market share 시장 점유율 throughout (장소) ~ 전역에 걸쳐, (기간) ~ 동안 내내 suggest ~을 제안하다, ~을 권하다, ~을 시사하다 postpone ~을 연기하다, ~을 미루다 mind ~을 신경 쓰다, ~을 상관하다

25.

정답 (B)

해석 공사 인부들은 건축 현장에서 항상 안전모와 견고한 신발을 착용해야 합니다.

해설 빈칸 앞뒤에 위치한 be동사 are 및 to부정사와 어울려 '~해야 하다, ~할 필요가 있다'를 뜻하는 「be required to do」를 구성하는 (B) required가 정답이다. (A)의 prompt는 행동이나 사건 등을 뜻하는 명사를 목적어로 취해 '~을 촉발시키다'를 뜻하거나 '~에게 …하도록 촉발시키다[촉구하다]'를 의미하는 「prompt 사람명사 to do」의 구조로 쓰인다. (C)의 insist는 '~해야 한다고 주장하다'를 뜻하는 「insist on -ing」 또는 「insist that절」의 구조로 쓰이며, (D)의 appeal은 전치사 to와 함께 '~의 관심을 끌다, ~에게 매력적이다'를 의미하는 「appeal to 사람명사」의 구조로 쓰인다.

어휘 sturdy 견고한 at all times 항상 site 현장, 부지, 장소

26.

정답 (A)

해석 그 회사 설립자는 프릿차드 씨에게 메이플라워 호텔에서 열리는 연말 연회를 준비하도록 허용했다.

해설 주어와 빈칸 뒤로 목적어 Mr. Pritchard와 to부정사구, 그리고 at 전치사구만 쓰여 있으므로 빈칸이 문장의 동사 자리임을 알 수 있다. 또한, 동사 allow는 '~에게 …하도록 허용하다'를 뜻하는 「allow 사람명사 to do」 또는 '~가 …하도록 허용되다'를 의미하는 「사람명사 be allowed to do」의 구조로 쓰이는데, 빈칸 뒤에 사람명사가 있으므로 allow의 능동태가 필요하며, 3인칭 단수 주어 The company founder와의 수 일치와 상관없이 사용 가능한 과거시제 능동태 (A) allowed가 정답이다.

어휘 founder 설립자, 창립자 organize ~을 준비하다, ~을 조직하다 end-of-year 연말의 banquet 연회

27.

정답 (C)

해석 호텔 고객들께서는 유지 관리 작업이 로비와 수영장 구역에서 진행되는 동안 한시적으로 상당한 할인을 제공 받으실 것입니다.

해설 will 같은 조동사 바로 뒤에는 동사원형이 쓰여야 하며, 동사 offer는 '~에게 …을 제공하다'를 뜻하는 「offer + 사람명사 + 사물명사」 또는 '~가 …을 제공 받다'를 의미하는 「사람명

사 + be offered + 사물명사」의 구조로 쓰인다. 따라서, 빈칸 앞뒤에 사람명사와 사물명사가 각각 위치해 있어 offer가 수동태로 쓰여야 한다는 것을 알 수 있으므로 (C) be offered가 정답이다.

어휘 considerable 상당한, 많은 for a limited time 한시적으로 while ~하는 동안 maintenance 유지 관리, 시설 관리 underway 진행 중인

28.

정답 (A)

해석 조경 원예가가 언급한 바와 같이, 제대로 돌보시지 않는다면 아름다운 꽃들이 사라질 수 있습니다.

해설 may 같은 조동사 바로 뒤에는 동사원형이 쓰여야 하며, disappear는 목적어를 필요로 하지 않는 자동사로서, 수동태로 쓰일 수 없으므로 (A) disappear가 정답이다.

어휘 as mentioned 언급된 바와 같이, 언급된 대로 landscape 조경(술), 풍경 look after ~을 돌보다, ~을 보살피다 properly 제대로, 적절히 disappear 사라지다

29.

정답 (C)

해석 모든 기술적인 세부 사항이 웹 사이트의 제품 사양 영역에 추가되어야 합니다.

해설 빈칸 앞에 위치한 정관사 the 및 형용사 technical의 수식을 받음과 동시에 조동사 should 앞에서 주어 역할을 할 명사가 빈칸에 쓰여야 알맞다. 또한, All은 셀 수 있는 명사의 복수형을 수식하므로 복수명사의 형태인 (C) details가 정답이다. (A) detailing 같은 동명사도 주어 역할은 가능하지만, 정관사나 형용사의 수식을 받지 않으므로 오답이다.

어휘 add A to B: A를 B에 추가하다 specifications (제품 등의) 사양, 시방서, 설명서 detail v. ~을 상세히 설명하다 n. 세부 사항, 상세 정보

30.

정답 (B)

해석 제품 포장재에 포함되어 있던 사용자 설명서는 어떤 조립 관련 설명도 없다.

해설 명사구 The user manual을 바로 뒤에서 수식하는 that절에서 관계대명사 that 뒤에 빈칸과 in 전치사구만 쓰여 있으므로 빈칸이 이 that절의 동사 자리임을 알 수 있다. 또한, 동사 include는 목적어가 필요한 타동사인데, 빈칸 뒤에 목적어 없이 in 전치사구만 쓰여 있어 include가 수동태로 쓰여야 한다는 것을 알 수 있으므로 (B) was included가 정답이다.

어휘 manual 설명서, 안내서 packaging 포장(재) contain ~을 포함하다 assembly 조립 instructions 설명(서), 안내(서), 지시 inclusion 포함(된 것) include ~을 포함하다 including ~을 포함해

어휘 inventory 재고(품), 재고 목록 management 관리(진),
경영(진) provide ~을 제공하다 up ~ 위로, ~ 위쪽에
against ~에 반대해, ~에 대비해, ~에 기대어 above
(분리된 위치) ~보다 위에, ~보다 높이, (수량, 정도 등) ~을
넘는

정답 **Part 5**

101. (B)	**102.** (A)	**103.** (A)	**104.** (B)	**105.** (B)
106. (B)	**107.** (C)	**108.** (A)	**109.** (C)	**110.** (A)
111. (C)	**112.** (B)	**113.** (D)	**114.** (C)	**115.** (A)
116. (D)	**117.** (C)	**118.** (B)	**119.** (D)	**120.** (C)
121. (A)	**122.** (C)	**123.** (B)	**124.** (C)	**125.** (C)
126. (A)	**127.** (B)	**128.** (D)	**129.** (A)	**130.** (B)

정답 **Part 6**

131. (C)	**132.** (A)	**133.** (D)	**134.** (B)	**135.** (A)
136. (C)	**137.** (D)	**138.** (B)	**139.** (C)	**140.** (C)
141. (C)	**142.** (D)	**143.** (C)	**144.** (D)	**145.** (B)
146. (D)				

101.

정답 (B)

해석 고객 불만 사항들을 침착하게 처리하는 것은 훌륭한 고객 서
비스를 제공하고 문제들을 효율적으로 해결하기 위한 한 가지
핵심적인 측면이다.

해설 동명사구 Handling customer complaints와 빈칸 뒤로
문장의 동사 is가 쓰여 있으므로 빈칸도 동명사구 주어의 일
부분이 되어야 한다. 빈칸이 동명사의 목적어 customer
complaints 뒤에 위치해 있어 동명사를 뒤에서 수식할 부사
가 쓰여야 알맞으므로 (B) calmly가 정답이다.

어휘 handle ~을 처리하다, ~을 다루다 complaint 불만
aspect 측면, 양상 resolve ~을 해결하다 issue 문제,
사안 efficiently 효율적으로 calm a. 침착한, 차분한
n. 침착함, 평온함 v. ~을 진정시키다 calmly 침착하게
calmness 침착, 평온

102.

정답 (A)

해석 우리의 새 재고 관리 소프트웨어 이용에 관한 정보가 목요일 직
무 능력 워크숍 중에 모든 사무실 직원들에게 제공될 것입니다.

해설 선택지가 모두 전치사이므로 해석을 통해 알맞은 것을 골라야
한다. 빈칸 뒤에 위치한 Thursday's skills workshop(목요
일 직무 능력 워크숍)처럼 기간의 의미를 내포하는 명사(구)를
목적어로 취할 수 있는 전치사로서 '~ 중에, ~ 동안'을 뜻하는
(A) during이 정답이다.

103.

정답 (A)

해석 이번 주 일요일에 센트럴 북스에서, 작가 사이먼 헨드리 씨께
서 소설 쓰는 방법에 관한 팁을 공유해 주실 것입니다.

해설 선택지가 모두 현재분사이므로 해석을 통해 알맞은 것을 골라
야 한다. 빈칸 뒤에 '소설 쓰는 방법에 관한 팁'을 뜻하는 말이
쓰여 있어 작가가 일요일에 있을 행사에서 그 팁을 공유해 준
다는 의미를 구성하는 것이 가장 자연스러우므로 '~을 공유하
다'를 뜻하는 share의 현재분사 (A) sharing이 정답이다.

어휘 author 작가 how to do ~하는 방법 share ~을 공유하다
divide ~을 나누다, ~을 분리하다 award ~을 수여하다,
~을 주다

104.

정답 (B)

해석 도시 기획부의 일원이 귀하의 건축 허가서 요청을 고려할 것입
니다.

해설 동사 consider와 명사구 목적어 construction permit
requests 사이에 위치한 빈칸은 명사구를 수식할 단어가 필
요한 자리이므로 이 역할이 가능한 소유격대명사 (B) your가
정답이다.

어휘 consider ~을 고려하다 permit n. 허가서 request 요청

105.

정답 (B)

해석 '베이징 서커스'의 공연자들은 곡예와 노래, 그리고 춤에 대한
진정한 재능을 보여 준다.

해설 선택지가 모두 형용사이므로 해석을 통해 알맞은 것을 골라야
한다. 빈칸에 쓰일 형용사는 '재능'을 뜻하는 명사 talent를 수
식해 베이징 서커스의 공연자들이 어떤 재능을 보여 주는지를
나타내야 하므로 '진정한, 진짜의'를 뜻하는 (B) genuine이
정답이다.

어휘 performer 공연자, 연주자 acrobatics 곡예 trimmed
다듬어진, 손질된 genuine 진정한, 진짜의 hospitable
(손님 등을) 환대하는, (환경 등이) 쾌적한

106.

정답 (B)

해석 500개가 넘는 대형 미끄럼 방지 매트들이 창고의 바닥재 공사
에 필요할 것이다.

해설 선택지가 모두 명사이므로 해석을 통해 알맞은 것을 골라야
한다. 빈칸에 쓰일 명사는 미끄럼 방지 매트로 바닥재 설치 작
업을 할 수 있는 장소를 나타내야 알맞으므로 '창고'를 뜻하는
(B) warehouse가 정답이다.

어휘 non-slip 미끄럼 방지의 require ~을 필요로 하다
flooring 바닥재 (공사) combination 조합, 결합
warehouse 창고 exterior 외부 decoration 장식(물)

107.
정답 (C)

해석 골든 호라이즌 리조트의 로비는 지역 예술가들이 제공한 판화
와 사진으로 정교하게 꾸며져 있다.

해설 빈칸 앞에는 be동사가, 빈칸 뒤에는 과거분사가 있으므
로 빈칸은 과거분사를 수식할 부사 자리이다. 따라서 (C)
elaborately가 정답이다.

어휘 be decorated with ~로 장식되다 print 판화
photograph 사진 provided by ~가 제공한 local
artist 지역 예술가 elaborate a. 정교한 v. 자세히 말하다
elaborately 정교하게 elaboration 상세한 설명

108.
정답 (A)

해석 아일랜드의 시나리오 작가 도널 올리리 씨는 대단히 재미있는
등장 인물들로 유명하다.

해설 선택지가 모두 명사이므로 해석을 통해 알맞은 것을 골라야
한다. 빈칸에 쓰일 명사는 전치사 for의 목적어로서 시나리오
작가가 유명한 이유와 관련되어야 하므로 '등장 인물들'을 뜻
하는 (A) characters가 정답이다.

어휘 screenwriter 시나리오 작가 be celebrated for ~로
유명하다, ~로 명성이 높다 highly 대단히, 매우 amusing
재미있게 하는, 즐겁게 만드는 package 배송품, 소포,
포장물 exercise 운동, 연습 possibility 가능성

109.
정답 (C)

해석 다음 주에 한해, 플라자 영화관이 오전 상영 회차의 모든 입장
권에서 10 퍼센트 할인을 제공할 것이다.

해설 주어 Plaza Movie Theater와 빈칸 뒤로 명사구와 off 및 for가
이끄는 전치사구들만 쓰여 있으므로 빈칸이 문장의 동사 자리
임을 알 수 있다. 또한, next week이라는 미래 시점과 어울리는
미래시제 동사가 쓰여야 하므로 (C) will offer가 정답이다.

어휘 showing 상영(회) offer ~을 제공하다

110.
정답 (A)

해석 연구 조사 결과물에 따르면 소비자들이 온라인 광고의 숫자로

인해 불만스러워 하고 있는 것으로 나타난다.

해설 선택지가 모두 동사이므로 해석을 통해 알맞은 것을 골라야
한다. 빈칸 뒤에 위치한 that절에 주어 The research study
findings(연구 조사 결과물)의 구체적인 내용이 나타나 있으
므로 that절을 목적어로 취해 '~임을 나타내다, ~임을 시사하
다'를 뜻하는 (A) suggest가 정답이다.

어휘 findings 결과물 consumer 소비자 grow 형용사:
~해지다, ~한 상태가 되다 frustrated 불만스러워 하는
advertisement 광고 suggest (that) ~임을 나타내다,
~임을 시사하다 discover (that) ~임을 알아내다, ~을
발견하다

111.
정답 (C)

해석 컨퍼런스의 마지막 날에, 뷔페가 등록된 참석자들을 위해 오후
6시부터 8시 30분까지 제공될 것입니다.

해설 전치사 for와 명사 목적어 attendees 사이에 위치한 빈칸은
명사를 수식할 단어가 필요한 자리이므로 이러한 역할이 가능
한 과거분사 (C) registered가 정답이다.

어휘 serve (음식 등) ~을 제공하다, ~을 내오다 register ~을
등록시키다, 등록하다 attendee 참석자

112.
정답 (B)

해석 휴가 요청은 이제 인사팀에 제출되기 전에 반드시 부서장에 의
해 승인되어야 합니다.

해설 선택지가 모두 전치사이므로 해석을 통해 알맞은 것을 골라야
한다. 문장을 읽어 보면, '인사팀에 제출되기 전에 반드시 부서
장에 의해 승인되어야 한다'와 같이 진행 순서를 나타내야 알
맞으므로 '~하기 전에'를 뜻하는 (B) before가 정답이다.

어휘 request 요청, 요구 authorize ~을 승인하다, ~을
인가하다 supervisor 부서장, 상사, 감독 submit ~을
제출하다 over (위치, 이동 등) ~ 위로 가로질러, ~을 건너,
~에 걸쳐, (기간) ~ 동안, (대상) ~을 두고, (비교) ~보다,
(주제) ~에 관해, (연락 수단) ~로 through (이동, 수단 등)
~을 통해, ~을 거쳐, (장소) ~ 전역에서, (기간) ~ 동안 내내,
~까지 between (A and B): (A와 B) 사이에

113.
정답 (D)

해석 오직 한시적으로만, 빅 타코의 새로운 아침 식사용 부리또가
전국적으로 5,000개가 넘는 매장에서 구매 가능합니다.

해설 빈칸 앞에 주어(Big Taco's new breakfast burrito)와 동사
(is), 형용사 보어, 그리고 at 전치사구로 이어지는 구성이 완
전한 절이 쓰여 있다. 따라서, 빈칸에 부가적인 요소, 즉 부사
가 쓰여야 알맞으므로 (D) nationwide가 정답이다.

어휘 limited 한정된, 제한된 available 구매 가능한, 이용 가능한 outlet 매장, 직판점 national 전국적인, 국가의 nationality 국적 nationwide ad. 전국적으로 a. 전국적인

114.

정답 (C)

해석 전산 분야에서의 고급 자격증은 스마트테크 사의 웹 프로그래머 직책에 필수적이다.

해설 부정관사 An과 명사 qualification 사이에 위치한 빈칸은 명사를 수식할 형용사가 필요한 자리이므로 (C) advanced가 정답이다.

어휘 qualification 자격(증), 자격 요건 required 필수적인 position 직책, 자리, 위치 advance n. 진보, 발전, 승진 v. 진보하다, 발전하다, ~을 진보시키다, ~을 발전시키다, ~을 승진시키다 a. 앞선, 사전의, 선금의 advanced 고급의, 상급의, 진보한 advancement 진보, 발전, 승진

115.

정답 (A)

해석 저희가 받은 아주 많은 사전 예약 주문 때문에, 저희는 신형 휴대전화 모델의 생산을 두 배로 늘릴 계획입니다.

해설 빈칸 뒤에 위치한 명사구 the large number of pre-orders를 목적어로 취할 전치사가 쓰여야 한다(we have received는 이 명사구를 수식하는 관계대명사절, 관계대명사는 we 앞에 생략). 또한, 아주 많은 사전 예약 주문이 생산을 두 배로 늘리는 이유에 해당하므로 '~ 때문에'를 뜻하는 전치사 (A) On account of가 정답이다.

어휘 the large number of 아주 많은 (수의) pre-order 사전 예약 주문 plan to do ~할 계획이다 double v. ~을 두 배로 늘리다 production 생산, 제작 on account of ~ 때문에 such as ~와 같은 rather than ~보다는, ~가 아니라 as though 마치 ~하는 것처럼

116.

정답 (D)

해석 박물관 방문객들께서는 어디든 번호 표기된 저희 표지판이 보이시는 곳에서 음성 안내 설명을 들으시도록 권장됩니다.

해설 선택지에 부사와 전치사, 접속사가 모두 쓰여 있으므로 문장 구조를 먼저 파악해야 한다. 빈칸 앞뒤에 주어와 동사를 포함한 절이 하나씩 각각 쓰여 있으므로 빈칸은 이 절들을 연결할 접속사가 필요한 자리이다. 따라서, 선택지에서 유일하게 접속사인 (D) wherever가 정답이다.

어휘 be encouraged to do ~하도록 권장되다 description 설명, 묘사 numbered 번호가 표기된 sign 표지(판) instead of ~ 대신 as well as ~뿐만 아니라 …도 wherever 어디든 ~하는 곳에서

117.

정답 (C)

해석 교육 워크숍 시험 전에, 그 과정 담당 강사는 반드시 아무도 준비가 부족하지 않도록 가장 중요한 세부 사항들을 되짚어 준다.

해설 빈칸이 속한 that절에서 접속사 that 뒤로 빈칸과 동사 is, 그리고 형용사 보어 underprepared만 있으므로 빈칸은 이 that절의 주어 자리이다. 또한, ensure 이하 부분이 '반드시 아무도 준비가 부족하지 않도록'을 의미해야 자연스러우므로 부정어 no를 포함해 '아무도 ~ 않다'를 뜻하는 (C) no one이 정답이다.

어휘 training 교육, 훈련 instructor 강사 review ~을 되짚어 보다, ~을 복습하다, ~을 검토하다 details 세부 사항 ensure that 반드시 ~하도록 하다, ~임을 보장하다 underprepared 준비가 부족한 whoever ~하는 사람은 누구든 each other 서로

118.

정답 (B)

해석 애스트리아 인더스트리 사의 설립자는 다가오는 컨퍼런스에서 연설해 달라는 초청을 거절했다.

해설 has와 빈칸 뒤로 명사구가 이어져 있으므로 has와 함께 이 명사구를 목적어로 취할 능동태 현재완료시제 동사를 구성할 수 있는 과거분사 (B) declined가 정답이다.

어휘 founder 설립자 invitation 초청(장) upcoming 다가오는, 곧 있을 decline ~을 거절하다

119.

정답 (D)

해석 스프린트 스포츠 베버리지 사는 전 세계의 새로운 고객들에게 다가가기 위해 온라인 광고에 아주 많이 투자했다.

해설 선택지가 모두 부사이므로 해석을 통해 알맞은 것을 골라야 한다. 빈칸에 들어갈 부사는 빈칸 앞에 제시된 동사 has invested와 어울려 투자 정도와 관련된 의미를 나타내야 알맞으므로 '아주 많이, 심하게'를 뜻하는 (D) heavily가 정답이다.

어휘 invest in ~에 투자하다 advertising 광고 (활동) reach ~에 다다르다, ~에 도달하다 randomly 무작위로 instantly 즉시 roughly 대략, 약 heavily (정도, 수량 등) 아주 많이, 심하게, 크게

120.

정답 (C)

해석 포먼 씨는 회사의 연말 연회를 위해 유망한 장소들을 고려하고 있다.

해설 동사 is considering과 명사 목적어 locations 사이에 위치

한 빈칸은 명사를 수식할 형용사 자리이므로 (C) promising
이 정답이다.

어휘 consider ~을 고려하다 location 장소, 위치, 지점 year-
end 연말의 banquet 연회 promise ~을 약속하다
promising 유망한, 가망성이 있는

121.

정답 (A)

해석 곧 있을 제품 출시 행사에 필요한 어떤 홍보 자료든 반드시 8
월 10일까지 준비되어야 한다.

해설 선택지가 모두 형용사이므로 해석을 통해 알맞은 것을 골라야
한다. 빈칸에 쓰일 형용사는 명사구 product launch events
를 수식해 제품 출시 행사의 특징과 관련된 의미를 나타내야
한다. 어떤 홍보 자료든 특정 시점까지 반드시 준비되어야 한
다는 말이 쓰여 있어 행사가 곧 개최되는 상황으로 볼 수 있으
므로 '곧 있을, 다가오는'을 뜻하는 (A) upcoming이 정답이
다.

어휘 promotional 홍보의, 판촉의, 승진의 material 자료,
재료 launch 출시, 공개, 시작 prepare ~을 준비하다 by
(기한) ~까지 upcoming 곧 있을, 다가오는 estimated
견적의, 추측의 permanent 영구적인 accurate 정확한

122.

정답 (C)

해석 무대 뒤 공간에 대한 출입은 축제 공연자들과 VIP 입장권 소
지자들로 제한되어 있습니다.

해설 빈칸 앞뒤에 각각 위치한 명사구는 전치사 to의 목적어로서
무대 뒤 공간 출입 대상자로 제한된 사람들을 가리켜야 한다.
따라서, '~와, 그리고' 등의 의미로 쓰이는 등위 접속사 (C)
and가 정답이다.

어휘 access to ~에 대한 출입, ~로의 접근, ~에 대한 이용
backstage area 무대 뒤 공간 be limited to ~로
제한되다, ~로 한정되다 performer 공연자, 연주자
holder 소지자, 보유자 until ~까지

123.

정답 (B)

해석 딜브룩 치과의 신규 예약 환자들께서는 등록 양식을 작성하실
수 있도록 최소한 10분 일찍 도착하셔야 합니다.

해설 선택지가 모두 부사이므로 해석을 통해 알맞은 것을 골라야
한다. 빈칸 앞에 '도착해야 한다'를 뜻하는 동사 should
arrive와 '최소 10분'을 의미하는 시간 표현이 쓰여 있어 '최소
10분 일찍 도착해야 한다'를 의미해야 자연스러우므로 '일찍'
을 뜻하는 부사 (B) early가 정답이다.

어휘 patient 환자 appointment 예약, 약속 arrive 도착하다
at least 최소한, 적어도 fill out ~을 작성하다 registration
등록 form 양식, 서식 previously 이전에, 과거에

124.

정답 (C)

해석 헤이버샴 수력 발전 댐은 수만 명의 사람들에게 에너지 비용을
줄이도록 도움을 준 공학 분야의 업적이다.

해설 전치사 of와 관계대명사 that 사이에 위치한 빈칸은 that절의
수식을 받으면서 of의 목적어 역할을 할 명사 자리이다. 따라
서, 명사 (A) engineer와 (C) engineering 중에서 하나를
골라야 하는데, 빈칸 앞에 부정관사가 쓰여 있지 않아 셀 수 있
는 명사의 복수형 또는 셀 수 없는 명사가 빈칸에 들어가야 하
므로 셀 수 없는 명사인 (C) engineering이 정답이다.

어휘 hydroelectric dam 수력 발전 댐 triumph 업적, 산물
reduce ~을 줄이다, ~을 감소시키다 tens of thousands
of 수만 명의, 수만 개의 engineer n. 기사, 기술자 v. ~을
제작하다, ~을 설계하다 engineering 공학 (기술)

125.

정답 (C)

해석 촐리 모터스는 직원 생산성을 증진하기 위한 노력의 일환으로
후한 상이 걸린 일일 판매왕 도전 행사를 운영하기로 결정했
다.

해설 빈칸 앞에 위치한 명사 staff는 '~을 증진하다' 등을 뜻하는
동사 boost의 목적어로 의미가 어울리지 않는다. 따라서, 증
진할 수 있는 것을 나타낼 또 다른 명사가 빈칸에 쓰여 staff
와 복합명사를 구성해야 알맞으므로 '생산성'을 뜻하는 (C)
productivity가 정답이다.

어휘 decide to do ~하기로 결정하다 run ~을 운영하다
sales 판매(량), 영업, 매출 challenge 도전 (과제), 힘든
일 generous 후한, 넉넉한, 너그러운 prize 상, 상품 in
an effort to do ~하기 위한 노력의 일환으로 boost
~을 증진하다, ~을 촉진하다 productive 생산적인
productivity 생산성 productively 생산적으로

126.

정답 (A)

해석 얼마나 많은 연간 휴가를 떠났는지 확인하는 가장 쉬운 방법
은 온라인 직원 포털을 통하는 것입니다.

해설 선택지가 모두 전치사이므로 해석을 통해 알맞은 것을 골라
야 한다. be동사 is 이하 부분은 '가장 쉬운 방법'을 뜻하는 주
어 The easiest way와 어울리는 방법과 관련된 의미를 나타
내야 하므로 '~을 통해서'라는 뜻으로 수단이나 방법을 나타낼
때 사용하는 전치사 (A) through가 정답이다.

어휘 way to do ~하는 방법 annual 연간의, 해마다의 leave
day 휴가(일) beside ~ 옆에 among ~ 중에서, ~
사이에서 upon ~ 위로, ~하자마자

127.

정답 (B)

해석 인사부장의 후임이 되는 사람은 누구든 반드시 직원 분쟁을 처리하는 데 능숙해야 한다.

해설 빈칸 뒤에 동사 replaces와 명사구 목적어 the HR manager가 쓰여 있고, 그 바로 뒤에 조동사 must와 또 다른 동사 be가 이어지는 구조이다. 따라서, 빈칸과 replaces the HR manager가 주어 역할을 하는 명사절을 구성해야 한다는 것을 알 수 있으므로 '~하는 사람은 누구든'을 뜻하는 명사절 접속사 (B) Whoever가 정답이다. 소유격 관계대명사인 (A) Whose는 명사(선행사)를 수식하는 형용사절 접속사에 해당한다.

어휘 replace ~의 후임이 되다, ~을 대체하다 HR 인사(부) experienced 능숙한, 경험 많은 deal with ~을 처리하다, ~에 대처하다 dispute 분쟁, 논쟁

128.

정답 (D)

해석 조립 라인 기계들은 일관된 품질을 유지하고 뜻밖의 고장을 방지하기 위해 해마다 점검된다.

해설 선택지가 모두 부사이므로 해석을 통해 알맞은 것을 골라야 한다. 빈칸 앞에 위치한 수동태 동사 are inspected가 현재시제인데, 현재시제는 주기적으로 반복되거나 일반적인 일을 나타내므로 '해마다'라는 의미로 반복 주기를 나타내는 부사로서 현재시제 동사와 어울리는 (D) annually가 정답이다.

어휘 assembly 조립 inspect ~을 점검하다 consistent 일관된 unexpected 예기치 않은, 뜻밖의 breakdown 고장 certainly 확실히, 분명히 subsequently 그 뒤에, 나중에 densely 밀집되어, 빽빽하게 annually 해마다, 매년

129.

정답 (A)

해석 화이트 씨의 신간 도서는 신규 고객을 끌어들이는 온라인 마케팅 전략에 초점을 맞추고 있다.

해설 전치사 on과 of 사이에 위치한 the online marketing과 빈칸은 on의 목적어이자 of 전치사구의 수식을 받는 하나의 명사구를 구성해야 알맞다. 따라서, 빈칸에 또 다른 명사가 들어가 marketing과 복합명사를 구성해야 하므로 명사 (A) strategies가 정답이다.

어휘 focus on ~에 초점을 맞추다, ~에 집중하다 attract ~을 끌어들이다 strategy 전략 strategize 전략을 세우다 strategically 전략적으로 strategic 전략적인

130.

정답 (B)

해석 면허가 있는 침술 전문의로서 공인 받으실 수 있도록, 저희 웹사이트를 통해 6주 과정에 등록하시기 바랍니다.

해설 선택지가 모두 명사이므로 해석을 통해 알맞은 것을 골라야 한다. 빈칸 앞에 위치한 명사 acupuncture가 '침술'을 의미하므로 침술과 관련된 의료 행위를 할 수 있는 사람을 나타내는 명사로서 '전문의, 개업의' 등을 뜻하는 (B) practitioner가 정답이다.

어휘 accredited 공인된, 인가 받은 licensed 면허가 있는, 허가를 받은 acupuncture 침술 register for ~에 등록하다 identifier 식별자 practitioner 전문의, 개업의 assembler 조립 기술자, 조립 업체 carpenter 목수

131-134 다음 광고를 참조하시오.

레이즈빌 테크니션 사는 애틀랜틱 시티에서 가장 종합적인 전자 제품 수리 매장이 되겠다는 약속을 이행하고 있습니다. 저희는 레이즈빌 [131] 지점들을 확장하였으며, 현재 그 어느 경쟁 업체보다 더 많은 서비스를 제공하고 있습니다.

북부 지역의 10번 스트리트에 위치한 본사는 그대로 유지할 것이지만, [132] 이제 21번 스트리트와 탠지어 몰 내에 편리하게 위치한 매장도 보유하고 있습니다. [133] 게다가, 모든 저희 매장이 연장된 서비스 시간을 제공해 드릴 것입니다.

평소의 신뢰할 수 있는 수리 서비스뿐만 아니라, 현재 컴퓨터와 텔레비전 같은 다양한 전자 제품도 업그레이드해 드릴 수 있습니다. 가장 새로운 저희 기술자들의 전문 분야와 자격을 [134] 포함해, 추가 상세 정보를 원하시는 분은, www.raisvilletech.com에서 저희에 관한 정보를 찾아 보시기 바랍니다.

어휘 act on ~을 행하다, ~에 따라 활동하다 comprehensive 종합적인, 포괄적인 repair 수리 expand ~을 확장하다, ~을 넓히다 competitor 경쟁 업체, 경쟁자 maintain ~을 유지하다 conveniently placed 편리하게 위치한 in addition to ~뿐만 아니라, ~ 외에도 reliable 신뢰할 수 있는 a variety of 다양한 electronics 전자 제품 details 상세 정보, 세부 사항 specialty 전문 분야 credentials 자격(증) look A up: (자료 등) A에 관해 찾아 보다

131.

정답 (C)

해설 선택지가 모두 명사이므로 해석을 통해 알맞은 것을 골라야 한다. 빈칸에 쓰일 명사는 동사 have expanded의 목적어로서 확장할 수 있는 공간과 관련된 의미를 나타내야 하므로 '지점, 장소, 위치'를 뜻하는 (C) locations가 정답이다.

어휘 solution 해결(책) modification 수정, 개조 condition 상태, 조건, 상황, 환경

132.

정답 (A)

해설 선택지가 모두 부사이므로 해석을 통해 알맞은 것을 골라야 한다. 우선, 주어 we와 동사 have 사이에 빈칸이 위치해 있어 동사를 앞에서 수식할 수 있는 부사가 필요하며, 현재시제 동사 have와 의미가 어울려야 하므로 '현재, 지금'을 뜻하는 (A) now가 정답이다.

어휘 closely 밀접하게, 근접하여

133.

(A) 이 강좌는 여러분께 개인 소유의 기기를 수리하는 방법을 가르쳐 드릴 것입니다.

(B) 이 매장들 대부분은 저조한 비즈니스로 인해 문을 닫을 것입니다.

(C) 저희는 12년 넘게 이 서비스를 제공해 드리고 있습니다.

(D) 게다가, 모든 저희 매장이 연장된 서비스 시간을 제공해 드릴 것입니다.

정답 (D)

해설 빈칸 앞 문장에 두 곳의 편리하게 위치한 매장을 보유하고 있다는 말이 쓰여 있어 매장 운영 또는 매장 이용과 관련된 정보를 나타내는 문장이 쓰여야 자연스럽다. 따라서, 유사 정보를 추가할 때 사용하는 부사 Furthermore와 함께 모든 매장에서 연장된 서비스 시간을 제공할 것이라고 알리는 의미를 담은 (D)가 정답이다.

어휘 how to do ~하는 방법 repair ~을 수리하다 device 기기, 장치 due to ~로 인해, ~ 때문에 furthermore 게다가, 더욱이 extended 연장된

134.

정답 (B)

해설 빈칸이 속한 구 뒤에 동사원형 look으로 시작하는 명령문이 쓰여 있으므로 빈칸은 동사 자리가 아니며, 이미 명령문 구조만으로 문장이 완전한 상태이다. 따라서, 빈칸 뒤에 위치한 명사구를 목적어로 취할 수 있는 전치사가 빈칸에 쓰여 콤마와 함께 전치사구가 삽입된 구조를 만들어야 알맞으므로 전치사 (B) including이 정답이다.

어휘 including ~을 포함해 include ~을 포함하다

135-138 다음 이메일을 참조하시오.

수신: 보낸자 매거진 <subscriptions@bonanza.com>
발신: 케이티 리빙스턴 <klivingstone@webmail.net>
제목: 잡지 구독
날짜: 11월 17일

관계자께,

보낸자 매거진에 대한 제 구독 서비스와 관련해 이메일 드리며, 135 이는 11월 30일에 종료될 예정입니다. 136 저는 이 구독 서비스를 추가로 6개월 동안 갱신하고자 합니다. 제 주소가 최근에 베이커 스트리트 57번지로 변경되었으므로, 이에 따라 제 개인 상세 정보를 업데이트해 주십시오. 저는 또한 귀사에서 제공하는 다른 유사한 137 출판물들에 관해 더 많은 것을 알아 보는 데 관심이 있습니다. 갱신된 제 구독 서비스 비용을 어떻게 결제해야 하는지에 관한 답변과 안내를 138 받아 보기를 고대합니다.

안녕히 계십시오.

케이티 리빙스턴

어휘 subscription (서비스 등의) 구독, 가입 be due to do ~할 예정이다 recently 최근에 details 상세 정보, 세부 사항 accordingly 그에 따라 be interested in ~에 관심이 있다 find out more about ~에 관해 더 많은 것을 알아 보다 similar 유사한, 비슷한 look forward to -ing ~하기를 고대하다 reply 답변, 답장 instructions 안내(서), 설명(서), 지시 renew ~을 갱신하다

135.

정답 (A)

해설 주절이 끝나는 콤마 뒤로 빈칸과 또 다른 동사 is가 이어지는 구조이다. 따라서, 동사 is로 시작하는 불완전한 절을 이끌 수 있는 접속사가 필요하므로 이러한 역할이 가능한 관계대명사 (A) which가 정답이다.

136.

(A) 구독 서비스를 일찍 종료하는 것이 가능하기를 바랍니다.

(B) 보낸자의 수준이 꾸준히 떨어지고 있는 것으로 보입니다.

(C) 저는 이 구독 서비스를 추가로 6개월 동안 갱신하고자 합니다.

(D) 제 결제가 처리되는 대로 제게 확인서를 보내 주시기 바랍니다.

정답 (C)

해설 빈칸 앞에는 구독 서비스 종료 예정일이 언급되어 있고, 빈칸 뒤에는 변경된 주소에 따라 개인 상세 정보를 업데이트해 달라고 요청하는 말이 쓰여 있다. 변경된 주소를 업데이트하도록 요청하는 것은 구독 서비스를 지속하는 경우에 필요한 조치로 볼 수 있으므로 6개월 동안의 구독 서비스 갱신 의사를 알리는 (C)가 정답이다.

어휘 quality 수준, 질, 품질 seem to do ~하는 것으로 보이다, ~하는 것 같다 steadily 꾸준히, 지속적으로 decrease (수준, 수량 등이) 떨어지다, 하락하다 would like to do ~하고 싶다 confirmation 확인(서) once ~하는 대로, 일단 ~하면 process ~을 처리하다

137.

정답 (D)

해설 선택지가 모두 명사이므로 해석을 통해 알맞은 것을 골라야
한다. 앞선 문장에 보낸자 매거진의 구독과 관련된 내용이
언급되어 있어 상대방 업체가 제공하는(you offer) 유사한
(similar) 것을 가리킬 명사로 잡지나 책을 나타낼 수 있는 것
이 쓰여야 하므로 '출판(물)'을 뜻하는 (D) publications가 정
답이다.

어휘 vacancy 공석, 빈 자리

138.

정답 (B)

해설 빈칸 앞에 위치한 look forward to는 「look forward to
-ing」의 구조로 '~하기를 고대하다'라는 의미를 나타내므로
동명사 (B) receiving이 정답이다.

139-142 다음 이메일을 참조하시오.

수신: 피오나 뮬렌 <fmullen@mullencouture.com>
발신: 짐 앨턴 <jalton@mullencouture.com>
날짜: 4월 3일, 수요일
제목: 출장 계획
첨부: 출장_일정표

뮬렌 씨께,

돌아 오는 이번 토요일에 로스앤젤레스에서 열리는 패션쇼에 참
석하실 예정인 것으로 알고 있습니다. 제가 그 출장에 필요한 여
행 준비 작업을 처리해 드릴 예정입니다.

139 귀하께서 특별히 일등석 티켓을 요청하신 것으로 알고 있
습니다. 다행히, 해당 출장에 대한 예산이 꽤 넉넉합니다. 제가
토요일 아침 6시 30분에 출발하는 칼리 에어 항공편에 대한 티
켓을 예약해 드리기는 했지만, 140 그때까지 준비가 되시지
않을 것으로 생각하시면 더 나중에 있는 것으로 변경해 드릴 수
있으므로, 저에게 전화하셔서 확인해 주시기만 하면 됩니다. 이
항공편과 숙박 시설에 대한 세부 정보를 첨부해 드렸습니다. 체
크인하실 때 잊지 마시고 호텔 직원에게 141 사원증을 제시하
시기 바랍니다.

로스앤젤레스에서 머무르시는 동안 이용하실 렌터카에 대한 조
치 사항들을 알려 드리기 위해 다시 142 연락 드릴 것입니다.

안녕히 계십시오.

짐 앨턴
인사부 차장

어휘 itinerary 일정(표) attend ~에 참석하다 take care
of ~을 처리하다, ~을 다루다 arrangement 조치, 준비,
조정 fortunately 다행히 budget 예산 quite 꽤, 상당히
generous 넉넉한, 후한 book A B: A에게 B를 예약해
주다 leave 떠나다, 출발하다 by (기한) ~까지 give A a
call: A에게 전화하다 confirm 확인해 주다 attach ~을
첨부하다 details 세부 사항, 상세 정보 accommodation
숙박 시설 forget to do ~하는 것을 잊다 corporate
기업의, 회사의 let A know B: A에게 B를 알리다 rental
car 렌터카 during ~ 동안, ~ 중에

139.

(A) 그 패션쇼는 반년마다 열리는 일정으로 진행됩니다.

(B) 분명 저희 항공사와 함께 즐거운 비행을 하시게 될 것입니다.

(C) 귀하께서 특별히 일등석 티켓을 요청하신 것으로 알고 있습니
다.

(D) 회사 지출 보고서가 이달 말이 제출 기한입니다.

정답 (C)

해설 앞 단락에 상대방의 출장 일정을 언급하면서 글쓴이 자신이 그
준비를 해 주겠다는 말이 쓰여 있고, 바로 뒤에는 넉넉한 예산
상황과 이미 예약한 항공편 일정이 제시되어 있다. 따라서, 이
와 같은 출장 준비 과정과 관련된 문장으로서 상대방의 항공
권 요청 사항을 언급한 (C)가 정답이다.

어휘 run ~을 진행하다, ~을 운영하다 semi-annual 반년마다의,
한 해 두 번의 fly 비행기를 타고 가다 specifically 특별히,
구체적으로 request ~을 요청하다 expense 지출 (비용),
경비 due ~가 기한인

140.

정답 (C)

해설 빈칸은 전치사 by의 목적어 역할을 할 단어가 필요한 자리이
며, 준비 기한을 나타내는 by의 목적어로서 앞서 언급된 특정
시점(6:30 on Saturday morning)을 대신할 수 있는 것이
필요하므로 '그때'라는 뜻으로 쓰이는 명사 (C) then이 정답이
다.

141.

정답 (C)

해설 선택지가 모두 명사이므로 해석을 통해 알맞은 것을 골라
야 한다. 빈칸에 쓰일 명사는 '회사의, 기업의'를 뜻하는 형
용사 corporate과 어울려야 하며, 출장 중에 호텔에 체크
인할 때 직원에게 제시할 수 있는 것을 나타내야 한다. 따라
서, corporate과 함께 '사원증'이라는 의미를 구성하는 (C)
identification이 정답이다.

142.

정답 (D)

해설 각 선택지가 모두 동사의 능동태이며 시제만 다르므로, 시점
과 관련된 단서를 찾아야 한다. 빈칸이 속한 문장은 앞서 지

문 전체적으로 설명한 항공권 및 숙박 시설 예약 외에 출장에 필요한 또 다른 준비 작업으로서 렌터카 이용과 관련해 언급하고 있다. 이는 시작 부분에 미래진행형 동사와 함께 'I will be taking ~'이라고 언급한 것과 같이 앞으로 처리되어야 하는 일에 해당하는 것으로 볼 수 있으므로 미래시제인 (D) will contact가 정답이다.

어휘 would have p.p. ~했을 것이다 must have p.p. ~했음에 틀림없다

143-146 다음 회람을 참조하시오.

회람

수신: 에코노라인 전 영업 사원
발신: 막달레나 더스트, 영업 지부장
날짜: 6월 6일

143 여러분은 곧 있을 몇몇 변경 사항을 알고 있어야 합니다. 8월 1일부터, 우리 에코노라인 사는 더 많은 고객들을 끌어들이기 위한 노력의 일환으로 다섯 가지 완전히 새로운 휴대 전화 서비스 약정을 도입할 예정입니다. 이는 영업 사원으로서 여러분이 반드시 미리 144 각각의 새 휴대 전화 서비스 약정과 관련된 모든 정보를 숙지하고 있어야 한다는 것을 의미합니다.

내일 있을 회의에서, 여러분은 모두 가격, 통화 요금, 데이터 제한, 그리고 무료 문자 메시지 수 및 통화 시간을 포함해, 휴대 전화 서비스 약정의 모든 측면을 145 상세히 설명하는 카탈로그를 받을 것입니다. 반드시 이 정보를 철저히 살펴 보셔야 하는데, 여러분께서 7월 23일로 예정된 교육 워크숍 중에 테스트를 받을 것이기 때문입니다. 새 휴대 전화 서비스 약정에 대한 종합적인 이해를 입증하지 146 못하는 사람은 누구든 반드시 후속 교육 시간에 참석하셔야 합니다.

이 휴대 전화 서비스 약정에 관해 어떤 질문이든 있으신 분은, 주저하지 마시고 제게 연락 주시기 바랍니다. 여러분의 협조에 감사드립니다.

어휘 sales representative 영업 사원 regional 지역의 introduce ~을 도입하다, ~을 소개하다 brand-new 완전히 새로운 in an effort to do ~하기 위한 노력의 일환으로 attract ~을 끌어들이다 a larger number of 더 많은 (수의) familiarize oneself with ~을 숙지하다 related to ~와 관련된 in advance 미리, 사전에 receive ~을 받다 aspect 측면, 양상 including ~을 포함해 rate 요금 limit 제한, 한정 free 무료의 ensure that 반드시 ~하도록 하다, ~하는 것을 확실히 해 두다 thoroughly 철저히 training 교육, 훈련 anyone who ~하는 사람은 누구든 demonstrate ~을 입증하다, ~을 보여 주다 comprehensive 종합적인, 포괄적인 understanding 이해(도) attend ~에 참석하다 follow-up 후속, 후속 조치의 session (특정 활동을 위한) 시간 hesitate to

do ~하기를 주저하다, ~하기를 망설이다 contact ~에게 연락하다 appreciate ~에 대해 감사하다 cooperation 협조

143.
(A) 우리 에코노라인 사는 영업부의 여러 공석을 알려 드리게 되어 기쁩니다.
(B) 경영진은 고객들에게 더욱 공손하게 대하도록 직원들에게 요청한 바 있습니다.
(C) 여러분은 곧 있을 몇몇 변경 사항을 알고 있어야 합니다.
(D) 우리는 새로운 마케팅 캠페인에 대한 의견을 얻고자 합니다.

정답 (C)

해설 빈칸 바로 뒤에 다섯 가지 완전히 새로운 휴대 전화 서비스 약정을 도입할 예정임을 밝힌 후, 지문 전체적으로 그 서비스의 특성을 숙지할 수 있도록 교육에 참석해야 한다고 알리고 있다. 이는 직원들이 앞으로 해야 할 새로운 일에 해당되므로 그 일들을 알고 있어야 한다고 당부하는 의미를 담은 (C)가 정답이다.

어휘 announce ~을 알리다, 발표하다 several 여럿의, 몇몇의 opening 공석, 빈 자리 management 경영(진) ask A to do: A에게 ~하도록 요청하다 courteous 공손한 be aware of ~을 알고 있다, ~을 인식하다 upcoming 곧 있을, 다가오는 challenge 도전 과제, 어려운 일 seek ~을 구하다, ~을 찾다 suggestion 의견, 제안

144.
정답 (D)

해설 단수명사구 new phone plan이 빈칸 뒤에 위치해 있으므로 복수명사를 수식하는 (B) all과 두 가지를 대상으로 하는 (C) either는 오답이다. 남은 (A) this와 (D) each 중에서, 앞서 언급된 다섯 가지 서비스 약정(five brand-new cell phone plans) 각각을 지칭해 그와 관련된 모든 정보를 숙지해야 한다는 의미가 되어야 알맞으므로 '각각의'를 뜻하는 (D) each 가 정답이다. (A) this는 앞서 언급된 특정한 한 가지를 대신할 때 사용한다.

어휘 either 둘 중의 하나

145.
정답 (B)

해설 빈칸 앞에 이미 문장의 동사 will receive가 있으므로 또 다른 동사 detail은 준동사의 형태로 쓰여야 한다. 따라서, 분사인 (B) detailing과 (C) detailed 중에서 하나를 골라야 하는데, 빈칸 뒤에 위치한 명사구 every aspect를 목적어로 취해 '~을 상세히 설명하는'과 같은 능동의 의미가 되어야 알맞으므로 목적어를 취할 수 있는 현재분사 (B) detailing이 정답이다.

어휘 detail v. ~을 상세히 설명하다 n. 상세 정보, 세부 사항

76

146.

정답 (D)

해설 빈칸 뒤에 위치한 to부정사와 결합 가능한 동사가 필요하므로 to부정사와 함께 '~하지 못하다'라는 의미를 나타낼 때 사용하는 (D) fails가 정답이다. (A) results는 전치사 from 또는 in과 함께 사용하는 자동사이며, (B) achieves는 명사 목적어가 이어지는 타동사이다. (C) refrains는 전치사 from과 함께 사용하는 자동사이다.

어휘 result (from) ~의 결과로 발생되다, (in) ~라는 결과를 낳다, ~을 초래하다 achieve ~을 달성하다, 성취하다 refrain (from -ing) (~하는 것을) 삼가다, 자제하다 fail (to do) ~하지 못하다

부록 Part 5, 6 실전 모의고사 2

정답 Part 5

101. (B)	**102.** (B)	**103.** (D)	**104.** (A)	**105.** (B)
106. (D)	**107.** (C)	**108.** (B)	**109.** (D)	**110.** (C)
111. (A)	**112.** (D)	**113.** (D)	**114.** (B)	**115.** (A)
116. (C)	**117.** (B)	**118.** (A)	**119.** (C)	**120.** (A)
121. (C)	**122.** (C)	**123.** (C)	**124.** (B)	**125.** (D)
126. (A)	**127.** (A)	**128.** (D)	**129.** (C)	**130.** (B)

정답 Part 6

131. (A)	**132.** (C)	**133.** (A)	**134.** (B)	**135.** (C)
136. (D)	**137.** (B)	**138.** (C)	**139.** (B)	**140.** (C)
141. (A)	**142.** (B)	**143.** (A)	**144.** (D)	**145.** (A)
146. (C)				

101.

정답 (B)

해석 따뜻한 물에 목욕용 소금을 추가하신 다음, 완전히 녹을 때까지 섞으십시오.

해설 be동사 are와 과거분사 dissolved 사이에 위치한 빈칸은 과거분사를 수식할 부사 자리이므로 (B) fully가 정답이다.

어휘 add ~을 추가하다 stir ~을 섞다, ~을 젓다 dissolve ~을 녹이다 fully 완전히, 전적으로, 최대로

102.

정답 (B)

해석 킴 씨의 고객들은 그의 효과적인 마케팅 전략에 대해 감사하게 생각한다.

해설 동사 appreciate과 명사구 목적어 effective marketing strategies 사이에 위치한 빈칸은 이 명사구를 수식할 수 있는 소유격 대명사가 쓰여야 알맞은 자리이므로 (B) his가 정답이다.

어휘 appreciate ~에 대해 감사하다, ~의 진가를 알아 보다 effective 효과적인 strategy 전략

103.

정답 (D)

해석 스트렛포드 시 의회는 아주 다양한 프로그램을 통해 지역 사회 참여를 촉진한다.

해설 선택지가 모두 명사이므로 해석을 통해 알맞은 것을 골라야 한다. 빈칸 앞 부분의 내용으로 볼 때 '아주 다양한 프로그램을 통해 지역 사회 참여를 촉진한다'를 의미해야 자연스러우므로 '프로그램'을 뜻하는 명사 (D) programs가 정답이다.

어휘 council 의회 promote ~을 촉진하다, ~을 증진하다 community 지역 사회 engagement 참여, 관여 through ~을 통해 a wide variety of 아주 다양한 sort 종류, 유형 edge 끝, 가장자리, 모서리, 날 blend 혼합(물), 조합

104.

정답 (A)

해석 새로운 저희 과학 데이터베이스가 기밀 취급 허가가 있는 사람들에게 연구 데이터에 접근할 수 있게 해 줍니다.

해설 빈칸 앞에 위치한 동사 allow는 「allow + 목적어 + to do」의 구조로 쓰여 '~에게 ···할 수 있게 해 주다'라는 의미를 나타낸다. 따라서, 목적어 뒤에 위치한 빈칸에 to부정사가 쓰여야 알맞으므로 (A) to access가 정답이다.

어휘 security clearance 기밀 취급 허가 research 연구, 조사 access ~에 접근하다, ~을 이용하다

105.

정답 (B)

해석 마케팅 부는 일련의 광고를 제작하기 위해 경험 많은 뮤직 비디오 감독과 긴밀히 협력했다.

해설 선택지가 모두 부사이므로 해석을 통해 알맞은 것을 골라야 한다. 빈칸에 쓰일 부사는 바로 앞에 위치한 동사 worked를 수식해 경험 많은 뮤직 비디오 감독과 어떻게 함께 작업했는지를 나타내야 하므로 '긴밀히, 밀접하게' 등을 뜻하는 (B) closely가 정답이다.

어휘 experienced 경험 많은 produce ~을 제작하다 a

series of 일련의 advertisement 광고 heavily (수량, 정도 등이) 심하게, 많이 highly 대단히, 매우 sharply 날카롭게, 급격히, 선명하게

106.

정답 (D)

해석 하그리브스 씨는 세입자 조합 회의가 연기되어야 한다고 주장했다.

해설 빈칸 뒤에 that절의 동사 be postponed가 쓰여 있어 the tenant's association과 빈칸이 that절의 주어에 해당하는 명사구를 구성해야 하므로 association과 복합명사를 구성하는 명사 (D) meeting이 정답이다.

어휘 insist that ~라고 주장하다 tenant 세입자 association 조합, 협회, 연합 postpone ~을 연기하다

107.

정답 (C)

해석 재택 근무하시는 것을 선호하시는 분들을 위해, 우리 회사는 노트북과 다른 장비를 제공합니다.

해설 빈칸 앞에 위치한 전치사 For의 목적어 역할을 하면서 관계대명사 who가 이끄는 절의 수식을 받을 수 있는 대명사로서 '~하는 사람들'이라는 의미를 나타내는 (C) those 가 정답이다.

어휘 prefer to do ~하는 것을 선호하다 work from home 재택 근무하다 equipment 장비 either 둘 중 하나 whichever ~하는 어느 것이든 one another 서로

108.

정답 (B)

해석 건물 지붕에 태양열 전지판을 추가하겠다는 결정은 그 프로젝트가 애초의 공사 예산을 훨씬 더 많이 초과하도록 초래했다.

해설 선택지가 모두 전치사이므로 해석을 통해 알맞은 것을 골라야 한다. 빈칸 뒤에 '애초의 공사 예산'을 뜻하는 명사구가 쓰여 있어 태양열 전지판 추가로 인한 예산의 변화와 관련된 의미를 나타내야 알맞으므로 '~을 초과해, ~을 넘어' 등을 의미하는 전치사 (B) over가 정답이다.

어휘 decision 결정 add ~을 추가하다 solar panel 태양열 전지판 cause A to do: A가 ~하도록 초래하다 original 애초의, 원래의 budget 예산 except ~을 제외하고 along (길 등) ~을 따라 toward (이동, 방향 등) ~ 쪽으로, ~을 향해, (목표) ~을 위해

109.

정답 (D)

해석 인사부장님께서 영업팀에 비어 있는 직책들을 위한 직원 면접 일정을 조정하고 계십니다.

해설 빈칸 앞뒤에 be동사 is와 명사구 목적어 staff interviews가

쓰여 있어 이 명사구를 목적어로 취할 능동태 동사를 구성해야 알맞으므로 is와 함께 능동태 현재진행형 동사를 구성하는 현재분사 (D) coordinating이 정답이다.

어휘 HR 인사(부), 인적 자원 vacant 비어 있는, 공석의 position 직책, 일자리 coordinate ~을 조정하다, ~을 편성하다 coordinator 조정 담당자, 편성 책임자

110.

정답 (C)

해석 랜즈다운 관광청은 여러 흥미로운 장소들을 다루는 여행들을 마련한다.

해설 현재분사 covering과 명사구 목적어 interesting locations 사이에 위치한 빈칸은 이 명사구를 수식할 형용사 자리이다. 또한, interesting locations가 복수명사구이므로 복수명사(구)를 수식하는 형용사 (C) several이 정답이다.

어휘 organize ~을 마련하다, ~을 조직하다 cover (주제 등) ~을 다루다 location 장소, 위치, 지점 several 여럿의, 몇몇의

111.

정답 (A)

해석 그 레스토랑의 소유주는 메뉴에 대한 변경이 더 많은 고객들을 끌어들일 것으로 확신한다.

해설 빈칸 뒤에 주어와 동사를 포함한 절이 제시되어 있으므로 절을 이끌 수 있는 접속사 (A) that이 정답이다.

어휘 proprietor 소유주, 주인 be certain that ~임을 확신하다 attract ~을 끌어들이다, ~의 마음을 끌다

112.

정답 (D)

해석 브론즈 뉴트리션 사는 앞으로 3년 동안에 걸쳐 세계적인 유통망을 늘릴 계획이다.

해설 선택지가 모두 동사이므로 해석을 통해 알맞은 것을 골라야 한다. 회사가 특정 기간에 걸쳐 자사의 유통망에 대해 취할 행위를 나타낼 동사가 필요하므로 '~을 늘리다, ~을 증가시키다'를 뜻하는 (D) increase가 정답이다.

어휘 intend to do ~할 계획이다, ~할 작정이다 distribution 유통, 배부, 배급 notify ~에게 알리다 benefit 혜택을 보다, 이득을 얻다, ~에게 유익하다 concern ~을 걱정시키다, ~와 관련되다 increase ~을 늘리다, ~을 증가시키다

113.

정답 (D)

해석 직원들은 적절한 근무 복장에 대한 모든 필요 조건을 충족하는 옷을 착용해야 한다.

해설 정관사 the와 전치사 for 사이에 위치한 빈칸은 the의 수식을

받을 명사가 필요한 자리이므로 (D) requirements가 정답이다.

어휘 clothing 옷, 의류 meet (요구, 조건 등) ~을 충족하다 appropriate 적절한 attire 복장, 의복 require ~을 필요로 하다, ~에게 요구하다 requirement 필요 조건, 요건

114.

정답 (B)

해석 지역 업체 소유주들은 새롭게 개장한 놀이 공원이 경제 성장을 활성화시킬 것으로 예측하고 있다.

해설 선택지가 모두 동사이므로 해석을 통해 알맞은 것을 골라야 한다. 빈칸 뒤에 '경제 성장'을 뜻하는 명사구가 쓰여 있어 새 놀이 공원이 경제 성장에 대해 미치는 영향과 관련된 의미를 지닌 동사가 쓰여야 알맞으므로 '~을 활성화시키다, ~을 자극하다'를 뜻하는 (B) stimulate이 정답이다.

어휘 local 지역의, 현지의 predict that ~라고 예측하다 economic 경제의 growth 성장 contain ~을 포함하다, ~을 담고 있다 stimulate ~을 활성화시키다, ~을 자극하다 prefer ~을 선호하다 negotiate ~을 협상하다

115.

정답 (A)

해석 업무를 직원들에게 위임하실 때, 프로젝트 책임자께서는 각 팀원의 능력과 각 업무의 우선 순위 사이에서 균형을 유지하셔야 합니다.

해설 should 같은 조동사 다음은 동사원형이 쓰여야 하는 자리이므로 (A) balance가 정답이다.

어휘 delegate ~을 위임하다 ability 능력 priority 우선 순위 task 업무, 일 balance v. ~의 균형을 유지하다 n. 균형 balanced 균형 잡힌

116.

정답 (C)

해석 스티븐 카버 주연의 신작 드라마는 지난 10년 동안 가장 흥미진진한 텔레비전 프로그램들 중 하나로 비평가들의 찬사를 받고 있다.

해설 선택지가 모두 형용사이므로 해석을 통해 알맞은 것을 골라야 한다. 빈칸에 쓰일 형용사는 바로 뒤에 위치한 명사구 television shows를 수식해 비평가들에게 찬사를 받은 이유와 관련된 특징을 나타내야 하므로 '흥미진진한, 신나게 하는' 등을 뜻하는 (C) exciting이 정답이다.

어휘 star v. ~가 주연이다 praise ~을 칭찬하다 critic 비평가, 평론가 decade 10년 sufficient 충분한 ongoing 계속되는 grateful 감사하는

117.

정답 (B)

해석 양 씨의 은퇴 기념 저녁 만찬에서 연설자는 그녀의 헌신이 인상적이었다고 언급했다.

해설 be동사 was 뒤에 위치한 빈칸은 주격 보어 자리이며, 바로 앞에 위치한 주어 her dedication의 특징과 관련된 의미를 나타낼 형용사 보어가 쓰여야 알맞으므로 '인상적인'을 뜻하는 형용사 (B) impressive가 정답이다. 과거분사 (A) impressed는 깊은 인상을 받는 사람명사가 주어일 때 사용 가능하며, 명사 (D) impression은 주어 her dedication과 동격이 아니므로 오답이다.

어휘 retirement 은퇴, 퇴직 note that ~임을 언급하다, ~라는 점에 주목하다 dedication 헌신, 전념 impress ~에게 깊은 인상을 남기다 impressive 인상적인 impression 인상, 감명

118.

정답 (A)

해석 우리의 새 알약에 대한 높은 수요 때문에, 공장 운영진이 생산율을 두 배로 늘렸다.

해설 빈칸 뒤에 명사구 high demand for our new tablet이 쓰여 있으므로 명사(구)를 목적어로 취할 수 있는 전치사 (A) Because of가 정답이다. (B) Otherwise와 (C) Therefore, (D) Not only는 모두 부사이다.

어휘 demand 수요, 요구 tablet 알약 operator 운영자, 작동자, 조작하는 사람 double v. ~을 두 배로 늘리다 rate 비율, 요금, 등급, 속도 otherwise 그렇지 않으면, 그 외에는, 달리 not only (but also와 함께) ~뿐만 아니라 (···도)

119.

정답 (C)

해석 브라이트사이드 식료품점은 다음 달에 10대의 추가 셀프 계산대를 설치할 것이라고 발표했다.

해설 숫자 표현 10과 명사구 self-checkouts 사이에 위치한 빈칸은 10과 함께 명사구를 수식할 형용사가 쓰일 수 있는 자리이므로 (C) additional이 정답이다.

어휘 announce ~라고 발표하다, ~라고 알리다 install ~을 설치하다 self-checkout 셀프 계산대 add ~을 추가하다 additional 추가의, 추가적인 additionally 추가로, 게다가

120.

정답 (A)

해석 월요일 오후 5시까지 인사부의 메리 씨에게 그녀가 영업직 책들을 위해 더 많은 면접 자리를 마련할 필요가 있는지 알려주십시오.

해설 빈칸 뒤에 주어 she와 동사 needs를 포함한 절이 쓰여 있어

이 절을 이끌 접속사가 빈칸에 쓰여야 하며, '인사부의 메리 씨에게 ~인지 알려주십시오'를 의미해야 알맞으므로 '~인지'를 뜻하는 (A) whether가 정답이다.

어휘 let A know: A에게 알리다 by (기한) ~까지 arrange ~을 마련하다, ~을 조치하다 position 직책, 일자리 whether ~인지 (아닌지) either (A or B): (A 또는 B) 둘 중 하나 rather 다소, 약간, 오히려, 좀 yet 아직, (최상급과 함께) 지금까지 중에서, 그럼에도 불구하고

121.

정답 (C)

해석 체리 비스트로의 주방장 르뮤 씨는 전통 요리에 대해 혁신적으로 변형한 요리로 알려져 있다.

해설 빈칸은 소유격 대명사 his와 형용사 innovative의 수식을 받으면서 전치사 for의 목적어 역할을 할 명사 자리이므로 (C) alterations가 정답이다.

어휘 be known for ~로 알려져 있다 innovative 혁신적인 traditional 전통적인 dish 요리 alter ~을 변경하다, ~을 바꾸다 alteration 변형(한 것), 변경(한 것), 개조(한 것) alterable 변경할 수 있는

122.

정답 (C)

해석 오스트라바 씨는 올해의 댄스 경연 대회에서 심사할 전문가들을 간단히 소개했다.

해설 선택지가 모두 부사이므로 해석을 통해 알맞은 것을 골라야 한다. 빈칸에 쓰일 부사는 동사 introduced를 앞에서 수식해 어떤 방식으로 특정 전문가들을 소개했는지 나타내야 하므로 '간단히'를 뜻하는 (C) briefly가 정답이다.

어휘 introduce ~을 소개하다, ~을 도입하다 expert 전문가 judge ~을 심사하다, ~을 판정하다 competition 경연 대회, 경기 대회 accessibly 접근 가능하게, 이해하기 쉽게 abundantly 풍부하게 momentarily 잠시 (동안), 즉시, 곧

123.

정답 (C)

해석 그 유명한 곡의 커버 버전은 원곡과 거의 동일했지만, 그 음절들 중의 하나가 약간 변경되었다.

해설 수동태 동사를 구성하는 be동사 was와 과거분사 changed 사이에 위치한 빈칸은 동사를 수식할 부사 자리이므로 (C) slightly가 정답이다.

어휘 cover (원곡자가 아닌 다른 사람이 부른) 커버, 리메이크 identical to ~와 동일한 original n. 원작, 원본 verse (노래의) 음절 slight a. 약간의, 조금의 v. ~을 무시하다, ~을 경시하다 slightly 약간, 조금

124.

정답 (B)

해석 피어스 피트니스 센터는 회원들에게 따뜻한 환영을 받았던 크로스핏 존에 대한 상당한 개선을 최근 발표했다.

해설 선택지가 모두 형용사이므로 해석을 통해 알맞은 것을 골라야 한다. 빈칸에 쓰일 형용사는 바로 뒤에 위치한 명사 improvements를 수식해 개선 또는 향상의 정도와 관련된 의미를 나타내야 하므로 '상당한'을 뜻하는 (B) substantial이 정답이다.

어휘 recently 최근 announce ~을 발표하다, ~을 알리다 improvement 개선, 향상 warmly 따뜻하게, 열렬히 judgmental 재판의, 판단의 magnetic 자석 같은, 사람을 강하게 끄는 chaotic 혼돈 상태인

125.

정답 (D)

해석 케이크 만들기에 관심이 있으신 분은 누구든 폰던트 제과점에서 이번 주 토요일에 있을 강좌에 등록하실 수 있습니다.

해설 선택지가 모두 대명사이므로 문장의 의미와 구조에 어울리는 것을 골라야 한다. 빈칸에 쓰일 대명사는 과거분사 interested가 이끄는 구의 수식을 받음과 동시에 문장의 동사 may sign up의 주어로서 등록하는 일을 할 수 있는 사람을 나타내야 한다. 따라서, 분사의 수식을 받을 수 있는 대명사로서 사람을 가리키는 (D) Anyone이 정답이다.

어휘 interested in ~에 관심이 있는 sign up for ~에 등록하다, ~을 신청하다 whatever ~하는 무엇이든 anyone (수식어구와 함께) ~하는 누구든

126.

정답 (A)

해석 메이페어 월넛 옷장은 사전 조립되어 출시되지 않으므로, 포함된 조립 설명서를 참고하시기 바랍니다.

해설 선택지가 모두 동사이므로 문장의 의미와 구조에 어울리는 것을 골라야 한다. 빈칸 뒤에 위치한 전치사 to와 어울리는 자동사가 필요하며, '조립 설명서를 참고하세요'와 같은 의미를 나타내야 알맞으므로 to와 함께 '~을 참고하다' 등을 뜻하는 (A) refer가 정답이다.

어휘 pre-assembled 사전 조립된 assembly 조립 instructions 설명(서), 안내(서), 지시 include ~을 포함하다 refer (to) (~을) 참고하다, (~을) 언급하다, (~에게) 문의하다 adapt 적응하다 present ~을 제시하다, ~을 제공하다, ~을 발표하다 follow ~을 따르다

127.

정답 (A)

해석 소식지 구독은 취소 요청이 접수되지 않으면 계약된 기간의 마지막 날에 자동으로 갱신됩니다.

해설 빈칸 뒤에 주어 a cancellation request와 동사 has been received로 이어지는 절이 쓰여 있어 이 절을 이끌 접속사가 필요하며, '취소 요청이 접수되지 않으면 ~에 자동으로 갱신된다'와 같은 의미를 구성해야 알맞으므로 '~하지 않으면, ~가 아니라면'을 뜻하는 접속사 (A) unless가 정답이다. (B) although도 접속사이지만 의미가 맞지 않으며, (C) few는 대명사 또는 형용사이며, (D) just는 부사 또는 형용사이다.

어휘 subscription (서비스 등의) 구독, 가입 renew ~을 갱신하다 agreed 계약된, 협의된 cancellation 취소 request 요청 although 비록 ~이지만 few 거의 없는 just ad. 단지, 그저 a. 공정한

128.

정답 (D)

해석 그린데일을 방문하는 관광객 수의 증가에도 불구하고, 많은 현지 업체들은 여전히 수익을 내는 데 힘겨워하고 있다.

해설 빈칸 뒤에 '관광객 수의 증가'를 뜻하는 명사구가 쓰여 있고, 콤마 뒤에는 많은 현지 업체들이 여전히 수익을 내는 데 힘겨워하고 있다는 말이 쓰여 있다. 따라서, 빈칸 뒤의 명사구와 콤마 뒤의 내용이 서로 상반되는 상황을 나타낸다는 것을 알 수 있으므로 명사구를 목적어로 취하는 전치사로서 '~에도 불구하고'라는 의미로 대조나 반대 등을 나타낼 때 사용하는 (D) Despite이 정답이다.

어휘 rise in ~의 증가 the number of ~의 수 local 현지의, 지역의 struggle to do ~하는 데 힘겨워하다, ~하려 애쓰다 make a profit 수익을 내다 especially 특히 thankfully 감사하게도 partial 부분적인

129.

정답 (C)

해석 신임 운영부장은 더 효율적인 배송 시스템이 향후 몇 주에 걸쳐 시행되어야 한다고 요구했다.

해설 부정관사 a와 more 뒤로 빈칸과 명사구 delivery system이 이어지는 구조이다. 따라서, a 및 more와 함께 명사구를 수식할 형용사가 빈칸에 쓰여야 알맞으므로 (C) efficient가 정답이다.

어휘 operation 운영, 가동, 작동, 영업 demand that ~하도록 요구하다 implement ~을 시행하다 efficiency 효율성 efficiently 효율적으로 efficient 효율적인

130.

정답 (B)

해석 사전 승인 없이 숙박 시설이나 여행 티켓을 예약하기 위해 회사 법인 카드를 사용하지 마시기 바랍니다.

해설 선택지가 모두 명사이므로 해석을 통해 알맞은 것을 골라야 한다. '사전 승인 없이 ~을 예약하기 위해 회사 법인 카드를 사용하지 마시기 바랍니다'와 같은 의미를 구성해야 알맞으므로

'승인, 허가' 등을 뜻하는 (B) authorization이 정답이다.

어휘 book ~을 예약하다 accommodation 숙박 시설 prior 사전의, 앞선 supplement 보충(물) consequence 결과 responsibility 책임, 책무

131-134 다음 공지를 참조하시오.

나이젤 폴락의 젊은 발명가들을 위한 워크숍

나이젤 폴락 씨는 엔지니어링과 컴퓨터 과학 분야에서 높이 평가 받는 131 혁신가입니다. 폴락 씨께서는 20년 넘게 헷필드 테크놀로지 사에서 제품 개발부장으로 132 근무해 오셨습니다. 자신의 폭넓은 경험을 활용해, 폴락 씨께서는 십대들이 과학과 기술에 관심을 갖도록 만들기 위한 목적으로 여러 워크숍 행사를 마련해 오셨습니다. 133 한 가지 행사는 참가자들이 실제로 로봇 기기를 조립해 볼 수 있게 해 줍니다. 이와 같은 방법으로, 참가자들은 신기술에 대한 직접적인 경험을 얻습니다. 5월 23일과 26일로 예정된 워크숍에는 남은 자리가 없다는 점에 유의하시기 바랍니다. 134 하지만, 5월 24일과 25일 워크숍에 대해서는 여전히 이용 가능한 몇몇 자리들이 있습니다.

어휘 inventor 발명가 highly regarded 높이 평가 받는 field 분야 decade 10년 draw on ~을 활용하다, ~에 의존하다 extensive 폭넓은, 광범위한 organize ~을 마련하다, ~을 조직하다 designed to do ~하는 것을 목적으로 하는 get A 형용사: A를 ~한 상태로 만들다 interested in ~에 관심이 있는 this way 이런 방법으로, 이런 식으로 participant 참가자 construct ~을 조립하다, ~을 건설하다 gain ~을 얻다 hands-on 직접 해 보는, 현장의 note that ~라는 점에 유의하다 there is[are] A p.p.: ~된 A가 있다 scheduled for ~로 예정된 available 이용 가능한

131.

정답 (A)

해설 빈칸은 부정관사 a와 부사 및 형용사 highly regarded의 수식을 받을 명사 자리이며, is 뒤에 위치하는 보어로서 주어 Nigel Pollok과 동격에 해당하는 사람명사가 쓰여야 하므로 '혁신가'를 뜻하는 (A) innovator가 정답이다.

어휘 innovator 혁신가 innovate ~을 혁신하다 innovation 혁신

132.

정답 (C)

해설 문장 끝부분에 위치한 for more than two decades(20년 넘게)처럼 기간을 나타내는 for 전치사구는 현재완료시제 동사와 어울리므로 (C) has served가 정답이다.

133.

(A) 헷필드에서 지낸 시간 동안, 그는 많은 훌륭한 일들을 이뤄 냈습니다.

(B) 한 가지 행사는 참가자들이 실제로 로봇 기기를 조립해 볼 수 있게 해 줍니다.

(C) 그는 널리 알려진 메디텍 연구 프로젝트에 관련되어 있었습니다.

(D) 참가자들은 등록 양식에 각자의 나이를 명시해야 합니다.

정답 (B)

해설 빈칸 바로 앞 문장에 여러 워크숍을 마련해 왔다는 내용이 쓰여 있어 이 워크숍과 관련된 정보를 담은 문장이 빈칸에 쓰여야 하므로, several workshops 중 하나를 One으로 지칭해 참가자들이 그곳에서 실제로 할 수 있는 활동을 언급한 (B)가 정답이다.

어휘 accomplish ~을 이루다, ~을 달성하다 allow A to do: A가 ~할 수 있게 해 주다 participant 참가자 construct ~을 조립하다, ~을 짓다 device 기기, 장치 be involved with ~에 관련되어 있다 much-publicized 널리 알려진 research 연구, 조사 specify ~을 명시하다 registration 등록 form 양식, 서식

134.

정답 (B)

해설 선택지가 모두 접속부사이므로 빈칸 앞뒤 문장들의 의미 흐름을 파악해야 한다. 빈칸 앞에는 자리가 남아 있지 않은 행사 날짜가, 빈칸 뒤에는 이용 가능한 자리가 있는 행사 날짜가 언급되어 있다. 따라서, 서로 상반된 내용이 제시된 흐름이므로 '하지만'이라는 의미로 대조나 반대를 나타낼 때 사용하는 (B) However가 정답이다.

어휘 furthermore 더욱이, 게다가 in fact 사실, 실제로 similarly 마찬가지로

135-138 다음 기사를 참조하시오.

> 더 촐리 가제트
> 12월 13일
>
> 135 싱클레어 경기장이 곧 상당한 개조 공사 과정을 거칠 것입니다. 이 경기장은 우리 지역 축구팀인 촐리 어슬레틱의 홈 구장으로서, 1934년에 완공된 이후로 마컴 로드와 드렉슬러 스트리트가 만나는 모퉁이에 위치해 있습니다. 그 모든 세월 동안, 이 경기장은 거의 개조된 적이 없었으며, 경기장의 많은 부분들이 처음 문을 연 이후로 전혀 변하지 않았습니다. 136 실제로, 현재 모든 좌석들이 최초의 공사 프로젝트 중에 설치된 원래의 것들입니다.
>
> 지역 의회가 3월에 시작될 137 예정인 대규모 개조 프로젝트에 필요한 자금을 이용 가능하게 만들었습니다. 이 프로젝트는 새로운 좌석 설치, 경기장 외관의 전면 개조, 그리고 팬들을 위한

몇몇 새로운 매점과 구내 식당 구역 건축을 포함할 것입니다. 작업은 새 축구 시즌 개막일인 5월 25일에 맞춰 완료될 것입니다.

비록 시 의회가 가능한 한 적은 지장을 초래하기를 바라고 있기는 하지만, 지역 주민들께서는 이 프로젝트가 138 진행되는 대로 일부 소음과 사소한 교통 혼잡 문제를 예상하셔야 합니다.

어휘 local 지역의, 현지의 on the corner of A and B: A와 B가 만나는 모퉁이에 since ~ 이후로 construction 건설 (공사) barely 거의 ~않다 modify ~을 개조하다 never ~ at all 전혀 ~않다 current 현재의 original 원래의, 애초의 install ~을 설치하다 initial 처음의 council 의회 make A 형용사: A를 ~하게 만들다 available 이용 가능한 large-scale 대규모의 renovation 개조, 보수 involve ~을 포함하다, ~와 관련되다 installation 설치 complete a. 전면적인, 완전한 v. ~을 완료하다 modification 개조 exterior 외관 cafeteria 구내 식당 in time for ~의 때에 맞춰 resident 주민 expect ~을 예상하다 minor 사소한, 경미한 traffic congestion 교통 혼잡 underway 진행 중인 although 비록 ~이기는 하지만 cause ~을 초래하다 as little A as possible: 가능한 한 적은 A disruption 지장, 방해

135.

(A) 싱클레어 경기장이 내년에 영구적으로 폐쇄될 것입니다.

(B) 시 의회는 싱클레어 경기장을 이전하겠다는 계획을 발표했습니다.

(C) 싱클레어 경기장이 곧 상당한 개조 공사 과정을 거칠 것입니다.

(D) 직원들은 싱클레어 경기장의 일자리를 충원해야 합니다.

정답 (C)

해설 빈칸이 속한 첫 단락은 한 경기장이 개장 이후로 거의 개조되지 않은(it has barely been modified) 사실과 관련된 정보를, 두 번째 단락은 그 경기장의 개조 공사 프로젝트(renovation project)와 관련된 정보를 담고 있다. 따라서, 경기장 개조 공사가 예정된 사실을 밝히는 것으로 첫 문장을 시작해야 자연스러우므로 (C)가 정답이다.

어휘 close down ~을 폐쇄하다, 문을 닫다 permanently 영구적으로 announce ~을 발표하다 plan to do ~하려는 계획 relocate ~을 이전하다 undergo ~을 거치다, ~을 겪다 significant 상당한, 많은 be required to do ~해야 하다 fill ~을 충원하다, ~을 채우다 position 일자리, 직책

136.

정답 (D)

해설 빈칸이 콤마와 함께 문장 시작 부분에 제시되는 경우, 앞뒤 문장들의 의미 흐름을 파악해야 한다. 빈칸 앞에는 경기장의 많은 부분들이 전혀 변경되지 않은 사실이, 빈칸 뒤에는 모든 좌

석이 처음에 설치된 그대로임을 알리는 말이 쓰여 있다. 이는 구체적인 실례를 언급하는 흐름이므로 '실제로' 등의 의미로 구체적인 예시를 말할 때 사용하는 (D) In fact가 정답이다.

어휘 however 하지만 except for ~을 제외하고 on the other hand 한편, 반면에 in fact 실제로, 사실은

137.

정답 (B)

해설 빈칸 앞에 이미 문장의 동사 has made가 있으므로 또 다른 동사 schedule이 쓰이려면 준동사의 형태가 되어야 한다. 따라서, 현재분사인 (A) scheduling과 과거분사인 (B) scheduled 중의 하나가 빈칸에 쓰여 바로 앞에 위치한 명사구 renovation project를 수식하는 구조가 되어야 하는데, 공사 프로젝트는 사람에 의해 예정되는 것이므로 이러한 수동의 의미를 나타내는 과거분사 (B) scheduled가 정답이다.

어휘 schedule ~을 예정하다, ~의 일정을 잡다

138.

정답 (C)

해설 접속사 although로 연결된 절은 제외하고, 빈칸 앞뒤로 주어와 동사가 각각 포함된 절이 하나씩 위치해 있으므로 빈칸에 이 절들을 연결할 접속사가 쓰여야 한다. 또한, '공사 프로젝트가 진행되는 대로, 몇몇 문제를 예상해야 한다'와 같은 의미가 적절하므로 '~하는 대로, 일단 ~하면'을 뜻하는 접속사 (C) once가 정답이다. (A) so that도 접속사이지만 의미가 맞지 않으며, (B) during과 (D) prior to는 전치사이므로 빈칸에 쓰일 수 없다.

어휘 so that (목적) ~하도록, (결과) 그래서, 그래야 during ~ 중에, ~ 동안 once ~하는 대로, 일단 ~하면 prior to ~에 앞서, ~ 전에

139-142 다음 이메일을 참조하시오.

발신: 고객 서비스부 <customerservices@
moviewarehouse.com>
수신: 폴 글리슨 <pgleeson@kinnairdnet.com>
날짜: 12월 17일
제목: 주문번호 873628

귀하의 139 구매에 대해 감사 드리고자 합니다. 저희 더 무비 웨어하우스에 대한 귀하의 지속적인 성원에 대단히 감사 드립니다.

귀하의 DVD는 모두 저희 물류 센터에서 앞으로 24시간 내에 140 배송될 것입니다. 141 귀하의 주문 번호는 이 이메일의 제목란에 기재되어 있습니다. 해당 제품이 저희 물류 센터에서 출발하는 대로, 저희 웹 사이트의 '주문 사항' 페이지에서 이 번호를 입력해 배송 상태를 확인하실 수 있습니다.

귀하께서 저희 단골 고객들 중 한 분이시므로, 다음 번에 최소 5장의 DVD를 주문하시는 경우에 무료 DVD를 한 장 142 제공해 드리고자 합니다. 결제 페이지에 도달하실 때 쿠폰 코드 AKHFH를 적용하시기만 하면 됩니다.

감사합니다!

더 무비 웨어하우스

어휘 would like to do ~하고자 하다, ~하고 싶다 continued 지속된 patronage 성원, 애용 appreciate ~에 대해 감사하다 distribution center 물류 센터, 유통 센터 once ~하는 대로, 일단 ~하면 status 상태, 현황 by (방법) ~해서, ~함으로써 frequent 단골의, 자주 찾는 free 무료의 make an order of ~을 주문하다 at least 최소한, 적어도 apply ~을 적용하다 reach ~에 도달하다, ~에 이르다 checkout 결제, 계산(대)

139.

정답 (B)

해설 선택지가 모두 명사이므로 해석 및 문맥을 통해 알맞은 것을 골라야 한다. 상단의 제목 부분에 주문 번호(Order No. 873628)가 쓰여 있고, 다음 단락에는 제품 배송 상태를 확인하는 방법이 소개되어 있다. 따라서, 고객이 제품을 주문한 상황에서 구매 제품에 대한 감사 인사가 되어야 알맞으므로 '구매(품)'을 뜻하는 (B) purchase가 정답이다.

어휘 refund 환불(액) loan 대출

140.

정답 (C)

해설 주어 All of your DVDs와 빈칸 뒤로 from과 within이 이끄는 전치사구들만 있으므로 빈칸이 문장의 동사 자리임을 알수 있다. 또한, 문장의 주어 All of your DVDs는 사람에 의해 배송되는 대상이므로 이러한 수동의 의미를 나타낼 수 있는 수동태 (C) will be shipped가 정답이다.

어휘 ship ~을 배송하다

141.

(A) 귀하의 주문 번호는 이 이메일의 제목란에 기재되어 있습니다.

(B) 저희 매장은 지역 내에서 가장 많은 영화 작품을 소장하고 있습니다.

(C) 이는 그 DVD들이 다음 주 금요일까지 반납되어야 한다는 의미입니다.

(D) 저희는 귀하께서 매장 관리자 직책을 얻으실 것임을 보장해 드립니다.

정답 (A)

해설 빈칸 뒤에 이어지는 문장에 앞서 언급된 특정 번호를 that number로 지칭해 그 번호를 입력해서 배송 상태를 확인하라

는 말이 쓰여 있다. 따라서, 이 번호에 해당하는 Your order number를 언급해 주문 번호를 확인하는 방법을 제시하는 (A)가 정답이다.

어휘 list ~을 기재하다, ~을 목록에 올리다 subject line 제목란 collection 소장(품), 수집(품) neighborhood 지역, 인근, 이웃 return ~을 반납하다, ~을 반환하다 by (기한) ~까지 assure A that: A에게 ~임을 보장하다, A에게 ~라고 장담하다

142.

정답 (B)

해설 선택지가 모두 동사이므로 해석 및 문장 구조를 통해 알맞은 것을 골라야 한다. 빈칸 뒤에 '간접목적어 + 직접목적어'의 구조에 해당하는 you와 a free DVD가 나란히 이어져 있으므로 두 개의 목적어를 취하는 4형식 동사 (B) offer가 정답이다.

어휘 replace ~을 대체하다, ~의 후임이 되다 suggest ~을 제안하다, ~을 시사하다 gain ~을 얻다, ~을 획득하다

143-146 다음 이메일을 참조하시오.

발신: eswinton@grillking.com
수신: opankow@valleyfoods.com
제목: 밸리 미트리스 패티

팬코우 씨께,

저는 그릴 킹 패스트푸드 체인회사를 위해 물품을 구입하고 공급 받는 일을 책임지고 있으며, 현재 저희 체인회사는 엄격한 채식주의자 및 일반 채식주의자 고객들께 적합한 식물 기반의 버거를 포함하기 위해 메뉴를 [143] 확장하는 과정에 있습니다. 저희는 선별된 매장에서 시범적으로 귀사의 몇몇 '밸리 미트리스 패티'를 시험해 보고자 합니다. 저는 이 [144] 종류가 온라인 평가에서 지속적으로 높은 점수를 기록하고 있다는 점과 전국에 걸쳐 많은 주요 슈퍼마켓에서 최고의 판매 제품이라는 점에 주목했습니다. 처음에는, 이 제품이 소매점 전용 제품일지도 모른다고 생각했지만, 귀사의 웹사이트를 둘러 보고 나니까, 분명 [145] 실제로 여러 레스토랑 체인에 제품을 공급하시는 것 같습니다. 언급해 드린 바와 같이, 저희는 몇몇 특정 매장에서 이 패티를 시험해 보는 것으로 시작하고자 합니다. [146] 하지만, 저희는 나중에 모든 매장을 위해 제품을 구입할 계획입니다. 대량 월간 배송에 대해 가격 할인을 제공해 주실 준비가 되어 있으신가요?

곧 답변 주시기를 바랍니다.

안녕히 계십시오.

에디스 스윈튼
그릴 킹 주식회사

어휘 be responsible for ~을 책임지고 있다 source v. ~을 공급 받다, ~을 구하다 purchase ~을 구입하다 supplies 물품, 용품 in the process of ~하는 과정에 있는 include ~을 포함하다 plant-based 식물 기반의 be suitable for ~에 적합하다 vegan 엄격한 채식주의자 vegetarian 일반 채식주의자 try out ~을 시험해 보다 on a trial basis 시범적으로 select a. 선별된 note that ~라는 점에 주목하다, ~라는 점에 유의하다 consistently 지속적으로 score highly 높은 점수를 기록하다 review 평가, 후기, 검토 throughout ~ 전역에 걸쳐 at first 처음에는 retail 소매(업) browse ~을 둘러 보다 it seems that ~하는 것 같다 supply ~을 공급하다 mention 언급하다 start out 시작하다 by (방법) ~하는 것으로, ~함으로써 specific 특정한, 구체적인 be prepared to do ~할 준비가 되어 있다 offer ~을 제공하다 reduction 할인, 인하, 감소 monthly 월간의, 달마다의

143.

정답 (A)

해설 전치사 of와 명사구 its menu 사이에 위치한 빈칸은 명사구를 목적어로 취함과 동시에 전치사의 목적어 역할을 할 동명사가 필요한 자리이므로 동사 expand의 동명사형인 (A) expanding이 정답이다. 과거분사가 명사구를 앞에서 수식하는 구조도 가능하지만 소유격 대명사 its 앞에 쓰일 수 없으므로 (B) expanded는 오답이다.

어휘 expand ~을 확장하다, ~을 확대하다

144.

정답 (D)

해설 선택지가 모두 명사이므로 해석 및 문맥을 통해 알맞은 것을 찾아야 한다. 빈칸에 쓰일 명사는 바로 앞에 위치한 this와 함께 앞서 언급된 특정한 것을 가리켜야 한다. 이 명사는 that절의 주어로서 높은 평가 점수를 얻고 있는 것을 나타내는데, 앞 문장에서 말하는 Valley Meatless Patties에 대한 평가를 나타내야 앞 문장과의 흐름이 자연스럽다. 이 Valley Meatless Patties는 상대방 회사에서 만드는 제품이므로 '종류, 품종' 등을 의미하는 (D) variety가 정답이다.

어휘 method 방법 activity 활동 location 지점, 위치 variety 종류, 품종

145.

정답 (A)

해설 선택지가 모두 부사이므로 해석 및 문장 구조를 통해 알맞은 것을 골라야 한다. 빈칸이 속한 문장은 웹 사이트를 확인해 본 후에 여러 레스토랑에 제품을 공급한다는 점을 확인한 사실을 밝히고 있다. 이는 but 앞에 위치한 주절에서 밝힌 글쓴이의 생각과 다른 실제 상황에 해당하므로 '실제로, 사실' 등을 뜻하

는 부사 (A) indeed가 정답이다.

어휘 **indeed** 실제로, 사실 **along** ad. 앞으로, 나아가, 함께
prep. (길 등) ~을 따라 **quite** 상당히, 꽤 **ever** 언제나,
언젠가, (최상급과 함께) 지금까지 중에서

146.

(A) 저희 패스트푸드 체인은 좋은 영양 제공에 전념하는 것에 자부
심을 갖고 있습니다.

(B) 안타깝게도, 저희 고객들 중 많은 분들이 식물 기반의 버거를 좋
아하지 않으셨습니다.

(C) 하지만, 저희는 나중에 모든 매장을 위해 제품을 구입할 계획입
니다.

(D) 이것이 귀하의 관심을 끄는 경우, 저희 웹 사이트에서 저희 메
뉴를 확인해 보십시오.

정답 (C)

해설 빈칸 앞 문장에는 몇몇 특정 매장에서 먼저 패티를 시험해 보
고자 한다는 말이 쓰여 있고, 빈칸 다음 문장에는 대량 구매 할
인이 가능한지 묻는 말이 쓰여 있다. 따라서, 패티 제품의 시험
또는 구매와 관련된 문장이 빈칸에 쓰여야 알맞으므로 나중에
모든 매장을 위해 제품을 구입할 계획임을 나타내는 (C)가 정
답이다.

어휘 **pride oneself on** ~에 자부심을 갖다 **commitment
to** ~에 대한 전념, ~에 대한 헌신 **nutrition** 영양
unfortunately 안타깝게도, 아쉽게도 **however** 하지만,
그러나 **plan to do** ~할 계획이다 **make a purchase**
구입하다 **interest** ~의 관심을 끌다 **view** ~을 보다

시원스쿨 LAB